KNAUR

Dr. med. PABLO HAGEMEYER

Hör auf mit der Selbstsabotage

Unbewusste Narzissmusfallen
erkennen und hinter sich lassen

Einige der Personen im Text sind aus Gründen des Persönlichkeitsschutzes anonymisiert.
In einigen Fällen wird im Text aus Gründen der Lesbarkeit das generische Maskulinum verwendet, das sich gleichermaßen auf alle Geschlechter bezieht.

Besuchen Sie uns im Internet:
www.droemer-knaur.de

Originalausgabe Mai 2024

Ein Imprint der Verlagsgruppe Droemer Knaur GmbH & Co. KG, München

Redaktion: Nina Schnackenbeck
Covergestaltung: Verlagsgruppe Droemer Knaur
Coverabbildung: © STADLERPHOTO.COM
Satz und Layout: Adobe InDesign im Verlag
Druck und Bindung: CPI books GmbH, Leck
ISBN 978-3-426-44728-4

2 4 5 3

Inhalt

Vorwort

Selbstverwirklichung und persönliche Entwicklung sind Reisen, die von zahlreichen Herausforderungen begleitet werden. Eine dieser Herausforderungen, die viele Menschen auf ihrem Weg antreffen, ist die Selbstsabotage. Die innere Stimme, die uns von der Entfaltung unseres vollen Potenzials abhält, kann sehr mächtig sein. Eines der zugrunde liegenden Elemente der Selbstsabotage, das oft übersehen wird, ist der Narzissmus.

In diesem Buch werden wir die tief verwurzelte Verbindung zwischen Narzissmus, Selbstsabotage und persönlicher Veränderung erkunden. Wir werden uns mit den Mechanismen und Mustern befassen, die uns daran hindern, unsere wahren Fähigkeiten zu erkennen und auszuleben, und damit, wie wir diese Muster durchbrechen können, um eine positive Transformation zu erreichen.

Narzissmus, der in der griechischen Mythologie auf den jungen Jäger Narziss zurückgeht, der sich in sein eigenes Spiegelbild verliebte und schließlich vor Verzweiflung starb, ist ein Begriff, der oft negativ konnotiert ist. In der Psychologie bezieht sich Narzissmus auf ein übermäßiges Interesse an sich selbst, ein aufgeblähtes Ego und einen Mangel an Empathie. Narzisstische Merkmale können in verschiedenen Ausprägungen auftreten und reichen von gesundem Selbstvertrauen bis hin zu pathologischem Narzissmus.

Selbstsabotage hingegen bezieht sich auf unsere Gedanken, Gefühle, Handlungen und Verhaltensweisen, die uns davon abhalten, unsere Ziele zu erreichen und ein erfülltes Leben zu führen. Es ist, als ob wir uns selbst im Weg stünden, oft aus Gründen, die uns gar nicht bewusst sind. Selbstsabotage kann in vielen Formen auftreten, von Prokrastination über den ständigen inneren Kritiker, der uns unsere Fähigkeiten abspricht, bis hin zu Perfektionismus.

Die Verbindung zwischen Narzissmus und Selbstsabotage liegt in der Art und Weise, wie wir unser Selbstbild konstruieren. Menschen mit narzisstischen Tendenzen neigen dazu, ein überhöhtes Bild von sich selbst zu haben, das sie oft aufrechterhalten müssen, selbst wenn es nicht der Realität entspricht. Dieser Druck, immer erfolgreich und perfekt sein zu müssen, kann zu einem inneren Konflikt führen, der eben in Selbstsabotage mündet.

Wenn wir beginnen, die narzisstischen Muster in uns selbst zu erkennen, können wir auch die Selbstsabotage-Mechanismen besser verstehen, die uns davon abhalten, unsere Ziele zu erreichen.

Die Reise der Selbstreflexion und Veränderung erfordert jedoch Mut und Ausdauer. Sie erfordert, dass wir ehrlich mit uns selbst sind und uns unseren inneren Dämonen stellen. Sie erfordert auch, dass wir mitfühlend mit uns selbst umgehen und lernen, unsere Schwächen und Unsicherheiten anzuerkennen, ohne uns selbst zu verurteilen. Die Verbindung zwischen Narzissmus, Selbstsabotage und Veränderung ist komplex, aber sie bietet auch die Möglichkeit zu tiefer Selbsterkenntnis und Wachstum.

In den folgenden Kapiteln werden wir tiefer in die Themen Narzissmus, Selbstsabotage und Veränderung eintauchen. Wir werden lernen, wie wir die narzisstischen Muster in uns selbst erkennen und Werkzeuge und Strategien entwickeln können, um die Selbstsabotage zu überwinden und uns auf den Weg zur positiven Veränderung zu begeben.

Es ist meine Hoffnung, dass dieses Buch Ihnen dabei helfen wird, die Macht der Selbstreflexion zu nutzen, um die Narzissmusfallen zu erkennen, die Sie gefangen halten, und um Ihre Reise der persönlichen Veränderung antreten zu können.

Ich lade Sie darum ein, mit mir auf diese Reise zu gehen und gemeinsam zu erkunden, wie Sie Ihre inneren Barrieren überwinden können, um ein erfüllteres und selbstbestimmtes Leben zu führen. Es wird nicht einfach sein, aber ich glaube fest daran, dass Sie die Fähigkeit haben, sich von den Fesseln des Narzissmus und der Selbstsabotage zu befreien und Ihr volles Potenzial zu entfalten.

Möge dieses Buch Ihnen Inspiration und Unterstützung bieten, während Sie sich auf den Weg zur positiven Veränderung begeben!

Sagt KI.

Was für ein elegantes und so treffendes Vorwort!

Danke, KI.

Wäre es nicht unfassbar *nebbich* (jiddisch für »dummes Zeug«)*, wenn nicht ich, sondern eine künstliche Intelligenz, deren Formulierungen keinen klaren Urheber haben, ein Buch über Selbstsabotage schreiben würde? Das wäre es dann. Für mich. Ich will nicht wissen, wie viele es längst tun. Und es nicht angeben. Und sich selbst damit verarschen.

Es ist jedoch auch ziemlich großartig, dass es heute KI gibt. Das ist nun paradox. Andererseits, wer damit ein Buch schreiben will – fantastisch! Denn Plagiate sind vorgestrig. Wer heute noch plagiiert und bei toten Psychologen abschreibt, der hat den Knall nicht gehört. Heute wird … Moment. Es gibt kein

* »nebbich«, auch übersetzt als »Armer Kerl«, oder »jemand ist unbedeutend«. Das Wort kommt aus dem Jiddischen und kann vielfältig übersetzt werden.

Verb dafür. Schon wieder paradox! Eine KI, die alles erfinden kann, hat für sich selbst keinen Namen.

Es gibt kein spezielles Verb oder einen etablierten Infinitiv, um die Tätigkeit des Schreibens oder Erstellens von Inhalten mithilfe von KI zu beschreiben, da dies eine relativ neue Praxis ist und sich die Terminologie in diesem Bereich noch entwickelt.

Je nach Kontext können Sie jedoch Verben verwenden, die allgemein mit der Verwendung von KI in Verbindung stehen, wie:

1. »Generieren« von Text mit KI
2. »Automatisieren« von Inhalten mithilfe von KI
3. »Verfassen« von Texten unter Einsatz von KI
4. »Erzeugen« von KI-gestützten Inhalten
5. »Kreieren« von Texten mit KI-Unterstützung

Die genaue Wahl des Verbs hängt vom Kontext ab und davon, wie spezifisch oder allgemein Sie die Aktivität beschreiben möchten.[1]

Ich, liebe Leserin, lieber Leser, möchte mich nicht selbst sabotieren und werde mich nun in meinen persönlichen, weitschweifigen, mal lustigen, mal trockenen, mal lyrischen Passus einfinden und mich ganz und gar radikal mir selbst zuwenden. Mit meinen ganz eigenen Widersprüchen und scheinbaren Widersprüchen, und Paradoxien, wie man so schön sagt.

So wie die KI noch ein Baby ist, so ist auch die Persönlichkeitspsychologie eine junge Wissenschaft, deren Forschungsergebnisse und Terminologie noch nicht klar entwickelt und scheinbar sehr widersprüchlich sind. Die einen sagen, Narzissmus habe nichts mit Kränkung zu tun, und können es sogar beweisen. Die anderen sagen, oh doch, die narzisstische Kränkung sei *das* Merkmal für Narzissmus. Die einen sehen überall nur noch Narzissten, und die anderen haben damit gar kein Problem.

Ich werde mich also, um aus diesem Dilemma herauszukommen, ganz mit mir selbst beschäftigen, was durchaus narzisstisch ist (oder egoistisch und selbst-relevant, nennen Sie es, wie Sie wollen), und mit dieser Herangehensweise über dieses Buch, das meine narzisstische Erweiterung ist. Ich werde mich hoffentlich mit großem geteiltem Interesse *dafür*, mit der narzisstisch motivierten Selbstsabotage, den Selbsterkenntnissen *daran* und den Spurwechseln *daraus* befassen.

Dieses Buch ist für uns alle, denn jede und jeder von uns hat eine narzisstische Seite, durch die wir uns mitunter selbst sabotieren. Sie kann verdeckt, offen, grandios, sensibel, freundlich oder unerträglich sein. Als bekennender Narzisst weiß ich von den geheimen Qualitäten dieser Eigenschaft – und von ihren selbstzerstörerischen Auswirkungen. Als Psychiater zeige ich, wie man diese selbstsabotierenden Tendenzen erkennt, reduziert und wie man sich mit Humor von ihnen befreien kann. Denn es ist möglich, sich erfolgreich vor der eigenen und der Selbstsabotage anderer zu schützen.

Einleitende Gedanken – Das Unbewusste in der Selbstsabotage

*»Die Definition von Wahnsinn ist,
immer wieder das Gleiche zu tun und
andere Ergebnisse zu erwarten.«**

Wir kennen sie alle, die Freundin, die wie ferngesteuert und als wäre sie überhaupt nicht beteiligt, von einer Katastrophe in die nächste gleitet, so als wäre sie die Königin der »Opferolympiaden«, eine Artistin, die Medaillen für kleine und große Katastrophen sammelt, die sie völlig unverschuldet einfährt. Eine Freundin, die wir sehr lieb gewonnen haben, die aber aus dem Marathon der Tragödien zumindest von uns nicht zu retten ist.

Der Ersttermin

Sie sei etwas zu spät, sagte sie, als sie in der Tür meines Praxiszimmers stand, und entschuldigte sich dafür. Sie war ähnlich groß wie ich, vermutlich eins achtzig, und ihre braunen Rehaugen fixierten mich. Ich sah ihr ins Gesicht. Sie hatte langes, wallendes Haar. War dezent, aber gekonnt geschminkt. Markantes Gesicht, kontrolliertes Mienenspiel. Leichtes Lächeln. Ihr Outfit war makellos, elegant. Ich bat sie in meinen Praxisraum. Sie trug ein kräftiges Parfum, dezent und leicht süßlich. Vermut-

* Dieses Zitat wird Albert Einstein zugewiesen. Allerdings ist unklar, ob es sich tatsächlich um eine Aussage von Albert Einstein handelt, denn dafür gibt keine verlässlichen Quellennachweise. Dies sei der Vollständigkeit halber erwähnt.

lich nur ein Sprühstoß. Sie sei halbe Amerikanerin, sagte sie, setzte sich und breitete sich auf dem Sofa aus. Mantel, Tasche, Schal. Käme gerade aus Alaska zurück und müsse gleich weiter nach Berlin. Wegen der Modemesse. Ihr Deutsch hatte nur eine sehr dezente Note von Amerikanisch.

Jennifer Miles war der letzte Termin, den ich vor der Sommerpause hatte. Wir würden übermorgen nach Spanien starten – die ganze Familie in ein Urlaubsresort. Das hatte Carlota, meine Frau, ausgesucht und gleich gebucht. Mit dem roten VW-Bulli würde ich uns alle runterfahren. Carlota, mich, die fast erwachsenen Kinder und Luki, den Hund.

Ich unterlag im Bruchteil von Sekunden der zwanghaften normalen Einstellung, ihren Eros wahrzunehmen. Freundin: ja, nein? Feindin: ja, nein? Status: höher? Geringer? Sexualpartnerin: ja, nein? Das sind die ersten Millisekunden jeder menschlichen Begegnung.[1] Wie sieht sie aus? Wie bewegt sie sich? Wie angemessen ist sie gekleidet?

Vor den poppig bunten Acrylgemälden saß sie auf der Couch. Dort sah sie sehr gut aus. Sie besitzt all das Vordergründige, das man als Frau so braucht, dachte ich. Mich begann das Hintergründige zu interessieren. Ich sagte ihr, sie sei eine beeindruckende Erscheinung. Ja, winkte Jennifer Miles ab, Modebranche. Da achte man schon von Berufs wegen aufs Äußere. Sie war charmant, aber auch kühl. Ich ließ das mal so stehen.

Mein Einfall in dieser Sekunde war, dass ich dem statistisch erhöhten Risiko ausgesetzt war, ein einvernehmliches erotisches Verhältnis mit einer Klientin anzufangen. Die Übertragung und die Gegenübertragung waren meiner Wahrnehmung nach unbewusst schon da. Psychotherapeuten über fünfzig und in einer Lebenskrise beginnen überdurchschnittlich häufig ein sexuelles Verhältnis mit ihren Patientinnen, so die wissenschaftliche Studienlage.[2] Fast 30 Prozent der Fälle einer Erfassung über Missbrauchsanzeigen in der Psychotherapie waren sexueller Natur. Ein erhöhtes Risiko! Ein Tabu. Ich schob diesen Gedanken, der in der Psychoszene Realität ist, etwas beiseite. Das wäre selbstzerstörerisch. Das wäre Selbstsabotage. Das wäre idiotisch. Meine Gedanken flippten hin und her. Nein.

Schauen Sie, begann Jennifer Miles, ich bin erfolgreiche Unternehmerin. Aber ich habe diese Sehnsucht in mir. Unstillbare Sehnsucht. Innen ist es bei mir leer. Ich habe Ihre Bücher alle gelesen. Das sagen Sie doch auch.

Ich nickte.

Ich bin ein Leben lang so erzogen worden. Amerika ist ja wirklich viel narzisstischer als Europa, als Deutschland, sagte sie. Mein Vater war recht dominant, also habe ich da meinen grandiosen Narzissmus entwickelt, als Gegenwehr. Meine Mutter hat mich overprotectet. Gelobt für Kleinkram. Aber emotional hat sie mich nicht gesehen. Nicht bemerkt. Ich glaube, ich bin eine vulnerable Narzisstin. Ich bin viel mehr von meiner Mutter gemacht worden als von meinem Vater. Doktor, was meinen Sie? Kann das sein?, schloss sie.

Möglich ist alles, sagte ich.

Ich dachte, jemand müsse doch ihre innere Leere auffüllen. Hatte sie einen Lebenspartner?

Welche Sehnsucht haben Sie?, fragte ich.

Sehnsucht nach, sie dachte kurz nach, nach allem! Sie exklamierte es richtig. Ihre Hände gingen hoch. Griffen in die Luft. Alles, was mich innerlich fester macht. Sicherer.

Ich bin innerlich so unsicher. So furchtbar unsicher. Sie machte eine Pause und schien plötzlich wie blockiert.

Dann suchte sie etwas in ihrer Handtasche, sprach weiter. Ich weiß nicht, wer ich wirklich bin, Doktor Hagemeyer, sagte sie, ließ das erfolglose Suchen in der Tasche und wischte sich mit dem Handrücken eine Träne weg. Ich habe einen Freund, begann sie. Wir leben eine Fernbeziehung. Er ist, sagen wir, sie lachte, ein echter Narzisst.

Ich kommentierte, es sei nicht hilfreich, Etiketten zu verteilen für eine normale menschliche Eigenschaft, und am Ende sei man es selbst mehr als der andere. Jennifer nickte. Sie sagte: Ich stigmatisiere, ich weiß. Das ist falsch. Ich habe Sehnsucht danach, dass er mich mehr liebt. Aber ich spüre diese Liebe nicht. Ich spüre mich nicht. Innerlich. Obschon er mir genug Liebe gibt, ist es zu wenig für mich.

Sie spüren sich nicht, innerlich, wiederholte ich.

Nein, sagte sie. Da ist nichts. Da ist nur mein Kritiker.

Ich horchte auf. Wer?, fragte ich.

Mein innerer Kritiker, sagte sie. Mein innerer Richter, mein Impostor und Kritiker. Der macht mich am meisten fertig. Das ist, wie sagt man, Sabotage von innen!

Ich nickte. Davon hatte ich gehört.

Selbstsabotage, ergänzte ich.

Wissen Sie, sagte ich dann in dem Versuch, das bisschen Eis aus Alaska zu brechen, das noch da war: Ich habe gar keinen inneren Kritiker.

Waaas?, exklamierte Jennifer Miles voller Unglauben. Nein, das glaube ich nicht. Das stimmt nicht! JEDER hat einen inneren Kritiker, der einen fertigmacht.

Ich spürte ein paar Sekunden hin. Nein. Da war nichts.

Das kann nicht sein! Sie haben ihn verdrängt!!, stieß Jennifer Miles aus, beugte sich weit zu mir und lachte laut auf: Haha! Sie haben keinen, das ist ja unmööööglich!

Auch ich lachte etwas mit und suchte in mir. Nein. Nichts. Ich schüttelte den Kopf. Lächelte leicht triumphierend. Mein innerer Kritiker hatte Urlaub. Oder war tot. Oder nie da gewesen.

In diesem Moment spürte ich meine eigene leichte narzisstische Selbstüberhöhung und versuchte sie gleich wieder mit einem tiefen Ausatmen abzugeben.

Erst Wochen später würde ich mich an dieses Erstgespräch mit Jennifer Miles wieder erinnern. In der Zwischenzeit würde ich viel darüber nachgedacht haben, was Selbstsabotage ist. Jennifer Miles hatte ich für Notfälle meine Handynummer gegeben. Sie brauchte Sicherheit. Diese Sicherheit konnte ich ihr geben.

Und in diesem Sommer lernte ich ihn selbst kennen. Meinen inneren Kritiker. Und meine Selbstsabotage. Es war viel komplexer, als so manch einer denken mag.

Nachspüren, was Selbstsabotage ist

Daher möchte ich in diesem Buch nachspüren, was es mit der komplexen und vielfältigen Selbstsabotage so auf sich hat, wenn sie vor dem Hintergrund narzisstischer Motive manifest wird, was die Wissenschaft dazu weiß, wie man es nutzen kann und – falls zu zerstörerisch – was man dagegen sinnvoll tun kann. Dabei nähere ich mich dem Thema auf narrative Weise.

Bei Selbstsabotage denkt man oder man verhält sich oft unbewusst und gleichzeitig meist zielgenau selbstzerstörerisch. Das fasziniert und interessiert mich besonders, denn Selbstsabotage hat nicht immer mit einer psychischen Erkrankung zu tun. Da ich mich hauptberuflich als Psychiater und Psychotherapeut mit dem Wahnsinn des Menschen in seiner klinischen Form beschäftige (als Psychose und wahnhafte Störung), möchte ich mehr darüber wissen, wie es ist, dem »Alltagswahnsinn« anheimzufallen, also wahnsinnig und selbstzerstörerisch zu sein, ohne wirklich verrückt, also klinisch krank zu sein.

Krankheit geht definitionsgemäß immer mit Leiden einher, aber es gibt viele Menschen, die an ihrem eigenen, ganz »normalen« Wahnsinn – in welcher dramatischen Ausprägung auch immer – *nicht* leiden. Das ist vermutlich auch der Grund, warum wir für eine Krankheit, wie es die Persönlichkeitsstörung mit narzisstischen Merkmalen ist, und für einen »Normalzustand« des narzisstisch akzentuierten Persönlichkeitsstils denselben Begriff benutzen. Das ist unglücklich, weil es zu Verwechslungen zwischen dem normalen Alltagszustand (wie es die Sozialpsychologie beschreibt) und einem mit Leiden verknüpften Krankheitszustand (wie es die Psychiatrie beschreibt) kommen kann. Aber es würdigt, dass man als Mensch beides sein kann, ein normaler Alltagsnarzisst oder krank vor lauter Narzissmus. Die menschliche Natur und ihre Beschreibung ist voller Widersprüchlichkeiten. Schon das ist für einen klaren Austausch über das Thema Narzissmus selbstsabotierend.

> Selbstsabotage ist ein Verhaltensmuster, bei dem typischerweise eine Person bewusst oder unbewusst Handlungen, Gedanken oder Verhaltensweisen anwendet, die ihrem eigenen Wohl oder ihren eigenen Zielen entgegenstehen. Es handelt sich um ein destruktives Verhalten, das dazu führen kann, dass jemand sich selbst behindert, seinen Erfolg verhindert oder sich selbst schadet, oft ohne sich dessen vollständig bewusst zu sein.

Lotti und Pablo

»Golf? Niemals! Niemals wirst du mich dazu bringen!«

Es war unser erster Sommerurlaub in so einer Hotelanlage, umgeben von einem riesigen Golfplatz. Um hinein- oder hinauszukommen, musste man über den Golfplatz.

»Ich bleibe hier«, sagte ich. Mich trieb nichts aus dem Apartment. Hier gab es WLAN, kühles spanisches Bier und Flan. Draußen waren 28 Grad und Windstille. Der Pool der Hotelanlage war überfüllt mit schreienden Kindern und tätowierten Holländern, die entweder alle im Wasser herumhüpften oder an der Poolbar Schnitzel mit Pommes vertilgten, während die Poolliegen mit ihren Handtüchern blockiert waren. Vierzig menschenleere, mit Strandtücher belegte Poolliegen. Grauenhaft. Das hatten sie sich vermutlich von den Deutschen abgeguckt.

Carlota sah mich auffordernd an. »Ich gehe da heute hin und schau mal, was geht. Ich werde mich hier nicht die nächsten vier Wochen zu Tode langweilen.« Wie konnte sie angesichts der auf uns zurollenden Klimakatastrophe an Golfspielen denken?! Es waren die Klimakleber, die unten an der Küste schon die Löcher eines Golfplatzes mit Zement vollgeschüttet hatten. Eine Protestaktion. Zu Recht! Um die »reichen Bonzen« mal so richtig zu ärgern und gleichzeitig auf die Verarschung hinzuweisen, die diese Big Player der fossilen Industrie mit uns armen Schlafschafen so anrichteten. Die drehten uns neuerdings Elektroautos an, um uns den Klimawandel als Innovation zu verkaufen. Dabei waren die Elektrodinger zwar fähig, laut einer früheren prognostischen Studie ließe sich mit einem entsprechend umgerüsteten Smart der Carbon-Footprint um 80 Prozent reduzieren,[3] aber nicht weniger umweltschädlich. Wenn der Strom durch fossile Energie gewonnen und im Winter noch geheizt würde, wären es schnell nur noch 28 Prozent CO_2-Reduktion.[4] Es würde etwas gesünder, da weniger Abgase in viel befahrenen Straßen wären. Aber es blieb unklar, wie der Nachschub für neue Batterien gestaltet werden könnte, wenn in ein paar Jahren die Batterien kaputtgingen. Batterien waren teuer, je größer, desto teurer, und man kam nicht weit. Nicht überall waren E-Zapfsäulen, und man musste Stunden zum Aufladen einplanen, wenn man Pech hatte. Das war uns zu viel Stress.

Wir jedenfalls fuhren noch unseren roten T4 mit knapp 300 000 km auf der Uhr und sparten damit allerhand. Wir kamen mit einer Tankfüllung knapp 900 Kilometer gemütlich weit. Die Unterhaltskosten waren sehr gering. Die notwendigen Reparaturen hielten sich in Grenzen. Die Steuern waren klein. Vier Personen und Hund kamen so billig nirgendwohin. Der Diesel war auch nach der Pandemie wieder billiger geworden. Wir würden unseren lieb gewonnenen Bulli also locker bis zum Ende der Energiewende fahren wollen. Bloß, dass man mit dem Bulli nur noch im Ersten den steilen Berg hinauf zum Golf-Resort kam.

»Wieso hast du bloß ein Golfhotel auf einem Berg gebucht, stand das nicht im Prospekt?« »Ich hab genommen, was wir kriegen konnten. In Frankreich war nichts mehr frei!« So zankten wir uns auf dem Weg nach Spanien, die beiden fast erwachsenen Kinder und den hechelnden, leicht in die Jahre gekommenen Ridgeback hinten drin.

Es würden wunderbare Sommerferien werden, hoffte ich, gab Vollgas, und der Dieselmotor nagte sich die 17-prozentige Steigung hinauf, während uns lautlos summend ein elektrischer BMW-SUV Modell Riesengroß links überholte.

Der Blick von oben war dann sehr schön. Raus aufs Meer. Über den Golfplatz. In alle Himmelsrichtungen. Golfplatz. An dem schien kein Weg vorbeizugehen. Ich rümpfte die Nase. Überall Golfplatz.

Narzissmus und Selbstsabotage

Narzissmus ist eine menschliche Eigenschaft, an der man selbst nicht immer leidet, andere hingegen meistens schon. Die Selbstsabotage folgt dann verzögert daraus, wenn die anderen einen nämlich ausschließen, weil man durch zu viel Narzissmus als Mensch unverträglich wird.

Schon früh in der Geschichte der Psychiatrie erkannten Ärzte das menschliche Phänomen, dass man wahnsinnig und irrational sein und handeln kann, ohne wirklich daran zu leiden und ohne im medizinischen Sinne krank zu sein.

Ohne Leidensdruck sind häufig jene, die ihre eigenen abwegigen Gedanken in eine gute Passung zur eigenen Person und zur eigenen Lebenserfahrung bringen können. Damit ist man mitunter sogar sehr erfolgreich und gilt als psychisch stabil. So definieren sich typischerweise erfolgreiche Narzissten. Der Erfolg gibt ihnen recht, und so gibt es keinen Grund, diese Strategie aufzukündigen.

So ähnlich hatte ich es auch Jennifer Miles erklärt, als wir uns im Ersttermin darüber austauschten, wie sie ihren Narzissmus für ihren Erfolg in der Modeszene nutzte. Klar, sie musste sich zeigen. Da war sie in ihrer Rolle und fühlte sich sicher. Unsicher und schwach war sie nur, wenn sie liebte. Denn dann spürte sie diese Angst, von der geliebten Person verlassen, alleingelassen zu werden. Das schmerzte sehr, und diesen Schmerz wollte sie unbedingt vermeiden. Allein die Vorstellung, von einer geliebten Person verlassen zu werden, ließ große Ängste anbranden vor der Leere in sich selbst. Weil es diese andere Person war, die diese innere Leere auffüllen musste. Was so wunderschön war für sie. Aber ebenso völlig irrational, denn warum brauchte Jennifer Miles jemanden, der sie innerlich vollkommen ausfüllen musste? Wo war sie denn, da im Inneren?

Ich versuchte gemeinsam mit Jennifer zu reflektieren, dass die meisten Ängste irrationale Ängste sind, die auf irrationalen Gedanken aufbauen. Und um diese innere Leere zu füllen und die (irrationalen) Ängste zu verdrängen, muss es eben das ganz Große sein. Jennifer konnte also ihre Ängste vor der inneren Leere mit einer Person auffüllen, die sie liebte. Innen passt ein ganzer Mensch rein. Und es kann sehr extrem werden, wenn der wieder raus will, spekulierte ich. Denn das ist dann eigentlich nicht mehr erlaubt. Jedoch: Diese Idee der Verschmelzung mit dem anderen ist der führende irrationale narzisstische Gedanke, der direkt in die Sabotage jeder romantischen Beziehung führt. Nur der irrational Hoffende denkt, genau so muss es sein. Muss es nicht.

Man erkranke an den eigenen irrationalen Gedanken, wenn diese einen Leidensdruck auslösen, weil sie tyrannisch und zwanghaft immer wieder da seien. Jennifer hörte, was ich sagte, aber ihre Skepsis blieb groß, ob sie nicht doch zu befürchten hätte, verlassen zu werden. »Wer würde denn so eine schöne Frau wie Sie freiwillig verlassen?«, warf ich ein. Und Jennifer lächelte, aber es war ihr ein zu kleiner Trost. Es quälte sie, dass diese Gedanken nicht von allein weggingen. Denn sie quälten und zermarterten sie oder trieben sie zu ungesunden Handlungen an, die wiederum zu weiteren ungesunden und störenden, dysfunktionalen Interaktionen und Handlungen führten. Ein Teufelskreis voller Fehlentscheidungen und Selbstquälerei, sagte Jennifer.

Leidensdruck spüren jene, die durch ihre abwegigen Gedanken und die damit verknüpften dramatischen Folgen aus ihren Handlungen immer wieder Fehler machen und deswegen systematisch scheitern. Das können auch narzisstische, selbstverliebte, fantastische Vorstellungen über die eigene Großartigkeit sein, selbst wenn man zu keiner Leistung in der Lage ist. Größenfantasien quälen einen, wenn das eigene Mittelmaß sie nicht bestätigt. Dann sollte man sich auf den arbeitsreichen Weg machen, seine Träume hartnäckig zu verfolgen.

Nur, die erfolglose(re)n Narzissten tun oder schaffen das nicht. Ihre abwegigen Gedanken lösen in ihnen heftige Affekte aus. Das sind schwer aushaltbare, zu heftigen Reaktionen antreibende Gefühle wie Wut, Hass, Angst, Ekel oder Neid, die über Handlungen und Fehlentscheidungen letztlich in die Sackgasse der Selbstsabotage führen.

In den Köpfen dieser erfolglosen Narzissten geschieht etwas Furchtbares: Die überzogenen Erwartungen an die eigene

Großartigkeit werden frustriert. Dazu gesellen sich niederschmetternde Herabwürdigungen, die man erfährt oder die man sich selbst macht. Neue quälende Gedanken über das eigene Unvermögen verknüpfen sich mit unangenehmen Emotionen, die nur durch Vermeidungsstrategien oder »Betäubungen« ertragbar werden. Das kann den Konsum von Alkohol und anderen Drogen und Süchten beinhalten, ebenso wie die Entwicklung von Krankheitssymptomen, ablenkende Gedankengebilde oder komplexe Verhaltensweisen, hinter denen man sich dann versteckt.

Der allgemeine Selbstsaboteur (in seiner Erstbeschreibung der Self-Handicapper[5]) sucht nach Ausflüchten und Hindernissen, übertreibt die eigene Unzulänglichkeit, mindert seine Verantwortung für Mittelmäßigkeit und hebt sich dafür für Erfolge besonders hervor. Das tut er auch, indem es immer wieder zur *Sucht*, zum schädlichen Konsum von Alkohol oder Drogen, kommt, nur um zu verhindern, in die beschämende Situation zu geraten, nicht so gut zu sein wie angenommen. Diese Angst vor dem kritischen Feedback wird mit Suchtmitteln betäubt und somit die Erfahrung verhindert. Auch im Nachgang, wenn es mal Erfolge gab, kleine und auch große, wird die ängstliche Erregung und die gedankliche Negativität darüber betäubt.

Ebenso ist es bei der *Symptombildung*, die dann in den Vordergrund rückt und gewissermaßen alle, auch einen selbst, clever davon ablenkt, das eigentliche Problem vor der ängstlichen Erwartung vor dem eigenen Scheitern und dem damit verbundenen unangenehmen Feedback *(failure feedback)* anzugehen. Nur um zu vermeiden, wird um den Erhalt des Symptoms, der psychosomatischen Beschwerden wie beispielsweise Kopfschmerzen, Übelkeit, Schwindel … bis hin zu Angst und Depressionen, »gekämpft«, und es wird in seiner Ernsthaftigkeit verteidigt. Die Symptome und die damit verknüpften Gedanken und Verhaltensweisen »dürfen« nicht aufhören, denn das wäre der Moment der »Wahrheit«, und die Konfrontation mit der ängstlichen Erwartung vor dem eigenen Scheitern müsste erfolgen.

Daher sind diese psychosomatischen Symptome schwer auflösbar, da sie am besten über den Weg des möglichen Scheiterns vergehen. Mögliches Scheitern wird jedoch (vehement!) vermieden.

Es ist nicht einfach für den behandelnden Arzt und auch nicht für den Betroffenen, die Symptome zu erleichtern oder aufzulösen, denn diese Symptome stabilisieren die Psyche, weil sie die Angsterfahrung (vor dem möglichen Scheitern) fernhalten. Symptome haben eine Funktion: Lieber lähmen sich meine Beine, habe ich Schwindel, Husten oder bin durchgehend müde, wenn ich über Intimität nachdenke, als dass ich meine ängstliche Erwartung vor einer Ablehnung durch meinen liebsten Menschen zulasse, wenn der oder die erkennt, wie unfähig ich zur körperlichen Liebe bin. Eine irrationale Überlegung und Schlussfolgerung, die in Vermeidungsverhalten mündet und die Erfahrung verhindert. Die Erfahrung, die sehr wahrscheinlich nicht so furchtbar wie befürchtet, sondern viel wahrscheinlicher positiv wäre.

Normalerweise* suchen Menschen Gelegenheiten auf, in denen sie Einblicke in ihre eigene Person gewinnen können. Selbstsabotage und selbstsabotierendes Verhalten impliziert, dass Menschen bewusst genaue Informationen über sich selbst vermeiden. Diese Angst vor dem unangenehmen Feedback ist besonders groß, wenn das Selbstwertgefühl bedroht ist. Womit Selbstsabotage die Folge einer narzisstischen Abwehr aus einer großen emotionalen Not heraus sein kann.[6] Eine Schutzstrategie, die das Ego in seiner Brüchigkeit stabilisiert. Lieber und

* Anmerkung: Was ist normal? Normal ist, was häufig, mittelmäßig und damit alltäglich ist. Der Graus eines jeden Narzissten. Hier bei Kühen: Vgl. KILGOUR, Robert J. In pursuit of »normal«: A review of the behaviour of cattle at pasture, in: *Applied Animal Behaviour Science*, 2012, 138. Jg., Nr. 1–2, S. 1–11.

besser eine Fantasie über sich selbst leben, als die Realität über sich selbst zu kennen!

Diese Fantasie, diese Illusion, ist ein irrationaler Gedanke, der das Selbst stabilisiert. Damit ist Selbstsabotage die Folge des Bemühens um Selbstkontrolle. Das kann vorteilhaft sein, bringt aber auch Nachteile. Lieber glaube ich, großartig in etwas zu sein, und fühle mich damit besser, als zu wissen, nicht großartig zu sein, mich dabei schlecht zu fühlen und mir eingestehen zu müssen, dass ich etwas dafür tun müsste, um so großartig zu sein, wie ich es mir ausmale.

Somit ist eine narzisstische Haltung auch eine Schutzhaltung vor dem realen Druck der Wahrheit und bewahrt das Selbst vor dem Zusammenbruch. Da es hier um existenzielle Fragen geht, ist diese Schutzstrategie, so irrational sie auch sein mag, sehr robust. Selbstsabotage ist sehr resistent gegenüber Veränderungen. Sie aufzugeben, würde bedeuten zu offenbaren, eben nicht grandios, möglicherweise nicht mal ausreichend gut genug zu sein. Daher tritt Selbstsabotage besonders häufig in Bereichen auf, in denen die Regulation des Selbstwerts auf dem Spiel steht. Also im Bereich des Narzissmus.

Folgen stark narzisstisch denkende Menschen ihren irrationalen, drängenden, mächtigen Gedanken, dann kann dieser Pfad sie in ein persönliches Scheitern führen. Weil sie weniger die Konsequenzen aus dem egoistischen Handeln und Entscheiden bedenken als jene nicht narzisstischen Menschen, die mehr Bewusstsein dafür verspüren, wie sie auf andere wirken. Narzisstische Menschen können zwar durchaus auch Großartiges erreichen, jedoch in der Regel auf Kosten von anderem Wertvollen wie gute menschliche Beziehungen, menschliche Nähe und Wärme. Sie haben halt Besseres zu tun und vernachlässigen das Kostbarste, was sie haben: die Menschen in ihrer Nähe.

Viele Menschen mit ausgeprägten narzisstischen Zügen leiden häufig an der »normalen« Realität. Denn in Bezug auf ihre irrationalen Gedanken, Wünsche und Bedürfnisse handelt es sich um eine Realität, die sich nicht veränderbar zeigt und die inert ist für die Angriffe abweichender Erwartungen, Ansprüche und Einstellungen. Diese Realität muss zwingend ihre abweichenden Gedanken frustrieren. Menschen, Abläufe und Dinge zu verändern, damit sie passend gemacht werden, gelingt nicht immer. Manch ein narzisstisch motivierter Mensch kann es schaffen, ja, es sind sogar eher die Einzelleistungen, die die Welt verändern. Nur, das funktioniert eher selten. Besonders erkennt man diese signifikanten Einzelleistungen an Entdeckern wie Christoph Kolumbus.[7] Seine außergewöhnliche Hingabe zeigte sich besonders in seinem unbeirrbaren Streben nach Ruhm für die Nachwelt. Trotz mehrerer vergeblichen Versuche beeindruckte er schließlich die spanische Krone mit Verhandlungsgeschick, Rhetorik und Charisma. Seine herausragenden Fähigkeiten als umsichtiger Schiffskommandant traten ebenfalls hervor, wodurch kaum Matrosen Schaden erlitten. Er bewies sich als aufmerksamer Naturbeobachter. Jedoch standen diese Qualitäten seiner grenzenlosen Gier nach Gold und eigennützigen Handlungen gegenüber. Sein Ehrgeiz, sein Stolz und die Liebe zur Selbstdarstellung widersprachen nicht nur seinen positiven Eigenschaften, sondern machten ihn auch zu einem strengen und unnachgiebigen Anführer, der sich den Unmut einiger Feinde zuzog. Und mehr noch: seine Taten, angetrieben durch seinen Narzissmus, hatten weitreichende Folgen, waren sie doch maßgeblich an der Einleitung der Ära des europäischen Kolonialismus und der Ausbeutung und Ermordung indigener Völker beteiligt.

Aber nicht jeder kann – oder sollte – ein Christoph Kolumbus sein. Und auch in der Liebe muss man nicht zum ewigen Entdecker werden, für den sich die ganze Welt verändert.

Doch zurück zu Jennifer: Sie erklärte mir in unserem ersten Termin vor meinem Sommerurlaub ihre Gedanken, die sie ständig in Frustrationen brächten: Sie sehnte sich nach viel mehr Nähe zu ihrem Lebenspartner, der aber offenbar Besseres zu tun hatte und die Nähe zu ihr nur ab und zu suchte. Die Realität, die Jennifer mit ihrem Freund teilte, war schmal. Zu schmal für ihre Erwartungen und die Erfüllung ihrer Bedürfnisse. Es frustrierte sie, dass sich ihre innere Leere nicht mit ihrem Lebenspartner auffüllen ließ. Sie wollte mehr. Aber je mehr sie von ihm wollte, desto mehr entzog er sich ihr. Das war doppelt frustrierend und fühlte sich wie Selbstsabotage an. Weil sie dann noch weniger von ihm hatte.

Lotti und Pablo

Im Sommerurlaub zwischen tätowierten Holländern und im Pool hüpfenden, fremden Kindern frustrierte mich akut die Vorstellung, dass meine Beziehung zu Lotti immer wieder in einen emotionalen Engpass geriet, wenn wir bei der Erfüllung unserer Bedürfnisse unterschiedliche Wege beschritten. Es gibt immer wiederkehrende Realitäten, die mich dermaßen intensiv, wenn auch kurz, frustrieren, und diese stehen in krassem Gegensatz zum restlichen Geschehen.

Will ich denn nicht, wie jeder normale Mensch, eine stabile, gute und zufriedenstellende Beziehung?

Keine Frage: Für mich wie für die meisten Menschen sind persönliche Beziehungen von großer Bedeutung – und dennoch sabotieren so viele von uns sich selbst darin. Frustrationen tauchen zwangsläufig dann auf, wenn die Selbsttäuschungen, mit denen wir uns über die Beziehungsgaps retten, nicht mehr funktionieren. Ich weiß, dass die meisten Beziehungen kein ganzes Leben lang halten. Ich weiß, dass eine Trennung umso wahrscheinlicher ist, je länger eine Beziehung andauert. Ich weiß, dass es möglich ist, vom Partner oder der Partnerin belogen, betrogen und enttäuscht zu werden. Ich weiß, dass es möglich ist, dass der Partner oder die Partnerin einen weniger lieben wird und sich sogar gegenteilig verhalten kann. Ich weiß, dass man sich nicht mal auf seine eigenen Gefühle verlassen kann.

Das sind ziemlich düstere Aussichten. Wie kann man sich eine Liebe versprechen, die ewig halten soll, wenn man nicht einmal selbst in der Lage ist, den eigenen emotionalen Zustand der nächsten Tage sicher vorherzusagen?

Offensichtlich glauben auch Lotti und ich allerhand, um uns über diese Realität hinwegzutäuschen. Das ist potenziell frustrierend.

Man nehme nur die aberwitzigen Erwartungen, als wir unsere gemeinsame Reise nach Spanien antraten: Ich erwartete, dass der Sommer in Spanien glatt, warm und gechillt lief.

Aber diese meine Erwartungen waren das größte Einfallstor zur Selbstsabotage. Denn ich kannte Lottis Erwartungen nicht …

Frustration und Selbstsabotage

Ich kenne dieses Anbranden einer irrationalen, narzisstischen Erwartung aus meiner Arbeit mit Klienten in der Psychotherapie. Gewissermaßen repräsentiere ich die äußere Realität in Gestalt des Therapeuten, bin von der Realität gespeist und stelle mich, so abstinent und neutral wie möglich, der eigensinnigen, subjektiven Wahrnehmung des narzisstisch motivierten Klienten. Lasse seine Vorstellungen von einer Realität (das Realitätsmodell) auch gegen mich anbranden, beobachte, wie diese Vorstellungen mein Gegenüber innerlich beherrschen und es darin gefangen halten. Ein Teufelskreis von Überzeugungen, Erwartungen, Gefühlen und Befürchtungen. Auch kann ich erkennen, wie die Gedanken über das eigene Denken, also auf der Metaebene, im Klienten selbst durch eine starke gedankliche Einengung auf den Teufelskreis unreflektiert sind und die Selbstüberwachung des eigenen Denkens mit versagt. Narzissmus strandet.

So wie Jenny (ich nannte sie plötzlich innerlich so) in meiner Therapiestunde mit ihrem Narzissmus gestrandet war. Sie litt daran, denn die gelebte Rolle der äußerlich erfolgreichen Geschäftsfrau reichte nicht mehr aus, ihre innere Sehnsucht nach Liebe zu stillen. Eine so große innere Leere, die weder ihr Partner noch andere auffüllen konnten. Ich konnte dieses Liebesloch auch nicht füllen.

Die äußere Arbeit war getan. Jenny war erfolgreich und »hatte alles«. Aber die innere Arbeit musste nun erfolgen. Denn ihr Strahlen kam nicht von innen. Innen beherrschten sie nur tyrannische Gedanken in teuflischen Spiralen: Sie verglich sich mit anderen, bewertete und (ver)urteilte. Ihre Vorstellungen der Realität (Realitätsmodell) passten nicht mehr zur tatsächlichen Wirklichkeit. Es waren unreife und zugleich idealisierte Vorstellungen über eine Realität wie sie sein sollte. Wie sie jedoch nicht war und nie werden würde. Denn Realität ist zu komplex, und auf dem ehrenhaften Weg zum Ideal muss man scheitern. Denn das Ideal ist nie erreichbar. Ihr blieb nur, schön zu scheitern.

Jenny war schon lange unterwegs auf dem Weg zu ihren Idealen, und nun häufte sich ihr Scheitern, so kurz vor dem erträumten Ziel, die perfekte Unternehmerin und die perfekte Liebende zu sein, was sie frustrierte.

Dann, wenn die eigenen Erwartungen nicht mehr übereinstimmen mit der geteilten Realität der anderen Mitmenschen, beginnt das Leiden. So auch bei Jenny. Denn dann befinden sich narzisstische Menschen außerhalb dieser geteilten Realität. Sie suchen wie Jenny das Besondere und haben keinen Blick mehr für das Normale. Das Gewöhnliche.

Diese Menschen sind nicht psychisch krank, sie sind nicht psychotisch. Sie haben nicht vollständig den Kontakt zur Realität verloren. Aber sie haben eine gewisse Tendenz entwickelt, den Kontakt zur Realität aufzugeben. Sie denken verstärkt an Ideale, die nicht erreichbar sind. Und sie halten mittels bestimmter Gedanken, die irgendwie passend für sie sind, narzisstisch eben, an diesen Idealen fest. Ihre größte Befürchtung ist, diese erwartungsvollen Gedanken zu verlieren. Ihre größte Angst ist, Ideale zu verpassen und deswegen dann auch nichts mehr für andere zu bedeuten. Völlig wertlos für andere zu sein, weil sie nichts mehr darstellen.

Ich habe nichts gegen Ideale, ich finde sie sogar erstrebenswert, denn sie orientieren mich, wie ein Fixstern am Himmel. Aber ich muss sie nicht erreichen müssen und mich ihnen nicht selbstbestrafend unterwerfen, wenn ich mal vom Weg abkomme. Denn je näher ich dem Ideal komme, desto schmerzhafter wird es.

Diesen Schmerz der Anstrengung und Belastung, den spürte Jenny schon länger. Sie konnte nicht loslassen. Sie wollte auch darin perfekt sein. In ihrer Pflicht, sich ihren Idealen zu unterwerfen, um damit ihre Schuldgefühle vor dem eigenen Versagen zu neutralisieren. Um sich nicht eingestehen zu müssen, eine ganz normale Person, ein Mensch zu sein, der auch Sachen nicht hinbekommt. Um ihre Angst vor dem normalen Leben zu vermeiden, verpflichtete sie sich, dem Ideal zu folgen. Dieses Ideal, in der Modeszene außergewöhnlich gut, erfolgreich und raffiniert zu sein, erkannte sie nur über die Reaktion ihres beruflichen Umfeldes. Sie selbst hatte die Grenze zur Perfektion nur darin gefunden, Fehler zu finden, sich selbst zu kritisieren und das Optimale zu verfolgen.

Jenny existierte für sich nur dadurch bewusst, was sie in anderen über sich selbst als optimalen Zustand in einer gedachten Realität wahrnahm. Als wären diese gespiegelten Narzissmen identitätsstiftend, und sie aufzugeben, käme einem Verrat an sich selbst gleich. Mit der Gefahr, ihr Realitätsmodell und damit die »Realität« vollständig zu zerstören. Das durfte aus Jennys Perspektive niemals eintreten.

Also hält man daran fest und verteidigt diese eigenen abwegigen Gedanken, aus Angst, die Kontrolle über sich und das eigene Leben zu verlieren, was unweigerlich zu (weiteren) Konflikten mit anderen Menschen führt.

Gedanken und Vorstellungen wie die von Jenny sollten also durch *mich* nur eine Erklärung und Einordnung bekommen. Aber ich sollte und durfte sie niemals auflösen.

Ich musste sie gleich in der ersten Stunde, die für Jenny voller Hoffnung war, frustrieren. Die Frage »Wer bin ich?« sollte *ich ihr* beantworten. (Aber das wusste ich in dieser ersten Stunde noch nicht.) Ich konnte ihr diese Antwort nie ernsthaft geben. In dieser Frustration dachte sie kurz über sich nach. Wurde ruhiger. Spürte in sich hinein. Da empfand sie ein wenig diesen inneren Verrat, Gedanken aufzugeben, die sie so lange, über Jahrzehnte, gedacht und nach denen sie gelebt hatte. Der Narzissmus setzte sich fort, obschon er unter der Frustration kurz zurückgegangen war.

Drei Ebenen narzisstischer Konflikte

Dabei können Konflikte mit dem Narzissmus und der Selbstsabotage auf drei verschiedenen Ebenen des Lebens stattfinden.

Erstens in einem selbst, weil man sich mit narzisstischen Sorgen, Befürchtungen und Ängsten im Wege steht. Viele narzisstische Ängste speisen sich aus der Vorstellung, sich ein Scheitern nicht erlauben zu können, denn das würde die eigene Großartigkeit deutlich infrage stellen. Fehler zu machen und zu scheitern ist bei sehr sensiblen narzisstischen Personen nicht erlaubt. Das setzt hohe innere Maßstäbe und tyrannische Ängste frei, die schwer aushaltbar sind und daher an anderen abreagiert werden müssen, um die eigene Anspannung, Schuldgefühle und Versagensängste nicht zu spüren. Grandiose Narzissten können hingegen großartig mit ihren eigenen Fehlern leben, denn sie können es sich leisten und haben hier kaum Konflikterleben.

Was uns direkt zur **zweiten Ebene** führt: Es entstehen ernsthafte Probleme mit nahestehenden Menschen, wenn man die inneren Konflikte in diese Beziehungen verschiebt und darauf projiziert. Zudem führt es zu Konflikten, wenn man die eigene narzisstische Anspruchshaltung zeigt: Man sieht den Splitter im Auge des anderen, aber nicht den Balken bei sich selbst.

Darüber hinaus, in einer viel größeren Dimension, gibt es eine **dritte Konfliktebene.** Nämlich die mit sozialen Gruppen, Institutionen, gesellschaftlichen Strukturen und größeren Systemen. Das kann beispielsweise die Umwelt sein in Form einer Behörde, einer sozialen Bewegung oder in Form der Natur an sich. Auch in diese Systeme überträgt man sich mit seinem ganzen Narzissmus: Hier will man sich als Krönung der Schöpfung sehen und Herrscher der Systeme werden, ja, narzisstisch beflügelt, ganz oben stehen sehen.

Jenny hatte auf allen drei Ebenen große »äußerliche« Erfolge erzielt. Sie war erfolgreich, nicht extrem erfolgreich, in der Mode. In diesem Bereich hatte sie kaum Schwierigkeiten, dort konnte sie grandios sein, strahlen. Hier passte sie mit ihrem gesamten Wesen hinein.

Jennys Auftreten in sozialen Strukturen, ob auf Galas oder vor anspruchsvollen Kunden, war federleicht. Sie zeigte ihren einzigartigen Stil. Sie hatte einen kohärenten und durchdachten Look und ihre Experimentierfreude hatte sogar relevanten Einfluss auf Modetrends.

Auf der zweiten, der interaktionalen Ebene wurde es schwieriger. Sobald sie liebte, kamen diese Ängste, alles falsch zu machen und deswegen verlassen zu werden. Sie wurde unsicher und kaschierte ihre Angst. Sie verhielt sich auch kopfloser. Tatsächlich machte sie Fehler in der Kommunikation mit ihrem Lebensgefährten, war mal zu »zickig« oder »egoistisch«, weil sie nicht wusste, wie das ging, so nah an einem anderen Menschen zu sein. Fehler, die sie sich nicht verzeihen konnte. Innerlich, sensibel für ihre Verunsicherung, verlor sie jeden Halt an äußerlicher Grandiosität und fiel ins Bodenlose.

Ihre innere Arbeit hatte sie definitiv vernachlässigt. Und je näher sie sich selbst kam – ob auf der Beziehungsebene, wo sie diese große Sorge umtrieb, zu wenig für sich zu bekommen, oder in der Beziehung zu sich selbst, wo sie nur innere Leere spürte –, desto weniger *war* sie selbst.

Die drei Ebenen der Selbstsabotage
Ich (intrapersonell) stehe mir selbst im Weg
Ich und du (interpersonal) stehen mir im Weg
Ich und die anderen (extrapersonal) stehen mir im Weg

Lotti und Pablo

Lotti holte sich gleich am zweiten Tag im Spanienurlaub Tipps bei Johannes, unserem Paartherapeuten. Laut und deutlich über FaceTime. Seine Stimme schnitt eiskalt durch das sonnendurchflutete Apartment, in dem ich in einer Strandliege saß und tippte. »Carlota, Liebes, wie kannst du nur davon ausgehen, dass Pablo in seinem Wesen gleich bleibt? Der Typ ändert sich. Der wird nicht nur älter. Auch schwieriger. Du übrigens auch! Die Hormone verdampfen irgendwann. Im Alter wird Narzissmus zwar weniger. Aber dennoch, ihr müsst was tun. Für euch. Wo ist eure Kraft?« Lotti nickte, hatte aber keine Antwort. Ich auch nicht. Kraft macht man sich, dachte ich. Wir machen Yoga.

Johannes sagte dann, wir sollten es mal allein versuchen. Wir würden im Urlaub schon etwas finden. Und wenn nichts hilft, ein Golfkurs habe schon so manche Ehe gerettet.

»Ha! Siehste!«, zischte Lotti mir zu. Ich nickte beipflichtend. Na klar. Am Ende war dieser Urlaub ein abgekartetes Spiel. Golf? Niemals! Ehe retten? Nicht damit!

Wenn auf allen drei Ebenen des Lebens Frustration und Leid generiert wird, macht das Leben keine Freude mehr. Oder, um es aus einer narzisstischen Perspektive zu formulieren: Wenn die Realität nicht (mehr) nach den eigenen Vorstellungen geformt und kontrolliert werden kann, wird das regelhaft zu erheblicher Frustration und unmittelbar auch zu Verzweiflung, zum Ausdruck von Wutaffekten, zu Rettungsversuchen und letztlich mindestens zur Erschöpfung, im schlimmsten Fall zu einer Depression führen. Das ist dann eine grandiose Selbstsabotage. Davor bewahrt einen nur der eigene grandiose Narzissmus. Der sich all das Scheitern und die Frustration leisten kann. Aber das können nicht alle. Das können nur die Dickhäuter unter den Narzissten.

Statt einfach weiterzumachen in einer narzisstischen Ego-Tour, die auch Gutes bewirken kann, ohne Frage, sollte man sich darum die Zeit gönnen, innezuhalten. Durch kritische Einsicht in das eigene narzisstische Denken könnte man sich vorsorglich vor zukünftigem Scheitern und vor Frustrationen schützen. Die aus einem unreflektierten Narzissmus unweigerlich erwachsen.

Man könnte die eigene Sabotage prophylaktisch vermeiden. Nur wie?

Indem man sich bewusst macht, was für Inhalte man im eigenen Denksystem pflegt, welche Gedanken man also denkt, wie man sie bewertet und wie wichtig man diese nimmt, könnte man die prophylaktische Chance erschaffen, sich von den eigenen ungünstigen narzisstischen Gedanken zu distanzieren, diese hilfreich zu verändern, in bessere Gedanken zu transformieren oder, falls völlig unveränderbar, sogar ganz aufzugeben.

Nur, gelingt das immer?

Alltagsnarzissmus

Um diese hartnäckigen gedanklichen Einstellungen in unseren Gehirnen aufzuspüren, betrachte ich gerne Situationen, in denen Menschen durch ihre Überzeugungen anecken, frustriert sind und scheitern. Diese selbstsabotierenden Phänomene werden erst sichtbar, wenn sich Menschen an Hindernissen, Schwellen und Widerständen emotional aufreiben und nicht weiterkommen. Dann kann Selbstsabotage sogar hilfreich sein, weist auf das Problem hin und bahnt einen Weg zur Lösung.[8]

Jenny wollte wissen, wie das ginge. Ich sah sie an und sagte, na so, wie hier gerade. Erkennen, was einen selbst sabotiert. Beobachten, aushalten und sich auf sich selbst zurückfallen lassen. Und aus einem selbst werden dann die Kräfte geweckt, neue Quellen der Kraft gefunden, die das Problem auflösen. Da könne man auch sicher sein, sagte ich. Bei sich selbst?, fragte Jenny und sah mich mit ihren großen Augen an. Da wolle sie ja gern sein, aber wie dort landen, wenn da nichts sei?

Früher, dachte ich, da hatte ich einen Fußball und einen Stock, als Kind, so mit sieben oder acht. Das hat mir so viel Selbstbewusstsein geliefert, weil ich »Der mit dem Ball und dem Stock« war. Damit konnte ich nicht versagen. Den Fußball schoss ich gegen Wände oder mit Freunden hin und her. Und an meinem Stock schnitzte ich herum und rammte ihn irgendwo in den Boden. Ich war »Der mit dem Ball und dem Stock«. Ich hatte eine Identität, die meinen Selbstwert bildete. Komme, was wolle.

Ich fragte Jenny, ob sie nicht auch so etwas gehabt hatte. Ball und Stock. Ich hatte Ken und Barbie, antwortete Jenny. Die habe sie gekleidet und hübsch gemacht. Die hatten aber nie etwas miteinander. Barbie war dann irgendwann kaputt, ohne Haare und ohne Kopf. Und Ken war verschwunden. Verloren gegangen.

Wenn Sorgen und Befürchtungen aufgrund einer äußerlichen Veränderung, eines Zufalls oder einer Begegnung hochschießen und so das eigene Bewältigungsbemühen zwar aktivieren, aber ins Versagen führen, macht das Angst. Das sind Momente, in denen Menschen aus ihren Routinen geweckt, aus dem Alltag und aus der Komfortzone aufgeschreckt werden und in denen sie reagieren - aber weiter scheitern. Sie scheitern eben, *weil* sie Angst bekommen. Weil sie deprimiert werden durch so viel Frustration. Sie haben dadurch kaum noch Kraft. Darum schleppen sie sich mit ihrem Alltagsnarzissmus zur Arbeit und durch die Tage. Und ihre Angst, dass alles keinen Sinn ergibt, ringt sie nieder. Eine Angst, die besonders Frauen wie Jenny sehr gut kennen. Die Angst vor dem Scheitern.[9] Wofür das alles?

Für mich sind diese Hallo-wach-Momente erkenntnisreich, aber meist nur Randbereiche der menschlichen Psyche. Denn sie entziehen sich dem Alltag, geschehen beiläufig und werden rasch wieder ins Vergessen verdrängt. Diese psychische Abwehr[10] (ungewünschte Wahrnehmungen werden unbewusst vom Bewusstsein ferngehalten) erfolgt durch sogenannte defensive kognitive Strategien[11], auf diese Weise wird Unangenehmes wie die Angst vor dem Scheitern neutralisiert. Besonders vulnerable Narzissten erleben Angst als wenig hilfreich und meist als reine Negativerfahrung. Um Dinge zu glauben, die der Realität nicht entsprechen, wird sich abgeschottet, verdreht, ins Gegenteil gekehrt, ignoriert, geleugnet, in einen anderen Kontext gesetzt und gerechtfertigt. Das ist zunächst normal, jedoch deutlich verschärft, wenn man narzisstisch motiviert denkt. Denn im kleinen, privaten Scheitern und im großen, beruflichen Scheitern steckt nicht viel Rühmliches aus der narzisstischen Perspektive. Der Alltag ist mit intensiv eingeübten Routinen und Wiederholungen aufgefüllt, die nur der narzisstisch motivierten Selbstverteidigung dienen, um die Angst vor dem Scheitern zu vermeiden. Ein robuster, grandioser Alltagsnarzissmus kann diese Angst vordergründig gut bewältigen. Aber wenn man tiefer bohrt und zum sensiblen, verletzlichen Kern des Narzissmus kommt, erkennt man, dass der nicht die notwendige innere Arbeit erledigt, wenn es darum geht, die Angst vor dem Scheitern zu bearbeiten. Er meidet sie.

Wie bei Jenny, die keine Vorstellung davon hatte, was sie für eine innere Arbeit leisten müsste, um ihre Frustration, ihre Ängste und Depression loszuwerden. Stattdessen wurde sie von wertenden, urteilenden inneren Gedanken beschossen, als sie sich ihrem Selbst näherte.

Sie solle sich einfach um ihren Alltagsnarzissmus kümmern, arbeitete ich mit Jenny heraus. Und darum, dass alles so weiterläuft wie bisher.

Alltagsnarzissmus bezieht sich auf gewöhnliche narzisstische Verhaltensweisen und nicht auf einen pathologischen Narzissmus. Positive Selbstbezogenheit, ihre gelungene, charmante Selbstinszenierung, ihr anspornendes Wettbewerbsdenken – das waren hilfreiche, narzisstische Verhaltensweisen für Jenny. Gedanken an den Erfolg der nächsten Kollektion eine optimistische narzisstische Ausbreitung ihrer Person. Sie *wurde* zu ihrer Kollektion. Daran war nichts Falsches. Diese Gedanken, das waren gesunde Gedanken ihres Alltagsnarzissmus. Die können, wenn sie zu viel werden, durchaus auch einen sabotierenden Charakter haben, etwa indem das erschaffene Image die eigene Selbstentfaltung für ein authentisches Leben blockiert. Wenn das Image der Modeschöpferin unpassend ist und verdeckt, was sich noch entfalten möchte.

Aber meistens ist der Alltag eben doch ein Ort der Ordnung, und die Situationen, in denen sich das spezifisch abweichende

Denken in aller Deutlichkeit zeigt, sind nur kleine, eingestreute Momente, die dem Wachbewusstsein wie sanfte Abweichungen vorkommen müssen: eine aus dem Unbewussten aufblitzende narzisstische Meinung hier. Eine sich kurz zeigende, innere narzisstische Haltung da. Für die Psyche sind diese kleinen Momente der Klarheit nur Abweichungen, merkwürdige Singularitäten, fremd, neu, und damit immer auch kleine irritierende Ausnahmesituationen - ich, narzisstisch? Nein -, die schnell wieder vergessen sind und ins Unbewusste abtauchen, als wäre diese abwegige Meinung, dieser merkwürdige, narzisstische Gedanke nie da gewesen. Aber dennoch wirkt er irgendwie hinein in die eigene Lebensrealität.

Jennys Alltagsnarzissmus war instabil geworden, hatte etwas Angst bekommen, weil da etwas in ihr war, das er nicht kannte. Etwas Großes und Bedrohliches. Etwas - ich versuchte das dramatisierend zu beschreiben -, das belastet war.

Sie sei doch gut, dachte sie, sagte sie, genug, so, wie sie sei. Aber ihr gefiele etwas nicht an ihr, oder?, fragte ich nach. Womit rettete sich ihr Alltagsnarzissmus, um eben nicht diese notwendige innere Arbeit leisten zu müssen?

Ich habe diese Momente, in denen ich mir sehr gut gefalle, sagte Jenny und lächelte. Da sprach wieder ihr Alltagsnarzissmus, und der half, wenn es mal nicht so gut lief.

Narzisstischer Selbstgefallen

Wenn sich in einem kleinen Moment die narzisstische Verblendung zeigt, dann kann sie Menschen wie Jenny mittels Selbsttäuschung über eine schwer erträgliche Realität hinweghelfen. Wie Jennys Idee, nicht gut genug zu sein oder ein »inneres« Problem, einen Mangel oder etwas Belastendes zu haben.

Und eben die gleiche narzisstische Selbstgefälligkeit kann zur narzisstischen Selbstsabotage führen. Dieses Phänomen offenbart sich besonders an Schwellen und Hindernissen, die an unbewussten oder bewussten narzisstischen Gedanken anstoßen. Dann zeigt sich dieser Gedanke, die Erwartung und das Anspruchsdenken, um eine Schwelle narzisstisch zu bewältigen oder ein Hindernis, das den eigenen narzisstischen Weg blockiert, aus dem Weg zu räumen. Bei sich selbst, in der Begegnung mit anderen oder in einer Gruppe, auf der großen Ebene der Interaktion mit anderen Menschen. Die narzisstische Selbstgefälligkeit zeigt sich in einer Geste, in einer Handlung. Dann zeigt sich das narzisstische Gesicht dieser Person, voller Leidenschaft und Impulsivität, blitzt es auf. Da manifestiert es sich, in einem kleinen Moment, in dem der emotionale Engpass da ist. Wenn die Notwendigkeit da ist, sich zeigen zu müssen. Wenn keine Zeit ist, wenn kein Raum ist, oder wenn man etwas viel Wichtigeres zu tun hat, manifestiert sich der Engpass, in dem sich der Narzissmus zeigt. Dann kommt zum Alltagsnarzissmus eine besondere narzisstische Spitze hinzu, die auch manchmal sticht.

Jenny erzählte, wie unverzeihlich gemein ihr Lieblingsnarzisst manchmal zu ihr sein könne. Wie er sie strafe oder maßregele und sie spüre, wie entwürdigend es für sie sei, das zu erleben. Sei ihre Würde verletzt, sagte ich, wäre das ein eindeutiger Hinweis auf eine Grenzverletzung. Eine Grenzverletzung, die sogar seelisch verletze, eine Wunde setze und traumatisierend sei. Je größer die Dosis dieser Verletzungen, desto eher sei wahrscheinlich, es mit einer extrem-narzisstischen mindestens, und eher noch mit einer psychopathisch-narzisstischen Person zu tun zu haben.

Jenny bestätigte, ihr Lieblingsnarzisst sei wirklich problematisch. Sie selbst, sagte Jenny, könne zwar auch mal einen narzisstischen Ausrutscher haben, aber, sie lachte über sich selbst, das mache sie ja noch nicht zu einer narzisstischen Psychopathin. Das bestätigte ich ihr.

Zeigt sich nur selten narzisstische Selbstgefälligkeit, gepaart mit einem kurzen Aufblitzen der kalten Schulter der Arroganz, ist das zunächst nur eine narzisstische Geste. So wie Jenny mich ausgelacht hatte vor lauter eigener Fassungslosigkeit, ich hätte keinen inneren Kritiker. Da war auch Selbstgefallen bei Jenny gewesen. Er hatte sich in ihrer Schwierigkeit gezeigt, meine Perspektive einzunehmen und mein Erleben als real anzuerkennen. »Das glaube ich nicht!«, war aus ihr herausgeplatzt. Arrogant oder ungläubig über jemanden zu lachen, ist eine kurze narzisstische Ausdrucksweise und hat nichts Krankhaftes an sich. Was sie hätte verraten können, wäre ihre Perspektive gewesen. Wäre Jenny unverrückbar davon überzeugt, dass ich etwas Abweichendes von ihrer Realität meinte, dann wäre sie in ihrem eigenen Selbstgefallen gefangen. Würde sie sogar insgeheim meinen, nur ihre Sicht wäre die einzig richtige? Wäre diese Wahrnehmung tiefgreifend und anhaltend abweichend, dann könnte man es als persönlichkeitsimmanent bezeichnen und damit zu einer Pathologie zählen. Aber Jenny schien mir flexibel mit ihrer Perspektive umzugehen. Oder sie schaffte es, ihre tiefen Überzeugungen mit ihrer beeindruckend charmanten Erscheinung zu kaschieren.

Ich hoffte insgeheim, dass Jennys Selbstgefallen tatsächlich ein flexibler narzisstischer Persönlichkeitszustand war. Das wäre die prognostisch bessere Perspektive für sie gewesen.

Ich beobachtete während unseres ersten Termins keinen Wechsel im Strom ihres Wachbewusstseins in einen völlig anderen Persönlichkeitszustand. Sie blieb gefestigt in ihrem Persönlichkeitsstil, mit ein paar kleinen Outbursts. Ja, sie war deutlich aus sich herausgekommen, als sie laut aufgelacht und »Nein, das glaube ich nicht!« ausgerufen hatte. Aber Jenny hatte nichts Pathologisches an sich. Sie besaß nur diese Tendenz, sich in einem emotionalen Engpass anders, deutlicher und egoistisch abweichend von der Norm und ein wenig unverträglich im Verhalten zu anderen zu zeigen. Das war noch normal.

Jennys kurzen emotionalen Engpass hatte *ich* ihr mit meiner Aussage gebaut, dass ich keinen inneren Kritiker hätte. Diese Information hatte Jenny kurz aus ihrer Mitte gebracht, gefestigt durch ihre unbewussten Annahmen über die eigene innere Ordnung und die Ordnung der Welt (ihr Realitätsmodell), die sie umgab. Von der ich ein Teil war. Das war keine Störung. Nur eine Singularität, dann emotional zu reagieren, wenn man in emotionale Bedrängnis kam. Eine Irritation. Bei der sich mögliche Affekte zeigen.

Diese Nuance ihrer charakterlichen Eigenschaft, die sich unter Druck zeigte, gefiel mir sehr. Eine charmante Regung, die just in diesem einen Moment auffiel. Da sah ich sie, wie sie auch wirklich war. Das mochte ich an Jenny. Wie sie unbewusst meinen provokativen Test bestand. Das war nett.

Als Therapeut bin ich für diese auslösenden Momente sensibilisiert, gerade dann auf aufblitzende Narzissmen zu achten, wenn sie sich ereignen können. Ich bin wie ein Grizzlybär in Alaska, der sich an einen Fluss stellt und wartet, bis ein Lachs über die Stromschwelle springt. Weil der Lachs eben an dieser Schwelle springen *muss,* um sie zu überwinden. Nicht anders kann. Ebenso kann ein narzisstisch tickender Mensch nur narzisstisch über Schwellen springen, die sich wie Hindernisse in seinem Leben aufstellen. In dieser psychischen Bewegung, diesem narzisstischen Sprung, zeigt sich diese menschliche Seite. Und ich stehe halb im Wasser und warte, bis ein schöner Lachs mir direkt ins Maul springt. Warum eigentlich Alaska, dachte ich und ja, weil Jenny von dort kam, dort noch ihre Eltern lebten. So unauffällig leise vermischen sich im therapeutischen Prozess langsam die Perspektiven des Therapeuten und seiner Patientin.

War das noch gut, dass ich mich gedanklich so sehr auf Jennys Erleben einließ, fragte ich mich während der Sitzung. Dass sogar meine eigenen Metaphern von ihrer Präsenz kontaminiert waren? Das würde sich doch mit Sicherheit irgendwie übertragen. Auf Lotti und mich.

Zum Glück hatte ich ja meine Ausbildung, und die beschützte mich. Vor Gedanken, die sich wie trojanische Pferde in einen schleichen und dann noch mehr als Sympathie für Klientinnen wie Jenny auslösen. Darin gefiel ich mir, dass mich mein therapeutisch geschärfter Alltagsnarzissmus davor bewahrte, vollends hinabzusteigen auf die Ebene der Klienten. Ich blieb lieber hier, im Nationalpark Katmai in Alaska, und schaute, wie die Menschen den Brooks Falls Trail entlanggingen, unwissend und ahnungslos, mit Wanderstöcken bewaffnet, auf der Suche nach dem Bären, aber eigentlich auf der Suche nach sich selbst.

Narzisstische Selbstsabotage

»Man kann das Leben nur rückwärts verstehen,
aber leben muss man es vorwärts.«[1]
Søren Kierkegaard

Wir kennen sie alle, die Freundin, die sich selbst im Widerspruch aus Großartigkeit und Sabotage jongliert. Die wie eine Superheldin ihre eigenen Pläne durchkreuzt, nur um am Ende von sich zu meinen, ziemlich fantastisch zu sein. Der alles sehr elegant gelingt, auch ihr Kampf gegen die eigenen Hindernisse, die sie sich doch alle selbst aufbaut.

Bald fragte ich Jenny, wie sie es denn mit der eigenen Sabotage so halte. Ja, strahlte sie, darin sei sie sehr gut. Ihre Zweifel und ihre Ängste. Ihr innerer Kritiker. Wir erstellten ihre Top Ten der Selbstsabotage. Es wurden fünfzehn.

Frage an die Leserin und den Leser: Sieht Ihre Liste auch so ähnlich wie Jennys aus?

Top Ten der Selbstsabotage
vor dem Hintergrund narzisstischer Haltungen

- Grandiosität
- Oberflächlichkeit
- Trivialität
- Anspruchsdenken
- Perfektionismus
- Statusdenken

- Prokrastination
- Stress
- Vermeidungsverhalten
- innere Kritiker
- irrationale Ängste
- Zweifel
- Neid
- innere Leere
- Beziehungssabotage

Jenny und ich gingen die Liste logisch durch und erfassten so ihr Selbstsabotage-Netzwerk. Ein Netzwerk von Nervenzellen, die anatomische Basis der Funktionsweise komplexer Gehirnabläufe, in denen man sich auch wie in einem Netz verfangen konnte. Jenny glaubte von sich, ohne es laut auszusprechen, zumindest mit ihrem Alltags-Ich *großartig* zu sein. Dabei störte sie ihre *Oberflächlichkeit*, denn sie erreichte kein tiefer gehendes Fühlen. Was im Beruf sehr gut funktionierte, oberflächlich zu sein, ließ ihr Leben *trivial* und sinnlos erscheinen. Aus dem daraus entstehenden Widerspruch und der Verzweiflung rettete sie sich durch ein gewisses *Anspruchsdenken* an ihre Performance und ihr Image, das sie selbst kreierte. Es musste zumindest in der Mode alles *perfekt* sein. Ihr Perfektionismus war geboren. Der hatte sie dazu gebracht, ein deutliches *Statusdenken* ausgebildet zu haben. Ihr war wichtig, in ihrem Beruf und privat oben zu stehen, an der Spitze zu sein. Aus dieser Spitzenposition heraus vermied sie es, etwas zu riskieren und sich mit Dingen zu beschäftigen, die ihre Position infrage stellten, also verbrachte sie gern Stunden mit Nichtstun und *prokrastinierte*, um dann mit ihrer ganzen Genialität kurz vor einer Deadline aufzutrumpfen. Was natürlich extrem viel *Stress* bedeutete, weil sie nicht immer sehr gut darin war, ihre Ziele einzuhalten, und den *inneren Kritiker* sehr, sehr laut werden ließ. Der verstärkte dann spielerisch ihre *irrationalen Befürchtungen*, ihre negativen Erwartungen und ihr Katastrophendenken. Irrationale Ängste peinigten sie. Befürchtungen, die nie so schlimm eintraten, falls überhaupt. *Neid* zerfraß sie innerlich. Auf die, die viel erfolgreicher und viel gelassener waren als sie. Das ließ sie an ihrer eigenen Wahrnehmung und an ihrer eigenen Psyche *zweifeln*, ob sie denn noch alle Tassen im Schrank habe. Ob sie verrückt sei. Warum sie es nicht besser und mit weniger hausgemachtem Stress hinbekommen könne. Trost und Kraft fand sie nicht in sich selbst, denn da war nur diese *innere Leere*, dieses unbekannte Land. So klammerte sie sich an ihre Beziehung, aber aus Angst vor zu viel Nähe, der zeitgleichen Angst, verlassen zu werden, und zusätzlich mit dem Bedürfnis, sich ganz mit ihrem Partner auffüllen zu wollen, taumelte sie in ihrer *unsicheren romantischen Beziehung* zwischen Nähe und Distanz. Statt Sicherheit nahm sie nur Unsicherheit darin wahr, und das trieb sie wieder an Punkt eins ihrer Liste. Nur ihre eigene *Grandiosität* konnte sie vor den noch größer werdenden Selbstzweifeln retten. In diesem Moment aber distanzierte sie sich (erneut) von ihrem Partner, um sich selbst in die eigene Großartigkeit zu flüchten. Und damit stieg sie wieder ein in ihr Netzwerk und spulte es wieder und wieder ab. Immer schneller und immer unbewusster dachte sie: Zum Glück bin ich großartig, zwar etwas oberflächlich und neige zur Trivialität, aber nicht ohne mein Anspruchsdenken.

Ich zeigte ihr diesen komplexen Pfad durch ihr Netzwerk auf, der sich immer wiederholte. Wie ein Teufelskreis. Was daran gesund oder normal sein solle, wollte Jenny von mir wissen. Sind da nicht überall Red Flags?, stammelte sie, den Tränen nahe.

Normaler Narzissmus und normale Selbstsabotage

Gesunder, hilfreicher und lebensfroher Narzissmus zeigt sich in allen erdenklichen Situationen. So viele **Red Flags** könne man gar nicht haben, falls man sie verteilen wolle, sagte ich Jenny. Aber man muss tatsächlich aufpassen, wie man in die Welt blickt. Wer mit einem Hammer durch die Gegend läuft, sieht nur Nägel.* Wer mit Markierungen wie den Red Flags für eine bestimmte Verhaltensweise durch die Weltgeschichte läuft, sieht am Ende überall nur noch Red Flags und Narzissten.

Red Flags sind sogenannte Dealbreaker[2], die nicht nur für Narzissmus reserviert sind. Eine Beziehung kann als ein »Deal« (Abkommen) verstanden werden, auf den sich nicht mehr eingelassen wird, wenn diese sehr sensible Verabredung durch bestimmte Verhaltensweisen gebrochen wird. Ekelhaft, süchtig, zu anhänglich, promiskuitiv, apathisch und unmotiviert – das können Red-Flag-Dealbreaker sein, und keine dieser Eigenschaften ist dabei narzisstisch.

Jenny lächelte erleichtert, nein, apathisch und unmotiviert sei sie sicher nicht. Sie erinnerte sich, öfter mal ein Date gecancelled zu haben, weil es ihr zu wenig narzisstisch gewesen sei, sagte Jenny. Wie langweilig wäre es nur ohne ein Prise Narzissmus, lachte sie. So hatte sie irgendwann ihren Lieblingsnarzissten gefunden, mit dem es auch richtig viel Spaß gemacht hatte. Anfangs.

* Abgewandelte Form eines Zitats, das fälschlicherweise immer wieder auf Paul Watzlawick und Mark Twain zurückgeführt wird. Siehe: Pseudo-Paul-Watzlawick-Zitat. Falschzitate Blogspot. 13-06-2019. Online unter: https://falschzitate.blogspot.com/ 2019/06/wer-als-werkzeug-nur-einen-hammer-hat.html Abgerufen am 10.01.2024. Wahrscheinlich ist dieses Zitat eine paraphrasierte Zusammenfassung der Ansichten von Abraham Maslow und seinem sog. Gesetz des Hammers, auch bekannt als »Maslosws Hammer«. Vgl. MASLOW, A. H. Motivation and Personality. New York: Harper, 1954; MASLOW, A. H. Towards a Psychology of Being. New York: Van Nostrand, 1968.

Wir reflektierten dann gemeinsam, was für ein kolossaler Fehler es wäre, jemanden als narzisstisch zu bezeichnen, ohne zu merken, wie narzisstisch man selbst sei. Das wäre auch ein Dealbreaker. Und sich dann vielleicht noch Coach zu schimpfen. Man werfe immer einen Blick in Social Media, um zu schauen, wie grandios narzisstisch jemand unterwegs sei, lachte Jenny und zückte ihr Handy. Selbstsabotage betreibt, wer über Narzissmus und Red Flags aufklärt, aber im eigenen Feed nur Selfies hat. Sie zeigte mir mein Instagram-Profil und lachte. Touché.

Paradoxien aushalten

Der Mensch musste schon immer mit Widersprüchen klarkommen. Insbesondere im Suchen und Finden der Liebe. Denn er muss sich seinem Paradoxon stellen,[3] um das Überleben der eigenen Art zu garantieren: Er wird von genetisch nicht verwandten Individuen angezogen, von ihnen umworben und pflanzt sich letztendlich sogar mit ihnen fort. Der Mensch ist in der Lage, mit völlig Fremden eine intime Beziehung einzugehen, denen er sonst instinktiv aus dem Weg gehen würde. Es ist die Liebe, genauer: die erotische Anziehung, die es Menschen ermöglicht, Unterschiede zu überwinden und sich mit einem gänzlich fremden Menschen »zu paaren«. Häufig sogar eine lebenslange Bindung zu haben. Alles nur, um gesunde Nachkommen zu bekommen.

Die kleinste Zelle unserer Gesellschaft ist das Paar.[4] Nicht die Familie. Das Paar. Darauf baut alles auf. Die Familie. Die Gruppe. Die Gesellschaft. So bilden wir Menschen Allianzen. Zu zweit. Um zu überleben. Und bei diesem Abenteuer, Grenzen zu überwinden und Extra-Meilen zu gehen, auf dem Weg, unsere wahre Liebe und Bestimmung in der Liebe zu finden, hilft eine globale Industrie der Popkultur und Romantik. Die Idee, sich einen völlig fremden Menschen zu schnappen, ist so reizvoll, so anziehend und motivierend, dass es zur existenziellen Lebenserfahrung des Menschen zählt. Ganz wie die kanadische Country-Sängerin Shania Twain in ihrem Song »I'm Gonna Getcha Good« erzählt, der die romantischen Bestrebungen der Eroberung besingt: »I'm gonna getcha while I gotcha in sight, I'm gonna getcha if it takes all night, (…) you're gonna be mine.«

Bei dieser widersprüchlichen Handlung, uns mit jemand Fremdem zu verpaaren, um selbst zu überleben, wird unser Gehirn mit großartigen Belohnungen wie Dopamin und Oxytocin überflutet, und das bereitet uns ein tiefes Gefühl von Vergnügen und Zufriedenheit.[5] Man soll eben glücklich sein, wenn man – hormonell gesteuert – diese Hindernisse und Unterschiede überwindet und sich magisch anziehen lässt.

Narzissmus hilft dabei, er hilft, sich großartig zu fühlen.

Kleben bleibt man dann langfristig eher aneinander, nachdem die ersten Glücksmomente mit den Hormonen verraucht sind, wenn man mehr tragende Gemeinsamkeiten als untragbare Unterschiede hat. Dabei wird eine Unsäglichkeit durch vier bis fünf freundliche Gemeinsamkeiten ausgeglichen. Die 80-20-Regel* in Beziehungen: 80 Prozent Gemeinsamkeiten und 20 Prozent Trennendes. Überwiegt das Trennende, oder erträgt jemand die Unterschiede nicht, trennt man sich wieder. Ein guter Grund für eine Trennung ist auch das Winken mit den Red Flags. Meinetwegen kann man im Nachhinein damit wedeln. Aber schon *bevor* man sich auf eine Beziehung einlässt,

* Dr. Abbott entwickelte 2003 die 80-20-Regel, nachdem er eine Geschichte mit dem Titel »80 percent I love you, 20 percent I hate you« (auf Deutsch: »80 Prozent ich liebe dich, 20 Prozent ich hasse dich« gelesen hatte, vgl. HARRIS, Victor W.; HINTON, Ginny. 10 Things You Need to Know Before You Get Married. Department of Family, Youth and Community Sciences, UF/IFAS Extension. 2012. Online unter: https://edis.ifas.ufl.edu/publication/FY1335 Abgerufen am 10.01.2024.

und so die narzisstisch beflügelnde Wirkung* der eigenen Hormone frustrieren? Das ist doch Selbstsabotage – in Bezug auf die Liebe, das Leben und die Hormone.

Laut dem Psychologen Douglas Abbott[6] gibt es mindestens drei wirklich wichtige Prinzipien, die uns zu Größerem in lang andauernden Beziehungen führen: erstens, das eigene Verhalten ändern; zweitens, die eigene Einstellung ändern; und drittens, unser Herz verändern. Sich auch mal entschuldigen, wenn man etwas Falsches getan hat. Sich für das Richtige in der Beziehung entscheiden und eigene Begehrlichkeiten zurückstellen, für das Wohl der Beziehung. Mal zuhören und für den anderen da sein, auch wenn es einem nicht so wichtig erscheint. Mal interessiert den anderen fragen und auf die Antwort warten, ohne zu unterbrechen, ohne von sich selbst zu sprechen. Das hilft.

Wir stecken fest in unseren Beziehungen, wenn wir rechthaberisch an die falsche Idee glauben, daran, dass unsere Beziehung nur dann besser werden kann, wenn unser Partner sich ändert. Das wird nicht funktionieren. Es gibt so viel, was wir selbst tun können, um neues Wissen zu erlangen, neue Einstellungen und neue Fähigkeiten, die uns helfen werden, uns selbst zu ändern. Nur das wird unsere Beziehungen auf positive Weise verändern, weiß Douglas Abbott. Verändern wir uns! Sonst verändern sich nur die anderen – nicht immer zum Guten – und verlassen uns.

* »Testosterone, cortisol and the Dark Triad: Narcissism (but not Machiavellianism or psychopathy) is positively related to basal testosterone and cortisol«, in: PFATTHEICHER, Stefan. *Personality and Individual Differences*, 2016, 97. Jg., S. 115–119.

Selbstkritische Red-Flag-Reflexion

- Ist es wirklich eine Red Flag? Stimmt meine Beobachtung? Habe ich alle Informationen? Falsche Red Flags zu sehen, ist Selbstsabotage.
- Setze ich Red Flags nur zur Kontrolle des Partners (der Partnerin) und zur Selbstkontrolle? Oder lasse ich mehrere Perspektiven zu, auch die meines Partners (meiner Partnerin)? Nur eine (meine) Perspektive zu sehen, ist Selbstsabotage.
- Bin ich zu voreilig, zu reagibel, zu sensibel, eine Red Flag zu vergeben? Ziehe ich vorschnell oder unreflektiert Schlüsse aus einer Situation, die eigentlich völlig normal ist? Bin ich oder auch er (sie) übersensibel? Zu viel Impulsivität im Urteil führt zu Selbstsabotage.
- Dilemma: Zu viele Erwartungen und Befürchtungen führen dazu, dass ich mich in meinen Ängsten bestätigt fühle. Folglich sehe ich Red Flags, wo keine sind. Selbstbestätigung durch Selbsttäuschung ist kurzfristig Selbstkontrolle und langfristig Selbstsabotage.
- Zeigt sich ein typisch dominantes, manipulatives, missbrauchendes, egoistisches Verhalten? Ist es antisozial und schädigend? Oder harmlos? Zeigt sich dieses Verhalten bei mir, bei ihm (ihr) oder bei uns beiden? Bin ich die Red Flag für den anderen? Zu viel von was auch immer ist Selbstsabotage.
- Bin ich zu ängstlich, zu selbstunsicher, zu zögerlich, zu wenig souverän, mich ihm (ihr) gegenüber zu behaupten? Kann ich sein (ihr) »Zuviel« an Verhalten und Äußerungen, das mich belastet, nicht moderieren und nicht begrenzen? Kann er oder sie sein oder ihr Verhalten auf meine Bitte hin reduzieren? Anpassung und Reduktion ist keine Selbstsabotage. Selbstunsicherheit ist Selbstsabotage.

- Kann ich es aushalten, wenn es mal nicht nach meiner Fasson läuft? Ambiguitäts-Intoleranz (die Unfähigkeit, Widersprüche auszuhalten) ist Selbstsabotage.
- Bin ich zu einem Nein bereit oder zu einem anderen Vorschlag, mit dem Ziel, eigene Interessen durchzusetzen? Es ist ein gutes Zeichen, auch mal nicht gemocht werden zu müssen, wenn man sich um eigene Belange kümmern muss. Ein Nein ist keine Selbstsabotage, aber kein Nein ist Selbstsabotage.
- Bin ich zu Abschlägen bereit? Ist er (sie) ebenfalls dazu bereit? Sind die eigenen Kosten zu hoch? Kann ich die eigenen Kosten benennen? Abgrenzung und Grenzen ziehen ist keine Selbstsabotage.
- Kann ich eigene Bedürfnisse durchsetzen und verteidigen? Dabei gilt auch das Prinzip der Reziprozität: Geben und Nehmen von positiven Erwartungen und positiven Handlungen von beiden trägt zum Beziehungsglück auf Augenhöhe durch Gleichberechtigung bei. Nur für sich in einer Beziehung sein ist Selbstsabotage und auch Beziehungssabotage.
- Zeige ich mich anders als ich sage? Intransparenz, Lügen und Inkonsequenz sind meist Selbstsabotage.
- Hilft es dem Gelingen der Beziehung, Red Flags zu verteilen? Wie ist meine SISOSIG*-Abwägung: Warum bleiben vs. Warum gehen? (z. B. als Pro-Kontra-Liste) Ab und zu an der Beziehung zu zweifeln, ist keine Selbstsabotage, dauerhaftes Zweifeln schon.

* »Should I Stay or Should I Go« ist ein Lied der englischen Punkrockband The Clash aus ihrem 1981 veröffentlichtem Album *Combat Rock* mit Mick Jones als Leadsänger. Es wurde 1982 als Doppel-A-Single zusammen mit »Straight to Hell« veröffentlicht und erreichte in den weltweiten Musik-Charts bescheidene Erfolge.

False Flags

Bevor also Red Flags zur Sabotage einer möglicherweise interessanten neuen oder laufenden Begegnung führen, indem man sich und seinen Partner durch Stigmatisierung und Pathologisierung torpediert, sollte man es lieber lassen, sie zu hissen. Denn das ist Selbstsabotage in der Liebe.

Also, *take the ride.* Verändere dich selbst. Lass dich auf etwas Fremdes und Neues ein. Und dann blicke in der Rückschau auf die eigene Veränderung, ob die vermeintliche und nicht gehisste Red Flag wirklich eine war oder ob du dich getäuscht hast. Und wenn es tatsächlich eine Red Flag war, ob sie jetzt weg ist. Red Flags können nämlich auch wieder verschwinden. Es ist auch ein Märchen, dass sich Narzissten nicht verändern können. Alles unreflektierte und ahnungslose Pathologisierung. Leider.

Wir können uns in unseren genetisch determinierten Grenzen immer etwas ändern und an unserem Persönlichkeitsstil feilen. Ausnahmen bestätigen die Regel, und man kann an jemanden geraten, der schwer änderbar ist. Oder wir können selbst der Mensch sein, der sich schwertut mit hilfreichen Veränderungen des eigenen Persönlichkeitsstils.

Die Bereitschaft zur eigenen Veränderung wird mit der Verteilung von Red Flags negiert. Denn damit riskiert man eine grobe Fehleinschätzung und fährt falsche Flaggen verteilend durchs Leben. Andere unter falsche Flaggen zu setzen, birgt wahrlich große Risiken, sich selbst und auch andere zu täuschen. Das ist dann auch eine Form der Selbstsabotage.

Schaffen wir etwas mehr Bewusstsein für uns alle! Menschliches Verhalten ist mehr oder weniger narzisstisch. Das ist der Alltagsnarzissmus. Ich sage das ganz wertfrei. Es wäre narzisstisch-arrogant und besserwisserisch, narzisstisches Verhalten als nur negativ zu bewerten. Mehr noch, es wäre sogar falsch.

Gesunder Alltagsnarzissmus zeigt sich in Situationen, in denen sich die menschliche, narzisstisch angespornte Psyche anstrengen muss, sich ehrgeizig und egoistisch motiviert zu überwinden, um ihr Ziel zu erreichen, wie zum Beispiel eine gute, erfolgreiche, erfüllte Beziehung zu führen. Das ist nicht gefährlich, nicht schlimm und nicht böse. Das ist vitalisierend und voller Energie. Das ist toll!

Diese Augenblicke der Selbstsabotage interessieren mich. Daran kann ich beobachten, wie an einer normalen Interaktion eines Menschen herumgedeutet wird, wie im normalen Werben um Liebe und im Liebesrausch eine abweichende, auffallende, narzisstische Charakternote verteilt wird.

Mich interessiert, ob diese Charakternote wirksam genug ist, die Realität von zwei Liebenden zu verändern, oder ob diese Lust auf das Leben am ängstlichen Zweifeln des scheinbar informierten Interaktionspartners (vulgo: Liebhaber oder Liebhaberin) scheitern wird. Ob diese Charakternote übertrieben narzisstisch oder genau richtig narzisstisch ist. Denn auch das ist eine Unumstößlichkeit: Narzissmus ist lebensnotwendig. Jeder hat mehr oder weniger davon. Es ist die Kraft, die uns als Individuum vor der Masse der anderen und unserer Konkurrenz bestehen lässt. Narzissmus ist Lebenskraft. Sie darf weder verteufelt noch unterdrückt werden. Sie kann jedoch bewundert werden, wenn sie das moralisch Richtige und das Gute verfolgt.

Wer jedoch etwas im Schilde führt und seinen Narzissmus mit Psychopathie und perfiden Strategien[7] verknüpft, der wird früher oder später auch darüber stolpern und sich damit selbst sabotieren.

Narzissmus hat ungebrochen eine hohe, die höchste, Attraktivität.[8] Narzissmus wirkt anziehend, gleichermaßen stark auf Sexualpartner wie auf Geschäftspartner.

Um das eigene Leben und die eigene Lust auf das Leben *nicht* zu sabotieren, sollten sich die Jugend und jene, die die Welt in eine bessere verwandeln wollen, ihren naturgegebenen *optimistischen* Narzissmus bewahren. Und sich der vollen Leidenschaft hingeben.

Tipp-Box
Selbstbewertung gegen Selbstsabotage

- **Prüfe dich wohlwollend, worin deine Stärken und worin deine Schwächen liegen, ohne dich dafür zu verurteilen.**
- **Erkenne, welche Kompetenzen, Talente und Begabungen du hast, also worin du dich leichttust, was einfach immer gut klappt und was du vielleicht gerade deswegen nicht so schätzt – fange damit an, deine Fähigkeiten zu schätzen.**
- **Erkenne, welche Inkompetenzen du hast, wie du damit scheiterst und ob du sie durch Übung und Training abbauen kannst.**
- **Erkenne deine schwierigen, persönlichen Charaktereigenschaften, die zu erheblichen Problemen mit anderen Menschen führen, und reduziere sie.**
- **Narzisstisch getönte Eigenschaften, die du abbauen kannst, sind Grandiositätsdenken, übertriebene Angst vor Verlassenheit, unerbittliche Anspruchshaltung, übertriebenes Misstrauen, übermäßige Selbstaufopferung zum Gewinn von Anerkennung, erhöhte Impulsivität und ungenügende Selbstkontrolle, übertriebenes Streben nach Anerkennung, Neigung, andere bei Abweichungen von Regeln (auch selbst gesetzter) zu bestrafen und Desinteresse an Menschen mit zu viel charmanter oder arroganter Oberflächlichkeit.**

Lotti und Pablo

In welcher Phase unserer Ehe befinden wir uns nun eigentlich, fragte ich Lotti. Wir waren schon über zwanzig Jahre verheiratet, saßen auf der Terrasse, und der milde Abend spielte mit meinen Sinnen. Müde vom üppigen Abendessen, sah ich auf den weitläufigen Pinienwald zwischen Loch 8 und Loch 9. Als ein weißes, kleines, elektrisches Golfauto hektisch ruckelnd auf die Grünfläche fuhr und nach ein paar Metern Vollspeed wieder den geteerten Weg in den Wald hinabfuhr.

Lotti sprach nicht mit mir. Sie lächelte mich an, nickte, hatte ihre EarPods drin und summte ein Lied. Also dachte ich laut hierüber nach. Die Phase 1, »Leidenschaftliche Liebe«, hatten wir schon hinter uns. Ich fragte mich, ob wir noch in Phase 2 der »Enttäuschungen und Zerstreuungen« steckten oder uns bereits in Phase 3 der »Anpassung durch Resignation und drohende Auflösung« befanden. Definitiv Phase 3. Dabei kann es zur Trennung, aber auch zur Anpassung an eine neue Realität mit gemeinsamen, neuen Entwicklungen in der Liebe kommen. Dann arbeitet man hart an einer neuen Variante der Liebe, eignet sich neue Werkzeuge an, geht die Probleme konstruktiv an, entwickelt eine andere, aber noch größere Liebe, in der sich auch wieder die anfängliche romantische Liebe einfindet. Oder auch nicht. Ich starrte Lotti an, aber sie reagierte nicht.

Hatten wir eine Meinungsverschiedenheit, die ich nicht bemerkt hatte, fragte ich mich. Zum Glück war ich nicht davon überzeugt, dass Meinungsverschiedenheiten dazu führten, dass eine Beziehung zum Scheitern verurteilt war. Im Gegenteil, ich liebte Meinungsverschiedenheiten. Ich wusste nicht immer, was Lotti wollte, dennoch liebte ich sie. Um sie zu lieben, musste ich auch nicht immer glücklich sein. Umgekehrt musste ich nicht dafür sorgen, dass Lotti immer glücklich war. So ein Bemühen aber fordern viele Paare voneinander und von sich selbst ein und werden damit erst richtig unglücklich.

Es liegt in unserer eigenen Verantwortung, dem Partner mitzuteilen, was für unerfüllte Bedürfnisse wir haben. Diese kann der Partner dann versuchen zu erfüllen, aber das geht eben nur, wenn sie bekannt sind.

Viele meinen, den Partner auf Schwächen und Fehler hinzuweisen, sei hilfreich und verbessere die Beziehung. Das Gegenteil ist der Fall, wer zu viel kritisiert, der sabotiert die Beziehung. Denn der Fokus der Aufmerksamkeit liegt dann auf dem Negativen, das führt zu Negativismus und macht schlechte Laune.

Und manch einer glaubt, eine gute Partnerschaft sei immer 50:50 und fordert dann zu viel ein. Die Wahrheit ist, dass sich gut laufende Partnerschaften auch bei 60:40 oder 70:30 einrichten.[9]

Im Augenblick war ich es, der kochte. Vor Wut. Hielt ich an unrealistischen Vorstellungen einer Ehe fest? Hielt ich an meinem eigenen unbewussten Ehe-Mythos fest? Nein, ich denke nicht. Aber wieso hörte Lotti mir nicht zu? Warum hatte sie immer diese EarPods in ihren Ohren stecken? Vielleicht, weil sie gerade Musik hören wollte. Weil sie eigene Bedürfnisse im Urlaub hatte. Merkwürdig, oder, wenn andere Menschen eigene Bedürfnisse haben? Nicht? Und dennoch zusammenbleiben. Ich lauschte dem milden Abend. Das Zwitschern der Vögelchen war zu süß, um es zu überhören.

Die Macht der eigenen Gedanken

Manchmal fühle ich mich wie ein Ornithologe, der am Waldrand eines Golfplatzes vorsichtig nach Vögeln Ausschau hält, wenn die narzisstische Saite in einer Person anklingt. Auch, wenn ich ein paar Seiten zuvor noch ein Grizzlybär in Alaska war, kann ich jetzt ein Ornithologe in Spanien sein. Das ist narzisstische Selbstbestimmung. Ich lausche also auf das Gezwitscher am Waldrand. Ich bemerke dann, wie dieses Zwitschern nicht mehr im Wald, sondern längst in mir selbst ist. Im Kopf.

In einem selbst. Und es wird lauter, drängender, zunehmender. Wie dieses narzisstische Zwitschern mich selbst und andere langsam anfängt zu nerven, weil es zu viel wird. Zu laut.

Mich interessiert, wenn es nicht mehr unter Kontrolle ist. Wenn es nicht bald aufhört zu zwitschern, wird es immer unerträglicher. Es wird zu laut. Es wird zu ernst zu nehmenden Problemen aller Beteiligter führen.

Wie soll ich, wie sollen wir nun damit umgehen, wenn der Narzissmus in uns zu laut wird? Wenn es einen packt, sodass man sich nicht mehr herauswinden kann? Wenn dieser Narzissmus so nah und so laut ist, dass er einen sabotiert, statt zu helfen? Wie damit umgehen?

In meiner Profession fasziniert mich der Blick auf solch ein Phänomen, in dem Menschen allein durch die Macht ihrer Gedanken in sich selbst gefangen sind. In manchen Fällen hilft nur, eine radikale Distanz zu diesen Gedanken und Strategien zu finden, besonders, wenn sie narzisstisch gefärbt sind und einen selbst sabotieren. Und das bunte Federkleid mal abzulegen. Oder den ganzen Vogel zu verbannen, ja, gar abzuschießen.

Bei der genauen Betrachtung des Vogels entdeckt man individuelle narzisstische Strategien. Das sind teilweise ganz originelle Kognitionen (Gedanken). Manchmal sind diese Gedanken hochgradig abwegig. Manchmal vollkommen unmöglich.

Selbstsabotage durch Kognitionen

Diese Art von selbstsabotierendem Wahnsinn hat damit zu tun, was wir für Gedanken und Gedankennetzwerke haben, in denen wir uns verfangen. Die Psychologie nennt die Gedankeninhalte (Informationen) und die sich daraus verknüpfenden Gedankennetzwerke »Kognitionen«. Ich denke, also bin ich. *Cogito, ergo sum.* Das wäre so ein Gedanke.

Der Philosoph René Descartes, fand diesen Gedanken sehr passend.[10] Er ist sogar ein übergeordneter Gedanke, eine Metakognition[11]. Irgendwie gefällt mir diese Kognition bis heute. Descartes' Annahme war durchaus narzisstisch: Ich denke, also muss ich wohl real sein. Dem *Ich* musste also sein Denken selbst der hinreichende Beweis dafür sein, dass das *Ich* in ihm real ist. Was man denkt, kommt einem ja auch selbst nah, wichtig, richtig, real und wahr vor. Hinzu kommt, dass man normalerweise das eigene Denken ständig bewertet. Und man bewertet es normalerweise als korrekt. Oder täusche ich mich da? Nein. Eigenes Denken wird subjektiv meistens als wahr und richtig erlebt, weil es nah (im eigenen Kopf) und weil es als bedeutsam und wichtig bewertet wird (ich denke es, also muss es bedeutsam und relevant sein). Das hat aber seine Tücken, wenn man nicht aufpasst. Die modernen Strömungen der Psychotherapie wie die ACT (Acceptance and Commitment Therapy[12]) warnen daher schon seit Jahrzehnten davor, nicht so wichtig zu nehmen oder gar zu glauben, was man selbst denkt. Nur, mir scheint, kaum jemand hört auf diesen wichtigen Rat.

Auch wenn es sich furchtbar dumm anfühlen muss, sich nicht sicher sein zu können, ob das, was man gerade denkt, denn nun wirklich wahr ist, kann dieser Zweifel einen vor großartigen Fehlern beschützen. Nur diejenigen, die immer und wirklich davon überzeugt sind, dass das, was sie denken, wirklich und hundertprozentig wahr ist, werden ihren schmerzhaften Moment des Erwachens auskosten müssen. Denn sie werden aus allen Wolken fallen, wenn sie feststellen, wie sehr sie sich getäuscht haben. Wer diese Enttäuschung vermeiden will, bleibt isoliert in seiner Gedankenwelt.

Es lohnt sich ebenfalls, die Inhalte eigener Gedanken danach zu sortieren, ob sie einem selbst gehören oder nicht. Das klingt merkwürdig, denn eigentlich sollte ja das, was man in seinem Kopf hat, auch einen eindeutigen Besitzer haben: mich. Die Gedanken fühlen sich nah und bedeutsam an, also müssen sie mir gehören. Tun sie auch. Aber Gedanken haben diese besonderen Inhalte, die vorher einen anderen »Besitzer« und sogar einen anderen Urheber hatten. Gedankeninhalte (Informationen) kann man sich demnach aneignen und weitergeben. Und Informationen sind das Futter für die biologische Problemlösungsmaschine Gehirn. Bestimmte Informationen sind sogar »ansteckend«, wie etwa sehr misstrauischen Gedanken, die Angst machen, oder verheißungsvolle Gedanken, die etwas sehr Wunderbares und Schönes versprechen. Dann spricht man von »negativen« oder »positiven Kognitionen«, die einen auch täuschen und in die Selbstsabotage führen können.

Einzelne Gedanken können sich zu komplexen Gedanken gruppieren und tatsächlich oder nur scheinbar komplexe Ideen beinhalten. Gedankennetzwerke können sich als klares Realitätsmodell (rationale Vorstellungen), als Illusion (irrationale Vorstellungen) oder als Wahn (psychotische Vorstellungen) ausbilden.

Selbstsabotage durch irreführende, ansteckende Gedanken

Irreführende Gedanken sind ansteckend! Dagegen hilft, sich zu immunisieren. Das besagt die Debunking-Strategie[13]: Bevor man automatisch einem irreführenden Gedanken aufsitzt, daraus einen Trugschluss zieht, eine Fehlentscheidung trifft und eine Handlung ausübt oder verweigert, sollte man sich unbedingt bewusst machen, dass man durch den Konsum von Desinformation einem Irrtum aufsitzen könnte! Das hilft, um sich nicht anzustecken.

Man kann sich jederzeit täuschen. Schon das zu wissen hilft vor Selbstsabotage durch irreführende Gedanken, ob aus Versehen (Fehlinformation) oder durch gezielte Verbreitung von Falschinformation (Desinformation).

Individuelle Kognitionen

Kognitionen variieren individuell. Etwa die Einsicht einer Jägerin, die erkannte, wie sie ihren Selbstwert durch eine erfolgreiche Jagd beflügelte. Sie sagte mir in einem Augenblick selbstkritischer Erkenntnis: »Ich kann nicht jedes Mal einen Bock schießen, nur um mein Selbstwertgefühl aufzupolieren.« Man beachte in dieser Aussage die Doppeldeutigkeit ihrer Kognition. Landläufig »schießt man einen Bock«, wenn man einen peinlichen Fehler macht, sich blamiert oder eine Fehlentscheidung trifft. So einen Bock zu schießen, senkt das Selbstwertgefühl eher. Nicht jedoch bei narzisstischen Menschen. Besonders grandiose Narzissten können es sich sogar leisten, ständig »einen Bock zu schießen«. Eben weil sie so grandios sind. Und diese Jägerin hier schoss sogar einen Bock, um ihr Selbstwertgefühl *steigen* zu lassen! Nur eben einen Rehbock.

Das sind diese Perlen der Erkenntnis – ein sehr ausgefallener, individueller Gedanken, der zufällig ins Bewusstsein kam, weil wir über ihren Selbstwert sprachen. Das ist dann der Weg, der in einer Therapie und in einem persönlichen Transformationsprozess gestaltet wird, um eine wahrscheinlich schwierige narzisstische Seite der eigenen Person zu erkennen und dann damit zu arbeiten.

Psychoanalyse als Wissenschaft

Ist der Vogel erst einmal gerupft, muss natürlich ein anderes Federkleid her. Ein solches zu finden, ist dann umso schwieriger. Das ist Heuristik. Also der Versuch, trotz begrenzten Wissens und wenig Zeit, wie etwa in einer Psychotherapie, dennoch zu gültigen und wahrscheinlichen Aussagen über und hilfreichen Lösungen für den eigenen Narzissmus zu kommen.

Nicht jeder Wissenschaftler mag diesen Zugang zur Psyche und gar zur Idee des Unbewussten. Die Blackbox unserer Seele, die unbewussten Prozesse, können wir bis heute größtenteils nur hypothesengestützt zu verstehen versuchen. Wollen wir unsere Selbstsabotage erkennen, müssen wir uns zuallererst darüber bewusst werden. Es handelt sich dabei um ein analytisches Vorgehen, bei dem man versucht, mögliche und wahrscheinliche Aussagen über das zu untersuchende System (die Psyche eines Menschen) zu treffen. Betreibe ich Selbstsabotage und wenn ja, welche und wie oft? Das kann schnell philosophisch werden.

Eine Antwort, also der Selbstsabotage auf die Schliche zu kommen, ist nur auf Basis der Informationen möglich, die das eigene System uns bereitstellt, sowie des zur Verfügung stehenden Expertenwissens und des Heranziehens kreativer Herangehensweisen. Ob eine Analyse sich dann als faktisch real erweist, mit gültigen und wiederholbaren Ergebnissen wie es die Naturwissenschaft fordert, bleibt manchmal noch offen.

Wer jedoch die Psychoanalyse als Wissenschaft versteht und sich daran erfreut, Erkenntnisse, die gefestigt, wiederholbar, nachvollziehbar und schwer veränderbar sind, als Wahrheiten innerhalb eines Systems des Denkens anzuerkennen, der kann objektiv seine Selbstsabotage erfassen. Dafür muss das *eigene* Denksystem verstanden werden. Eines von acht Milliarden möglichen. Denn das eigene, individuelle Denksystem macht uns aus und bestimmt unseren ganz individuellen Alltag.

Denksysteme schweben aber nicht im luftleeren Raum, sondern sind abhängig von ganz vielen Bedingungen und treten in bewusste Erscheinung durch individuelle Entscheidungen und Handlungen. Ist einem ein individuelles Denksystem besser bekannt, kann man mehr oder weniger wahrscheinliche Prognosen für die darauf fußende Art zu denken und zu handeln stellen. Ist eine bestimmte Art zu denken bei einer Person häufig, ist sie »typisch«, kann auf andere Menschen übertragen und von diesen erkannt werden. Die eigene hohe analytische Kompetenz kann auf diese Weise bei sehr vielen unverstandenen Schwierigkeiten helfen, auch bei der Auflösung von Selbstsabotage. Dieses Wissen nutze ich als Psychotherapeut mit meinem Denksystem in der Begegnung mit dem anderen Denken, insbesondere in Bezug auf narzisstische Denkmuster. Wir besprechen gemeinsam die Situation, die der Stein des Anstoßes ist, ich erfrage das Denken und Handeln meines Gegenübers in dieser besonderen Situation. Das Denken überträgt sich auf mich, und mein Denksystem reflektiert es.

In den Sitzungen spreche ich dann mit meinen Klienten über vergleichbare Situationen, in denen sich möglicherweise und sehr wahrscheinlich ein ähnlich selbstsabotierendes Verhalten zeigt. Idealerweise helfe ich dabei, meinen Klienten bewusst zu machen, wann ihr Denksystem und die daraus abgeleiteten Lösungswege wenig ideal sind und darum zur Selbstsabotage beitragen. Wobei die Lösungswege, die bereits vorhanden sind, nie »falsch«, sondern die »besten Fehler«[14] sind.

Möglichkeiten und Wahrscheinlichkeiten

Mit Jenny, die ganz erleichtert schien, nachdem wir in unserem Erstgespräch ihr Selbstsabotage-Netzwerk aufgedröselt hatten, sprach ich nun ausgiebig über das sehr wichtige naturwissenschaftliche Prinzip der »Möglichkeiten und Wahrscheinlichkeiten«. Damit sollte sich Jenny selbst und die Welt, in der sie lebte, besser verstehen lernen. Davon bin ich überzeugt. Wer dieses Prinzip durchblickt, kommt definitiv besser klar und sabotiert sich deutlich weniger.

Möglich ist viel, aber wie wahrscheinlich etwas ein- oder auftritt, ist viel entscheidender. Viele Menschen – mehr die Laien und weniger die Experten – verwechseln diese Kategorien von

Möglichkeit und Wahrscheinlichkeit. Ich manchmal auch. Man muss sich da sehr gut konzentrieren, um den feinen Unterschied zu begreifen: Möglich ist alles. Wahrscheinlich ist nicht alles. Es ist möglich, dass eine Tasse Tee zwischen Jupiter und Mars im Universum herumfliegt, aber ziemlich unwahrscheinlich. So ticken Wissenschaftler. Es ist ein Konstrukt, um die Wahrheit und die Realität kritisch zu verstehen. Dann erst kann man über vernünftige Regeln und Prozesse in Bezug auf das eigene Denksystem, das man als Psychotherapeut ja nur im Gespräch erkundet, reden.

Tatsächlich beweisen moderne Bildgebungsverfahren die anatomisch fassbare Existenz als Basis solcher Denksysteme im Gehirn. Die auch noch mit entsprechenden Emotionen gekoppelt sind. Etwa die anatomisch fassbaren Angst- und Trauma-Netzwerke, die Sprachnetzwerke und die motorischen Netzwerke. Sie sind heute durch funktionale, bildgebende Verfahren des Gehirns erkennbar. Bei der Analyse sehr komplexer Denksysteme, wie das menschliche Temperament, der Charakter oder der Ort des Bewusstseins, ist die bildgebende Hirnforschung noch nicht so weit. Sie sind schlichtweg noch zu kompliziert, aber es ist sowohl möglich als auch sehr wahrscheinlich, dass auch solche Netzwerke existieren.

Daher folgt jetzt ein kleiner Ausflug in die mittlerweile sehr gut untersuchten Furchtnetzwerke. Denn charakterlich bedingte Stressreaktionen aktivieren immer unsere Furchtnetzwerke. In diesen werden ängstliche Erfahrungen und Regungen verarbeitet. Manche Angsterfahrungen lösen sich leicht und sofort, andere bleiben fest verankert. Wenn eine Furcht hartnäckig im Furchtnetzwerk feststeckt, statt sich daraus zu lösen, bildet sich manchmal ein sogenanntes Trauma-Netzwerk. Was Therapeuten und Betroffenen aus ihrer Arbeit bestätigen, wenn ihre Erinnerungen an eine furchtbare Erfahrung (Trauma) nicht verschwinden. Die Trauma-Erinnerung hängt anatomisch nachweisbar im Hippocampus (Eingangsgedächtnis) fest. Sie dort rauszubekommen, also das Trauma-Netzwerk in ein Furchtnetzwerk zu überführen, in dem anstelle des Hippocampus der Thalamus als Eingang zum Bewusstsein involviert ist, ist ein Ziel der Traumatherapie. Dann, in einem weiteren Schritt, überführt der Therapeut das Furchtnetzwerk in ein normal funktionierendes Netzwerk (Normalmodus), indem das Furchtnetzwerk in seiner Wirksamkeit reduziert und aufgelöst wird. Dabei hilft nicht nur das Reden darüber, das Konfrontieren und Nachspüren, sondern auch körperliche Aktivität aus Bewegung, Aktivierung (z.B. Schütteln) und Beruhigung (z.B. Selbstumarmung). Die Erfolge durch Auflösung eigener Furchtnetzwerke sind weniger Angsterleben, weniger Stressreaktionen, weniger ängstliche Erwartungen, weniger negative Illusionen über mögliche Katastrophen, weniger Sorgen, weniger Vermeidungsverhalten und mehr Freiheiten. Sie sprechen für sich – es funktioniert!

Ich möchte Sie nun einladen, diesem Weg zu folgen und ebenso an den eigenen Mustern möglicher Selbstsabotage auflösend zu arbeiten.

Dabei soll diese folgende grenzgeniale Kognition (Information) helfen, einen daran zu erinnern, sich Gutes statt Selbstsabotage (an)zu tun:

**Was ist so schlecht daran,
sich Gutes zu tun?**

Tipp-Box
Selbstfürsorge gegen Selbstsabotage

- **Baue regelmäßig Pausen im Alltag ein, ob als Spaziergang, Kontemplation oder mit Digital-Detox (einen Tag das Handy »verlieren«).**
- **Pflege eine gesunde Lebensweise, achte auf eine bekömmliche Ernährung, regelmäßigen Schlaf und körperliche Aktivität. Erschwere den Zugang zu Süßigkeiten und Co. indem sie im Supermarkt bleiben.**
- **Setze Grenzen deutlich und übe dich im »Nein-Sagen«, wenn du erschöpft bist, zu viele Verpflichtungen eingehen sollst, die dich überlasten werden, oder wenn dein persönlicher Raum zu sehr eingeengt wird.**
- **Finde Rituale zur Selbstpflege wie Musik hören, lesen, meditieren, mal einen Wellnesstag zur Freude und Entspannung.**
- **Übe regelmäßig Achtsamkeit, das bedeutet, Gedanken, Gefühle und Situationen wahrzunehmen, ohne darüber zu urteilen.**

Lotti und Pablo

Am nächsten Morgen wollte ich arbeiten. Aber ein ruhiges Plätzchen zu finden, war unmöglich. Die langsam aufkommende Urlaubsstimmung im kleinen Apartment wollte ich mit meinen sehr wichtigen Videokonferenzen nicht stören. Da die Kinder die wesentlichen Räume durch Abhängen blockierten und am ziemlich guten WLAN mit ihren mobilen Endgeräten saugten, suchte ich den ganzen Vormittag einen anderen Ort, wo es WLAN und Ruhe gleichzeitig gab. Aber den gab es nicht. Lotti joggte irgendwann an mir vorbei, als ich gerade wieder den Standort wechselte. Sie war immer unterwegs und in Bewegung. Warum eigentlich? Das war mir schon in den letzten Jahren aufgefallen. Sie war meist unterwegs. Irgendwie immer auf der Flucht, dachte ich kurz. Wieso? Welches Denkmuster verfolgte sie?

Ich hingegen suchte mein Muster anzupassen auf der Suche nach Ruhe und Internet. Entweder fand ich Ruhe auf dem großen Gelände, dann saß ich verlassen in einer Sitzgruppe aus braunem Plastikrattan auf einer vierhundert Quadratmeter großen Terrasse im Funkloch. Hier schrieb ich dann so vor mich hin, ohne Back-up in der Cloud. Ich brauchte aber bald das Internet für meine Zoom-Besprechungen. Dann versuchte ich den Wechsel, suchte und saß bald zwischen zwei Billardtischen über der Poolbar, mit WLAN, aber umgeben von kreischenden Kindern, hektischen Müttern und hin und her laufendem Personal. Die Unruhe konnte mein verwischter Hintergrund leider nicht schlucken.

Lotti gab mir auf ihrem Weg zum Pool den Tipp, sie habe von einem Konferenzraum im Keller gehört, und ich fragte sofort bei der Rezeption danach. Ja, den könne ich jederzeit benutzen, sagte man mir dort und ließ mich stehen. Ich suchte also selbst den Konferenzraum, platzte in eine Pilates-Runde und in die Personalräume, störte beinahe ein mir gänzlich unbekanntes Liebespaar, einen tätowierten Holländer mit seiner Dame, bevor ich den Konfi fand, in den ich für die nächsten Stunden einzog. Neonlicht. Schmuckloser Raum. Zehn rote Stuhlreihen. Ein kleiner Tisch. Kein Fenster. Stickige Luft.

Zwei Zoom-Konferenzen später im instabilen WLAN fand ich den perfekten Platz neben dem Hoteleingang, vor dem Resortsupermarkt auf einer allein stehenden Bank. Hier war die WLAN-Qualität sehr gut, denn sie kam direkt aus den Büros der Resort-Direktion durchs Fenster. Als meine Kinder vorbeikamen, schienen sie mich nicht zu kennen. Warum sitzt Papa vor dem Supermarkt, wunderten sie sich, als sie mich plötzlich erkannten. Wir haben doch WLAN im Zimmer.

Humor und Narzissmus

»Krise ist ein produktiver Zustand.
Man muss ihr nur den Beigeschmack
der Katastrophe nehmen.«[1]
Max Frisch

Wir kennen sie alle, die Freundin, die sich gern über alles und alle lustig macht, aber wenn es darum geht, selbst ausgelacht zu werden, versteht sie plötzlich keinen Spaß mehr. Und der Versuch, sie mit noch einem weiteren Spaß abzuholen, misslingt grandios. Dabei würden wir so gern mit ihr zusammen lachen. Aber das Einzige, was ihr hilft, ist, wenn sie sich auf unsere Kosten einen Spaß erlaubt. Dann ist das aber auch nicht mehr so lustig.

Humorlos in Therapy

Jenny saß nach der ersten Analyse ihres Selbstsabotage-Systems etwas gefasster da. Sie ließ den Satz in sich einsickern, den ich bewusst humorvoll betonte.

Was ist so schlecht daran, sich Gutes zu tun?

Jenny lächelte kurz, aber es war ein eher verlegenes Lächeln. Sie war beschämt. Ich wusste, humorvoll sein hat auch ein zerstörerisches Potenzial und birgt eine große Gefahr für Missverständnisse und Selbstsabotage. Lachen wir gemeinsam, verlieren wir ein wenig die Selbstkontrolle und geben etwas mehr von uns preis. Ich neige manchmal dazu, darüber zu lachen, wenn Klienten zu nahe an etwas Schmerzhaftem oder schwer Aushaltbarem dran sind. Wir lachen, wenn etwas inkongruent, also unpassend ist. Ich auch. Manchmal ist es hilfreich, aus einem Schmerz einen Scherz zu machen, so hat man zumindest eine kleine Lachpause. Meine Haltung ist dann eine leichte, gelassene und spielerische, um in das schwierige Thema des Klienten hineinzukommen.

Ich nutzte also Spontanität, Offenheit und Neugierde, um die Inkongruenz von Jenny aufzudecken. Ich wollte etwas Erheiterndes finden, obschon Jenny gerade in Stress geriet, als sie über ihre eigenen, sie selbst sabotierenden Inkompetenzen nachdachte.

Ich fragte Jenny, ob sie über sich selbst und über ihren inneren Kritiker lachen könne. Denn ich wollte unbedingt die gute Laune bei ihr und mir wiederherstellen.

Humor ist eine menschliche Eigenschaft, um Erheiterung herzustellen, die uns befreit. Ironie, Witz und Komik sind zentraler Bestandteil von Humor. Was ins menschliche Lächeln und Lachen mündet. Aber nicht jedes Lächeln oder Lachen hat mit Erheiterung zu tun. Lächeln kann auch Ausdruck von Verlegenheit, Verunsicherung oder Aggression sein. Ich lache viel lieber, um Aggression auszudrücken, statt dass ich gewalttätig werde. Humor ist also eine Gewalt vermeidende menschliche Eigenschaft. Mein Humor scheint mir eine sehr gute Alternative, darüber Angst oder andere schwierige Emotionen auszudrücken. Positive Gefühle, soziale Verbundenheit und Dominanz, aber eben auch Kränkung und Verletzung können über ein Lächeln vermittelt werden.[2] Alles kann über ein Lächeln ausgedrückt werden. Auch die schlimmsten Dinge.

Vielleicht wollte Jenny mich in dieser Situation kontrollieren, in meinem Streben, ihr Selbstsabotage-Netzwerk aufzudecken, als sie mich anlächelte. Oder fühlte sie sich mit mir verbunden? Oder war es ein gefaktes Lächeln?

Wann endlich lachen wir mal zusammen?, dachte ich. Das würde zu unser beider emotionaler Aktivierung führen, und das wäre ein Fortschritt. Aber noch regulierte Jenny vermutlich nur ihre emotionalen Regungen, die sie selbst als noch zu gestört wahrnahm. Jenny war noch nicht ganz zufrieden mit der Idee, ihr narzisstisches, sie selbst sabotierendes System zu verlassen, zu verändern und in ein für sie besseres, passenderes zu transformieren. Sie wusste noch nicht, wohin ihr Weg führen könnte.

Ich lud Jenny mit meinem Lächeln dazu ein, sich zu verändern. Aber Jennys Lächeln blieb leicht zurückhaltend, und ich bemerkte noch sehr viel Negatives, Skeptisches in ihrem Ausdruck.

Systeme wechseln, nicht verwechseln

Festgefahrene Denksysteme kann man auch mit Humor auflösen und durchbrechen. Es ist möglich und bei einigen Menschen auch wahrscheinlich. Leider nicht bei jedem Menschen, meist wegen ständig möglicher kommunikativer Missverständnisse. Wer diese Missverständnisse zu ernst nimmt, wird über sie stolpern und läuft dann echte Gefahr, aggressiv und in weiterer Folge durchaus auch gewalttätig zu werden. Auch das ist Selbstsabotage.

Erst Humor macht es möglich, über Schwieriges zu sprechen und dieses Schwierige anzugehen und friedlich aufzulösen.[3] Humor sollte daher nicht dazu da sein, den eigenen Narzissmus abzufeiern, um sich selbst zu überhöhen und den anderen zu erniedrigen. Das wäre ein schlechter Scherz und kein guter Humor.

Aus »Ändere dich!« muss ein »Ändere mich!« werden, sagte ich belustigt. Ich war nicht traurig, dass Jenny nicht über diese Pointe lachte. Dann war der Witz halt schlecht. Oder Jenny nahm alles noch zu ernst. Ironie hilft, wenn etwas unstimmig ist, worüber man abfällig lachen könnte, es aus Anstand aber nicht tut. Es hat schon etwas Ironisches, wenn jemand Wert darauf legt, dass andere ihre Denkmuster verändern, man selbst dazu jedoch nicht bereit ist. Das ist dann nicht mehr lustig. Jetzt schmunzelte Jenny. Ich hatte sie langsam.

Bei vielen ist die Veränderung der charakterlichen Eigenschaften und das Beenden eigener Selbstsabotage zwar möglich, aber wird sehr unwahrscheinlich bleiben. Narzissmus verkennt die Perspektive, da man sich selbst nur über die Spiegelung durch andere erkennt und wahrnimmt. Man neigt dazu, sich selbst in der Spiegelung des anderen zu erkennen und will den anderen ändern, wenn einem das Gesehene nicht passt. Die Konfusion innerhalb des eigenen Systems ist dann zu groß, um an der richtigen Stelle, bei sich selbst, anzusetzen. Denn das tatsächliche, eigene Selbst ist entweder leer oder es ist im Unklaren darüber, wo es nun wahrlich ist. Verwechslungen passieren, dessen, was getan werden muss, und dessen, was man höchstpersönlich selbst an sich tun oder was man selbst lassen muss. Manch einer weiß nie, was zu verändern wäre, außer die anderen. Auch wenn die Krise da ist, auch die Humor-Krise, und ein Wechsel dringend nötig wäre, wird nicht verstanden, was genau zu verändern ist.

Mithilfe von Humor einen kleinen Riss zu setzen und die Reparatur des Risses gemeinsam zu erleben, ist dann eine Strategie, die ich gern wähle, falls ein desorientierter, narzisstischer Mensch vor mir sitzt. Wie jetzt Jenny. Die gerade darüber nachdachte, warum sie nicht über sich selbst so frei lachen konnte wie über ihren Partner. Es tat ihr sogar etwas weh, den Blick auf die eigene Unzulänglichkeit zu werfen. Durch Humor schaut man behutsam auf ebendiese, und das kann helfen und sogar von großer Bedeutung für die eigene Heilung und Veränderung sein. Aber man kann nicht jeden retten, nicht einmal sich selbst.

Tipp

Manchmal denken wir, die andere Person sei voll nervig. Das ist aber nur ein Teil der Wahrheit. Ein anderer Gedanke wäre: Vielleicht wirkt die andere Person nur so nervig auf mich, weil ich selbst gerade so genervt bin?
Diesen Gedanken mal denken – er ist erschütternd, klärend und ein echter Gamechanger.
Bin ich selbst bereit, meine Genervtheit und Unzufriedenheit über mich oder über die Welt zu reduzieren und in eine positivere Haltung zu verändern, ändern sich auch die anderen Menschen und meine ganze Welt.

Der berühmte Kognitionspsychologe Daniel Kahneman beschreibt die Idee vom Systemwechsel menschlicher Gehirne allein über die Kraft der Gedanken.[4] Die persönliche Entwicklung bedeutet Veränderung des eigenen problematischen Denksystems und funktioniert, indem es in ein neues, hilfreicheres Denksystem überführt wird. Dieses neue Denksystem muss man sich aber erst einmal bauen.

Wie aber soll man ein neues Denken erschaffen, wenn man lange davon ausgegangen ist, dass das eigene bisherige Denken das einzig richtige ist? Man also narzisstisch davon überzeugt ist, dass es nur dieses eine gültige Denksystem gibt? Schwierig. Denn schon die Vorstellung fehlt, dass es ein anderes Vogelkleid oder einen anderen Vogel geben könnte. Wenn der Vogel sinnbildlich für das eigene Denksystem steht.

Daher: Wenn man kein komplett neues Denksystem etablieren kann, bleibt nur der lange, sehr anstrengende und mühsame Weg, den eigenen narzisstischen Vogel einzufangen, ihn umzuwidmen, mit neuen Aspekten auszustatten und so zu trainieren, dass er verträglicher wird. Das klappt nicht immer, denn Scheitern in einer Psychotherapie gehört leider dazu.[5]

Humor als Zugang zum Narzissmus

Bei der Beherrschung des eigenen narzisstischen Vogels hilft mir nicht allein die nötige Ernsthaftigkeit. Zugleich nutze ich auch Komik und Humor, um auf die Abwegigkeit einer Situation und auf die eigene Unzulänglichkeit zärtlich hinzuweisen. Nicht nur für mich selbst. Die therapeutische Idee, die in einen Systemwechsel führen kann, ist, das alte, bisherige System zu befremden. Also neue, fremde Aspekte einzubringen, die es ermöglichen, auf Abstand zum alten System zu gehen, weil man endlich in der Lage ist, über die darin verhafteten Schwierigkeiten zu sprechen. Über die Angst und über die Aggressionen, die sich darin verbergen und die man fürchtet, auszulösen. Über die Tatsache, dass sich Menschen von einem distanzieren, weil man nicht mehr zu ertragen ist. Dazu widmet man die Aufmerksamkeit zunächst nicht mehr dem alten System, sondern lenkt sie gezielt auf abspaltende, befremdende, distanzierende und völlig neue Aspekte. Um aus der neuen, humorvolleren Perspektive wieder auf das Problem zurückzukommen: Ich selbst mit meinem problematischen Verhalten.

Für mich erkenne ich eben den Humor und die Ironie als ein solches aufmerksamkeitsbezogenes Werkzeug zur Befremdung des alten Systems. Lustig sein, weil es einen von sich selbst distanziert und man dann freier ist, wieder auf sich zu blicken. Kann ich die Aufmerksamkeit des anderen darauf lenken, was komisch ist, breche ich damit die ernsthafte Nähe zu mir selbst auf. Wenn jemand zu eng mit einem Problem verbunden ist, könnte man sagen, dass er regelrecht mit diesem Problem verklebt ist. Es tut dann mit Humor nicht mehr so weh, diese Verklebungen zu lösen. Humor ist also ein Lösungsmittel. Ein Mittel zur Lösung des Problems. Es ist eine kleine Schluckhilfe für die bittere Pille der Erkenntnis. Die eigene Selbstsabotage zu erkennen, ist ein schmerzlicher Prozess. Warum nicht darüber schmunzeln, wenn man sie ins Licht zerrt? Zumal die Selbstsabotage häufig selbst viele Elemente von Komik enthält. Wiederholungen, Übertriebenes, Abwegiges, Irrationales und Unvernünftiges sind Elemente der Selbstsabotage *und* des Humors. Nur unter einem anderen Vorzeichen: Selbstsabotage ist Selbstzerstörung, Humor ist die Selbstbefreiung daraus.

Selbstbefreiung durch humorvolle Provokation

Komischerweise wird Ironie im Falle narzisstischer Selbstüberhöhung von den Verursachern häufig gleich mitgeliefert. Es entbehrt selten einer gewissen Ironie, begegnet man anspruchsvollen, oberflächlichen und selbstverliebten Menschen. Lachhaft? Ja, durchaus. Nur hat man den Eindruck, dass die wenigsten Narzissten selbst darüber lachen können. Da werde ich skeptisch. Weil ich selbst humorvoll sein kann, will ich näher hinschauen, ob das wirklich stimmt. Fürchte ich doch, mich durch meine humorvolle Seite selbst zu sabotieren. Unseriös zu wirken. Dabei fühle ich mich, ganz im Gegenteil, nicht unseriös. Ich empfinde mich als zutiefst ernsthaft. Mit Humorchip im Hirn.

Ist es also so, dass narzisstische Menschen nicht lustig sind, oder doch?

Mein Gehirn ist auf diesen Modus eingestellt, im narzisstischen Verhalten immer die zugehörige Komik zu erkennen. Wenn man ehrlich schaut, dann wirkt Narzissmus eher infantil, absurd oder unreif. Narzissmus scheint manchmal wie aus dem Rahmen gefallen. Da ist zu viel von etwas. Psychoanalytisch mag es hier den Konsens geben, dass die Merkmale einer stark narzisstischen Person die eines sehr anspruchsvollen, unreifen Menschen sind. Anspruchsvolle Kindsköpfe. In ihrer unangenehmen Variante extrovertierte Nervensägen **(grandioser Narzissmus).** In ihrer neurotischen Variante kränkbare Sensibelchen **(vulnerabler Narzissmus).**

Ironie bleibt da nicht aus. Meist erscheinen die Bemühungen narzisstischer Personen für psychisch reifere Menschen eher absurd. Leider sind die Verhaltensweisen narzisstischer Menschen, so absurd sie auch sein mögen, nicht immer lustig.

Kategorien von Narzissmus, nicht alle lustig:

- **Maligner** – neigt eher zu psychopathischem Verhalten, Lügner, manipulativ, charmant, reuelos, erfolgreich, führungsstark, impulsiv, antisozial, ausnützerisch, zerstörerisch
- **Grandioser** – neigt eher zu angeberischem Verhalten, raumfüllend, charmant, führungsstark, selbstsicher, erfolgreich, typisch narzisstisch
- **Selbstaufopfernder** – neigt eher dazu, sich wichtigzumachen durch soziales Engagement, z. B. Spendengalas, gibt aber kein Trinkgeld, heuchlerische Menschenfreundlichkeit, abwertend gegenüber Geringeren
- **Netter** – nett für eine Party, harmlos, um sich selbst kreisend, infantil, unreif, kaum hilfsbereit und rasch langweilig, da oberflächlich
- **Verletzter** – neigt eher zu introvertiertem Verhalten, verdeckt, unoffen, hängt narzisstischen Illusionen nach, bekommt wenig(er) gebacken, hochsensibel für Kritik, gesteigerte Selbstunsicherheit

Grundsätzlich kann man sagen, dass narzisstische Menschen eher dazu neigen, folgende Merkmale zu zeigen: Großartigkeit, Anspruchsdenken, Extraversion, Wutaffekte, Anerkennungssucht, Empathiemangel, Arroganz, Unbescheidenheit, Sensationssucht, Misstrauen, Selbstbezogenheit, Selbstwertverletzlichkeit, Oberflächlichkeit, Manipulationstendenz, Ausbeutung. Heruntergebrochen könnte man auch sagen, es sind anspruchsvolle Kinder, extrovertierte Gegenspieler oder Nervensägen. Mit Narzissmus kann man sehr erfolgreich und auch sehr erfolglos sein und damit potenziell auch selbstsabotierend.[6]

Problematisch ist die Verwendung des Begriffs Narzissmus sowohl für eine normale, also sehr verbreitete menschliche Eigenschaft als auch für eine psychische Störung.
Die **psychische Störung** bereitet ernsthafte persönliche und interaktionale Probleme. Die Störung erzeugt Leid, etwa als Angststörung oder Depression und ist eine Erkrankung, die man behandeln kann.
Die **normale Charaktereigenschaft** im Alltagsnarzissmus hingegen nervt allenfalls und wird erst bei Komorbidität (Miterkrankung) mit Psychopathie, Suchterkrankungen oder Störungen der Aufmerksamkeit (ADHS – Aufmerksamkeitsdefizit/Hyperaktivitätsstörung) problematisch.[7] Normalerweise ist Narzissmus strahlend, energievoll, erhebend, hilfreich, harmlos – und eben möglicherweise nervig. Wie jede menschliche Charaktereigenschaft ist sie nicht leicht zu verändern. Den Alltagsnarzissmus muss man auch gar nicht verändern wollen, da es eine normale Eigenschaft ist.
Wenn narzisstisches Verhalten jedoch unpassend (inkongruent) ist, erzeugt das Schwierigkeiten, über die man potenziell schmunzeln kann. Ein Lächeln kann helfen, narzisstische Not und Unstimmigkeiten zu benennen, zu reflektieren und Veränderungen einzuleiten. Normales Verhalten darf auch provozieren und eine Eskalation auslösen. Das ist noch normal. Krankhaft wird es erst, wenn die Verhaltensweise anhaltend, tiefgreifend abweichend ist von der Norm und definitiv (kausal) ein Leiden erzeugt. Dann hätten wir die Persönlichkeitsstörung (die Diagnose).
Feingespür ist also nötig in der Anwendung von Humor und im Platzieren eines Lächelns im Umgang mit Narzissten. Man weiß nämlich nie, in welcher Konstellation man da jemanden vor sich hat.

Jenny erläuterte ich, dass sich in die Psychotherapie eher nur die vulnerablen, die verletzlichen, kränkbaren, sensiblen Narzissten fänden. Es sind die Neurotischen, die Hochsensiblen, die leichter kränkbar sind. Hier muss wohldosiert mit Lächeln umgegangen werden. Zu Hause einen ängstlich oder depressiv dekomponierenden Narzissten mit auslachen zu deklassieren, kann hochproblematisch sein, wenn es diesen stark herabwürdigt und sein Misstrauen verstärkt.

Jenny dachte nun wohl darüber nach, ob sie ihren Lieblingsnarzissten, wenn sie ihn denn mal hatte, zu oft auslachte.

Jenny wurde nachdenklich ernst und erkannte, ja, verdammt, ich hab den ständig ausgelacht. Jedes Mal, immer ein Joke. Wie er aussieht, was er denkt, wie er sich verhält, was er sagt. Ich fand es wirklich auch lächerlich, weil er sich manchmal unangemessen und peinlich verhielt.

Dann, dachte Jenny weiter laut nach, war er auch irgendwie unbeholfen, wenn er damit konfrontiert wurde, etwas zu verlieren oder nicht die Nummer eins zu sein. Ich roch es regelrecht, wenn er Angst bekam, schlecht wegzukommen.

»Dann lachte ich darüber«, sagte Jenny. Wie albern es doch sei, sich so wichtig zu nehmen und durchzurasseln. »Haha!«, lachte Jenny, und sie merkte im selben Augenblick, wie unangemessen ihr Humor an dieser Stelle war. Damit sabotierte sie nicht nur sich selbst, sondern auch ihre Beziehung.

»Sind narzisstische Menschen demnach nur Opfer ihrer eigenen Parodie, der überzogenen Idee von sich selbst, ohne es zu bemerken?«, fragte Jenny.

»Wenn es nicht manchmal so ernst wäre, dann wäre es tatsächlich komisch«, sagte ich.

Widersprüche nutzen

Nun sollte man sich von der Fähigkeit des Gehirns helfen lassen, dass widersprüchliche Gefühle zugleich wahrgenommen werden können, ergänzte ich. Freude und Wut. Trauer und Frohsinn. Stolz und Scham. Faszination und Ekel. Zufriedenheit und Unruhe. Zuneigung und Abneigung für dieselbe Person, und das ganz ohne Reue oder, nicht ungewöhnlich: mit Schuldgefühlen.

Darf man zugleich lachen und trauern? Ja, das ist möglich und zumindest psychologisch nicht falsch, auch wenn es moralisch nicht unproblematisch ist. Freude und Angst um den Verlust, denn alles vergeht. Liebe und Ärger, wenn lustvolle Erwartungen nicht erfüllt werden. Mitgefühl und Mitleid, was positiv ist, aber auch herabwürdigt. Auch ich tue das, öffnete mich Jenny etwas. Eine Nuance Schadenfreude, eingebettet in einen Ozean aus Mitgefühl, das ist mein Alltagssadismus. Das Salz in der Suppe!

Häufig läuft in meinem Kopf, wenn ich dem tragischen Leidensweg der Klienten empathisch folge, völlig unkontrolliert ein innerer, parodisierender Parallelfilm ab. Meine verborgene, ironisierende Wahrnehmung. Eine verzerrte Spiegelung der narzisstischen Eigenschaften des Klienten und deren Folgen als innerer Film, der parodistisch ein Zerrbild zeichnet von dem frustranen Versuch, das Leben nach den eigenen, narzisstisch überzogenen Vorstellungen (Kognitionen! Gedankennetz!) zu meistern. Um mich davon zu distanzieren.

Das ist aber nicht sehr freundlich!, exklamierte Jenny und beugte sich vor zu mir. Jetzt lachte sie wieder über meine Abartigkeit, leicht sadistisch zu sein. So ganz im Inneren.

Ich erkenne dann, wie ich innerlich übertrieben nachahme, verzerre und eine komische, ja satirische Verarbeitung der Vorlage in mir selbst beobachte. Diese meine angeeignete innere Parodie erreicht in mir völlig ungebremst eine mich packende, humorvolle Wirkung, und dann, ich kann es selten zurückhalten, schmunzle ich.

Sabotiere ich damit nicht die Therapie? Möglich, aber eher unwahrscheinlich. Denn mein Schmunzeln ist nie abwertend gemeint, selbst wenn es das durchaus ein wenig ist. Mein Schmunzeln kann befremden. Aber empathisch schmunzelnd steche ich in ein narzisstisches Denksystem mit spitzer Nadel. Mein Grinsen provoziert, und das Gegenüber teilt sehr schnell mit, was sich sein Gehirn so denkt auf diese Provokation. Ernste Themen spülen so schnell hoch, denn sie wollen verteidigt werden. Etwas Ernsthaftes wie das Scheitern im Leben. Das Verlassenwerden. Das Zusammenbrechen. Das Nicht-mehrkönnen. Wenn die Krise da ist. Da ist dann auch mein empathisches, sehr nahes Schmunzeln.

Ja, ich riskiere jedes Mal, mich selbst und den therapeutischen Prozess zu sabotieren, aber es geschieht meistens etwas viel Besseres: Wir werden ehrlich miteinander. Endlich ehrlich. Die Fassaden, die doppelten Standards, die ganzen Luftschlösser – alle zerplatzen. Wir sind frei. Wenn man sich kurz zum Affen machen kann, sich das traut, dann kommt manchmal Großartiges dabei heraus.

Beim Fehlermachen zuschauen

Es hat für mich auch eine vergnügliche Seite, Menschen dabei zuzuschauen, wie sie ihre Fehler machen und über ihre Narzissmen stolpern. Ich bin jedoch in meinem Alltagssadismus, den ich in der Therapie nutze, sehr human. Freundlich. Empathisch. Hoffe ich. Sehr sensible Klienten reagieren hier eher als die dickhäutigen, und auch das hilft bei der Einschätzung.

Die therapeutische Idee dahinter ist sogar tiefenpsychologisch begründet, nämlich, den Klienten, soweit hilfreich, in seinem Bemühen, Lösungen vom Therapeuten zu bekommen, zu frustrieren. Was man bei einer bestimmten Gruppe von Klienten, die Traumatisierendes erlebt haben, als Behandler aber unterlassen sollte. Hier ist es nicht nötig, gezielt zu provozieren, denn häufig geschieht das bereits spontan oder bei kleinsten Anlässen im Klienten selbst, unbewusst. Die Lösung liegt zwar immer im Klienten selbst, aber traumatisierte Klienten brauchen zunächst viel Sicherheitsgefühl. Humor verunsichert eher und macht es nicht besser. Der Therapeut darf sich selbst nicht narzisstisch aufwerten, indem er oder sie es besser zu wissen meint. Hilfreicher für den Klienten ist es, sich als Therapeut einzufühlen und beim Lösen beizustehen, statt nur Lösungswege vorzuschlagen.

Die grandiosen Narzissten, sagte ich Jenny, die kommen kaum zu mir. Es ist Zufall, wenn die den Weg hierher finden, falls es denen mal schlechter geht. Wenn jemand sie mitbringt, dann bleiben die nur kurz. Aber die selbstunsicheren, neurotisch-ängstlichen (vulnerablen) Narzissten schon.

Es gibt einen Zusammenhang zwischen überbehütendem Erziehungsstil (Helikopter-Mum) und (von Eltern) emotional vernachlässigten Kindern und selbstunsicherem, verletzlichem Narzissmus: Wer als Kind zu viel Kontrolle erfährt, ohne wirklich emotional wahrgenommen zu werden in den eigenen Bedürfnissen, nimmt sich eher zurück, um den ansprüchlichen, aber oberflächlichen Eltern zu gefallen.

Ganz anders die später grandiosen Narzissten: Sie mussten sich in ihrer Kindheit eher gegen aggressive, gewalttätige Eltern (Vater-Terror, vielfältiger Missbrauch) behaupten. Offenbar wächst dann der grandiose Narzissmus als Selbstbehauptung im Gewitter der Kritik und des Missbrauchs.[8]

Voraussetzung hierzu ist immer die genetische Grundausstattung, also das genetische Erbe des Temperaments der Eltern. Das hat den größten Einfluss auf die Narzissmusausbildung der Folgegeneration.[9]

Jenny schwieg lange. Sie dachte wohl darüber nach, wie behütet, oberflächlich gelobt, aber eher emotional verlassen sie erzogen worden war. Und wie narzisstisch ihre Eltern waren, denn das hatte sie dann wohl geerbt.

Das ist doch nicht so lustig, wie ich dachte, reflektierte Jenny. Es war für sie sogar recht traumatisch, zu verstehen, dass sie eher negativ über ihre eigene Kindheit nachdachte. Auch wenn die Eltern immer sagten, so schlimm sei es doch nicht gewesen. Du warst ein stilles, aber glückliches Kind.

Jenny sagte, so richtig glauben könne sie nicht, was ihre Eltern immer sagten. Sie erinnerte sich auch daran, oft allein, emotional allein, und ungesehen gewesen zu sein.

Jenny reagierte mit etwas Erleichterung, als ich darlegte, dass diese Erinnerungen manchmal noch da seien, als wären sie gerade eben geschehen. Das ist so ähnlich wie bei einer Traumatisierung. Aber das ist nun längst vorbei.

Jenny fragte, ob jeder Narzissmus eine Folge von Trauma sei. Eher nicht, aber nicht ausgeschlossen, sagte ich und schüttelte den Kopf. Trauma und Narzissmus können zugleich vorliegen, aber so eine Verallgemeinerung muss falsch sein, erklärte ich und lachte kurz auf. Das war paradox, aber wahr.

Traumasymptome ernst nehmen

Eine seelische Verletzung in der Kindheit kann sich noch heute in einer Verletzbarkeit unseres Selbstwerts zeigen. Trauma-assoziierte Narzissmus-Symptome[10] oder das Trauma selbst zu erkennen, ist dann die Aufgabe.

Narzissmus aus normaler, allgemeiner sozialpsychologischer Perspektive ist keine Traumafolge, das jedoch ganz auszuschließen, wenn jemand narzisstisch leidet, sich öffnet und Zugang gibt, wäre falsch. Wir Menschen sind alle mehr oder weniger verwundet. Haben Verletzungen, die uns schwächen, die zu Unzulänglichkeiten führen und uns Fehler machen lassen. Die uns sabotieren. Ob da ein Zusammenhang von Bindungstrauma und Narzissmus besteht, muss dann in der Therapie herausgefunden werden.

Zuzuschauen, wenn andere Fehler machen, muss man lernen, sagte ich und lächelte Jenny bewusst an. Das tun mehr oder weniger alle Psychotherapeuten. Sie bekommen sogar den Auftrag dafür. Bitte, ich verstehe mich nicht. Schau mir dabei zu, wie ich es mache, und hilf mir hier raus, schloss ich. Der Erfolg von Therapie, sagte ich Jenny, also die gelungene Verbesserung der Stimmung und die Problemlösung, ist aber nur zum Teil davon abhängig, was ein Therapeut leistet. Vieles ist Zufall. Meinen Klienten geht es schlagartig besser, wenn sie sich neu verlieben oder einen neuen Job haben. Trauma und Depression sind rascher überwunden, wenn die Aufmerksamkeit auf das Optimistische gerichtet wird. Bis dahin die Klienten einen Abschnitt des Wegs zu begleiten, ist auch meine Aufgabe.

Als ich das sagte, rutschte Jenny etwas unruhig auf der Couch hin und her. Vielleicht dachte sie gerade daran, welche Fehler ihr passiert waren, die sie korrigieren wollte. Vielleicht, ihren Lieblingsnarzissten nicht mehr auszulachen oder abfällig zu behandeln. Aber das war nur ein Aspekt. Sie durfte sich unbedingt ihren Humor, ihren entfesselnden Humor bewahren.

Ich bin da, gern dabei, Denkmuster des Klienten ins Bewusstsein zu bringen. Ich hinterfrage das, was Klienten als »Das ist doch normal« wahrnehmen. Ist das so? Ähnlich wie Byron Katie*, frage ich die Klienten, ob es ihnen besser gehen würde,

* Byron Katie stellt ihren Klienten Fragen wie diese: »1. Ist es wahr? (Ja oder nein. Wenn nein, gehe zu Frage 3.) 2. Kannst du absolut sicher wissen, dass es wahr ist? (Ja oder nein.) 3. Wie reagierst du, was passiert, wenn du diesen Gedanken glaubst? 4. Wer wärst du ohne den Gedanken?« [frei übersetzt], engl. Originalzitat in: KATIE, Byron; MITCHELL, Stephen. Loving What Is: Four Questions That Can Change Your Life, New York: Three Rivers Press, 2002.

wenn sie diesen Gedanken nicht mehr so denken würden. Ob sie den Gedanken etwas verändern könnten. Dabei hilft folgender Impuls: Wenn ein Gedanke nicht absolut wahr ist, dann kann er auch falsch sein. Die meisten Gedanken sind nie absolut wahr. Damit kann man sehr gut arbeiten, und das allein hilft schon viel, alte eingefahrene Denksysteme zu hinterfragen. Und viele meiner Therapien glücken letztendlich, weil sich mein Klient neu verliebt, einen besseren Arbeitsplatz findet oder endlich den Weg nach Santiago geht.

»Was?! Das glaube ich nicht! Sie haben keinen inneren Kritiker?«, hallte es in mir nach, und ich schmunzelte.

Parodie des Selbst

Indem ich die Gedanken des anderen ironisch verzerre, weise ich auf deren relativ geringen Wahrheitsgehalt hin. Das hat etwas von einer Parodie. Parodistisch auf eine Wahrheit zu schauen, lässt angenommene Wahrheiten implodieren: Dinge, die unwahrscheinlich waren. Oft ist das Leben, das man meint, wahrhaftig zu leben, doch ein falsches. Darauf weist der Psychoanalytiker Hans-Joachim Maaz[11] hin. Auf diese Selbsttäuschung hinweisen kann ebenso federleicht die humorvolle Perspektive. Ein Wechsel im System muss nicht immer tieftragisch und schwer sein. Häufig lebt man eine Parodie des Lebens, die andere längst sehen, die man aber selbst nicht erkennt. Nicht sehen will. Weil es einem zu nah, zu ernst und zu wichtig erscheint, verliert man allerhand. Sogar den eigenen Humor.

Lotti und Pablo

Tagelang kümmerte ich mich hauptberuflich um die psychische Gesundheit meiner Klienten. Aber wer kümmerte sich um die meinige? Kümmerte ich mich gut genug um mich selbst? Oder Lotti, sie kümmert sich als Anwältin ständig um die Finanzen, das Leben und das Gerechtigkeitserleben anderer Menschen. Aber weniger um unsere Finanzen, unser Leben und mein Gerechtigkeitserleben. Das war doch unfair – und voller Ironie. Und jedes Mal, wenn ich mehr Aufmerksamkeit für diese Themen bei Lotti einforderte, hatte sie etwas Besseres zu tun. Dann ging sie joggen. Oder zum Pool. Oder joggte an mir vorbei, in Richtung Pool. Dazu hatte sie ironischerweise immer einen besonders guten Grund: mich.

Anspruchsdenken und hohe Erwartungen

Nicht ohne Grund gibt es diesen hilflosen Helfer, der gern anderen, aber nicht sich selbst helfen kann. Das kann dann sehr ernst und wirklich humorlos werden, wenn ich diesen sehr engagierten Menschen darauf hinweise, dass sein Bemühen durchaus narzisstisch und selbstgefällig ist. Was typisch für den sogenannten **selbstaufopfernden Narzissmus** ist. Eine Person, die sich gern hundertprozentig für etwas engagiert, aber dabei sich selbst und das persönliche Umfeld vergisst. Eine Person, die gern auf Spendengalas ist, aber kein Trinkgeld gibt. Eine Person, die sich durch soziales Engagement überhöht, aber ein hohes Anspruchsdenken kultiviert. Eine Person, der die eigene Tätigkeit so wichtig ist, dass jede Relativierung, auch eine humorvolle, von ihr bestraft wird.

Hat eine Person keinen Humor, kann man auch als Therapeut seinen eigenen verlieren. Man sollte jetzt keinen Fehler machen. Jemand, der die provokativ-humorvolle Intervention nicht verträgt, vielleicht unabsichtlich selbst narzisstisch zu sein, sollte tatsächlich lieber humorlos und ernsthaft behandelt werden. Um die Person nicht zu destabilisieren, sollte man genau das ernst nehmen, was ihr ernst ist. Meistens ist das bei Narzissten ihr Statusdenken, ihre Ansprüchlichkeit und das Gefühl der eigenen Großartigkeit. »Ich bin hier wichtig.« Obschon man es vermutlich nicht so deutlich wie selbst angenommen ist. Vielleicht ist man doch austauschbar und bloß eine gute Ressource. Ein Rädchen im System. Aber dabei vergisst man, dass man ja nicht weniger Mensch ist. Die Menschlichkeit geht dann manchmal verloren. In beide Richtungen, in der eigenen Überhöhung und in der Abwertung.

Narzisstische Erwartungen, die einen sabotieren

Ob positive, optimistische oder negative, zerstörerische Erwartungen, beide können Stressgefühle, Angst und Frustration auslösen, wenn sie unerfüllt bleiben. Typischerweise narzisstisch ist der Anspruch an Erwartungen so extrem, dass es nicht mehr lustig ist.

- **Perfektionismus** – Die Erwartung, alles perfekt haben zu müssen, kann sehr wahrscheinlich unrealistisch und frustrierend sein. Das Perfekte ist der Feind des Guten.
- **Externe Validierung** – Die Erwartung, dass das eigene Glück von der Anerkennung durch andere abhängig ist.
- **Selbstaufopferung** – Die Erwartung, dass für andere da zu sein der einzige Weg zur Selbstzufriedenheit ist. Bringt sehr wahrscheinlich Ermüdung und Erschöpfung mit sich und führt zur Vernachlässigung eigener Bedürfnisse.
- **Schnelle Ergebnisse** – Die Erwartung, dass sofort eine Lösung und ein Ziel erreicht werden müssen, löst Druck, Stress und Angst aus. Was zu mehr Fehlern und letztlich zu großer Enttäuschung führen kann.

- **Kontrolle** – Die Erwartung, alles und jeden unter Kontrolle haben zu müssen, um eigene Ziele zu erreichen. Kontrollmaßnahmen sollten angemessen sein und nicht allein dazu dienen, Angst vor Kontrollverlust zu regulieren. Vieles im Leben liegt außerhalb der eigenen Kontrolle.
- **Zustimmung** – Die Erwartung auf Zustimmung durch andere. Damit beschneidet man die Möglichkeit eines ehrlichen und offenen Austauschs.
- **Sonderbehandlung** – Die Erwartung, weil man sich als besonders wahrnimmt, auch besonders behandelt zu werden. Was nur zur Enttäuschung führen kann, wenn man es nicht wird.

Manchen narzisstischen Menschen sind die berühmten drei S wichtig: **Status, Sachen und Sex.**[12] Sie erwarten ständig, sich darin mit anderen zu messen und auch selbst daran gemessen zu werden. Es ist wahrscheinlich das Einzige, was narzisstische Menschen, wenn sie in einer großen emotionalen Not sind, noch zusammenhält und worüber sie sich definieren. Also sollte man in der Konfrontation, auch in der humorvollen, diese Stützpfeiler des Selbstwertgefühls nicht abschaffen. Vorerst. In der Behandlung dann versuche ich über Beziehungsarbeit einen Zugang, auch einen humorvollen, zu finden. Aber das gelingt nicht immer. Man kann nicht jeden so erreichen. Und vielen narzisstischen Menschen kann man nur helfen, indem man sie wieder in ihren ursprünglichen narzisstischen Modus zurückführt. Veränderung ausgeschlossen.

Lotti und Pablo

Langsam dämmerte mir, dass Lotti immer so viel ohne mich unternahm, weil ich vielleicht doch schwer zu ertragen war. Hatte ich zu viele narzisstische Erwartungen? Waren unsere Persönlichkeiten denn so unterschiedlich? Offensichtlich hatten wir erhebliche Kommunikationsprobleme, was vielleicht zu Missverständnissen zwischen uns führte und Frustrationen bei Lotti auslöste. Und bei mir! Da war dann Weglaufen eine Möglichkeit. Weglaufen vor meinen mangelnden sozialen Fähigkeiten ihr gegenüber, oder gleich weglaufen vor dem gestörten Konfliktverhalten, das wir pflegten. Scheinbar. Oder war es genau umgekehrt? Fehlte Lotti die nötige Empathie für mich und meine Perspektive? Waren Lotti oder gar ich zu egoistisch und dazu auch noch zu unreflektiert, unser unbewusstes Verhalten zu erkennen? Oder war es meine unbändige hohe Energie, die Lotti in Laufstrecke umsetzte, während ich wieder auf der harten Bank im Schatten vor dem Supermarkt saß und tippte oder zoomte? Die ganze Zeit. Irgendetwas lief falsch. Da war ein Fehler. War die Wahrnehmung füreinander so schwierig geworden, dass wir nicht mal mehr den Willen zeigten, hier zusammenzuarbeiten? Wir lachten nicht einmal mehr.

Das wäre dann ernst, oder?

Narzissten haben Humor

Würde man meinen, dass Narzissten humorlos sind? Vielleicht ja. Aber das stimmt gar nicht. Laut Studien neigen Narzissten erfreulicherweise zu einem oberflächlichen, leichten Humor mit einem witzigen Interaktionsstil, situationsbezogener Freude und haben sogar Freude am Ausgelachtwerden (Gelotophilie).[13] Lustig, gell? Leichte Komik hilft Narzissten vermutlich, im Mittelpunkt zu stehen und ihre narzisstische Zufuhr genau darüber zu bekommen.

Weniger lustig wird es bei Mischformen von Narzissmus mit antisozialen Persönlichkeitsstilen. Bei gemischten Konstellationen der Persönlichkeit mit psychopathischen oder soziopathischen Seiten pflegen Narzissten dann einen schneidenden, bösartigen Alltagshumor, der sich mit dem Alltagssadismus zu einem schwarzen Humor verbindet.

Obacht, wenn man fälschlicherweise einen Psychopathen mit einem Narzissten verwechselt! Psychopathische und alltagssadistische Menschen zeigen eher einen aggressiven schwarzen Humor und haben Freude daran, andere auszulachen (Katagelasticismus). Psychopathie erscheint häufig gepaart mit Sarkasmus.

Miteinander und übereinander lachen kann also durchaus narzisstisch sein. Übereinander *bösartig* lachen aber eher nicht.

Machiavellische Menschen, also solche, die planerisch und strategisch vorgehen und dabei emotional eher abgekühlt und distanziert handeln, sind an einem ironisch-satirischen Komikstil zu erkennen. Und, ich finde, das ist eine echte Erkenntnis, sie haben eher Angst vor dem eigenen Ausgelachtwerden. Wer also »aus Versehen« einen Witz auf Kosten eines psychopathisch-machiavellischen Narzissten macht, muss mit irgendeiner Form von Rache rechnen. Mit dieser Sorte Menschen, die die dunkle Tetrade aus Narzissmus, Psychopathie, Machiavellismus und Sadismus verkörpern, ist also definitiv nicht zu spaßen.

Mit lupenreinen Narzissten hingegen schon. Leichter Humor kann im Umgang mit Narzissten sogar helfen und passt perfekt zu diesem Persönlichkeitsstil. Humor ist also ein sehr gutes Erkennungszeichen und Mittel zur Lösung, wenn einem Narzissmus begegnet. Auch, um Narzissten von anderen schwierigen Menschen mit schädlichen, psychopathischen Charakterseiten zu unterscheiden, hilft Humor.

Im narzisstischen Humor ist also eher keine Bosheit zu entdecken. Das, finde ich, ist eine gute, eine erleichternde Nachricht aus der Wissenschaft. Narzissmus lässt sich gut humorvoll angehen.

Lotti und Pablo

Ich saß schon gut vier Stunden auf der harten Bank vor dem Supermarkt, tippte und spürte mein rechtes Bein nicht mehr richtig. Das lang nicht nur am abgeklemmten Nerv, sondern auch an der wieder mal desaströsen Vernachlässigung meiner körperlichen Fitness. Heute sah ich in meinem pinken Urlaubs-T-Shirt mit der Palme drauf eher wie ein Marshmallow aus. Ich wusste, ich musste mehr Sport machen. Ich war etwas zu dick. Mehr in körperliche Bewegung finden. Mich anstupsen lassen vom Urlaubsgefühl, alles machen zu können, was mein Herz begehrte und die Umgebung hergab. Ich brauchte nur diesen hilfreichen Schubser. Zum Meer. An die Küste. In den Pool. Zu einem Spaziergang. Um den Golfplatz. Auf den Golfplatz. Niemals. Ich wollte nicht den Fehler meines Lebens machen, nachdem ich es jahrzehntelang geschafft hatte, kein Golf zu spielen, jetzt mit über fünfzig einzuknicken. Nur weil ich mehr Sport machen sollte. Niemals. Ich war mir sicher, diesen Fehler würde ich nicht begehen. Unwissend, dass *das* der Fehler war.

Sanfte Provokation

Anderen beim Machen ihrer Fehler zuzuschauen, ohne einzugreifen, klingt dennoch nicht sehr einfühlsam. Kann aber lustig sein. Ist es nicht, wenn wir unsere Fähigkeit zur Empathie dafür nutzen, anderen damit zu schaden. Nutzen wir aber Empathie, um anderen beizustehen, ohne es besser zu wissen, dann ist empathisches Betrachten eine Form prosozialer Unterstützung. Das funktioniert auch prima im Umgang mit eigenen Fehlern! Empathisches Zuschauen anderer fördert auch die empathische Selbstbetrachtung. Es hilft also beiden: dem Zuschauenden und dem Zugeschauten. Daraus dann eine sanfte Provokation zu entwickeln, fördert das Lernen aller Beteiligten. Was humorvoll eingebettet genau richtig sein kann und in den 1960er-Jahren von Frank Farrelly (* 1931) als Provokative Therapie entwickelt wurde.[14]

Spenden Menschen durch Zeit einander den Raum, in dem man sich beim Fehlermachen freundlich, humorvoll und provokativ zusieht, dann ist das eine menschliche Geste hin zur Selbsterkenntnis. Nur durch die eigene, beschützende Erfahrung, aber im eigene Entfaltungsraum, in dem man sich durch Versuch und Irrtum ausprobiert, wird man sich selbst entdecken können. Dann wird der empathische Zugang zu sich selbst und zu anderen Menschen gelingen.

Ist aber immer jemand da, der es besser weiß, wie eine überbehütende Mutter oder ein kontrollierend-strafender Vater, wird die Selbsterkundung nicht oder nicht so gut gelingen. Zur Identität brauchen wir einen identitätsfreien Raum. Wir können hieraus selbst die Entscheidung entwickeln, wer wir sind. Und dann vielleicht irgendwann zu uns selbst und zu den Menschen in unserem Umfeld einen gesunden Abstand finden. Einen Abstand, der auch zu den ideellen und nicht fassbaren Dingen wie Aufgaben, Werte und moralische Vorstellungen, die für einen selbst stehen, passt.

Lotti und Pablo

In diesem Augenblick holte mich Lotti vor dem Supermarkt ab. Sie band mich von der Leine los, ich begrüßte sie freundlich und hechelte laut. Jetzt etwas fressen. Käse naschen. Ich suchte und schnupperte wie wild alles ab, was Lotti vom Pool an Gerüchen so mitgebracht hatte. Pommes. Bier. Zigaretten. Sonnencreme mit Kokosnussduft. Schweiß. Chlor. Ich hinkte noch etwas, mein Bein war lahm. Aber ich fand bald in einen geschmeidigen Tritt und ging voraus.

Manchmal, wenn es zu warm wurde, vertrug das mein Gehirn nicht, und ich wechselte in meiner Vorstellung die Gestalt. Ich wollte auch mal wieder mit »Ach, ist der süß!« begrüßt werden, hinter den Ohren gekrault und mit Käsestückchen gefüttert werden wie Luki, unser Ridgeback. Stattdessen erwachte ich aus meiner kurzen Fantasie und hörte Lotti sagen, dass ich noch Cola kaufen könnte. Die Kinder hätten alles weggesoffen und die Bude zugemüllt. Jetzt schon? Es war doch erst Tag drei im Urlaubsparadies. Ich gab mir einen Schubser, verwandelte mich in mich selbst zurück und ging in den Supermarkt.

Bedrohte Identität

Einen Wechsel im Denksystem schaffen die wenigsten ohne einen hilfreichen Schubser. Der Schubser muss für viele einfach sein. Da kann eine Provokation, liebevoll, klug, pointiert, helfen. Dann geht es darum, wirklich zu erkennen, was wir selbst sein wollen.

Nur, was *ist* man selbst? Ein Mensch voller Sehnsucht nach Liebe und Zuwendung, wie ich es bin? Oder ein kastrierter, riesengroßer Rüde wie Luki, der es nicht lassen kann, überall herumzuschnuppern und (trotzdem) bedingungslos geliebt wird?

Man muss vielleicht nur ganz fest daran glauben, dass man geliebt wird. Dann wird man geliebt.

Selbsttäuschung und Glaube

An etwas zu glauben, ist eine menschliche Grundeigenschaft und identitätsstiftend. Aber Glauben und Wissen stehen in einem ständigen Widerspruch, sie können sich gegenseitig bestärken oder sabotieren. Und wenn sie sich gegenseitig sabotieren, dann ist das nicht immer lustig. Denn glauben heißt nicht wissen. Da verstehen manche Menschen keinen Spaß, wenn, statt zu wissen, nur geglaubt wird. Oder umgekehrt, wenn nur der Wissenschaft gefolgt, aber dabei der Glaube an eine höhere Macht ignoriert wird.

Um der Selbstsabotage hieraus vorzugreifen: Auch Wissenschaftler müssen psychologisch an wissenschaftliche Theorien glauben, die valide (gültig) genug sind, sagt der psychologische Wissenschaftler Rainer Sachse.[15] Glauben muss also jeder Mensch, irgendetwas. Aber nur was?

Wissenschafts-Einmaleins

Validität meint, dass eine Aussage einen hohen Wahrheitsgehalt, eine hohe Gültigkeit über die Realität hat. Also sehr wahrscheinlich real ist.[16] Daran kann man demnach gut glauben. Man glaubt, dass es stimmt.

Objektiv ist etwas, wenn verschiedene Erfassungen (viele Messungen), verschiedene Perspektiven (verschiedene Versuche durch verschiedene Personen) zum selben Ergebnis führen.[17] Objektivität ist in wechselhaften (dynamischen) Prozessen (menschliches Denken und Verhalten) schwer zu erfassen, und daher zählt die Validität (Gültigkeit) hier fast mehr

als die Objektivierbarkeit (die Erfassung von Fakten). Was valide, also gültig, ist, kann womöglich auch auf anderes übertragen und verallgemeinert (Generalisierung) werden. Realität, das wird dadurch deutlich, ist ein schwieriges Konstrukt (menschliche Realität ist ein Modell der Realität), daher wird hier viel geglaubt. Realität wird durch Annäherung über Daten (objektive Fakten) und Erprobung (Funktionieren durch zuverlässige Wiederholbarkeit, Reliabilität) erfasst. Je besser das Modell in die Realität passt (Kongruenz, weil die objektiven Daten und Informationen darüber zutreffen und diese gut in der Realität funktionieren), desto eher ist es wirklich real. Je schlechter die objektiven Daten sind und je schlechter diese funktionieren, desto weniger valide sind sie.
Validität und Funktion hilft also, aufzuzeigen, ob es sich lohnt, an etwas zu glauben. Man kann sagen: Funktionieren meine Annahmen über die Realität in der realen Situation, dann werden sie wohl wahr sein. Funktioniert es nicht so gut, dann wird etwas mit meiner Annahme oder mit der Realität nicht stimmen. Dann wird noch einmal neu und noch einmal anders versucht, bis es passt. Passung (Kongruenz) wird erreicht. Dann passt es!

Humorloses Festhalten am Irrglauben

Wer also an nicht funktionierendem und nicht zur Realität passendem Denken und Verhalten festhält, täuscht und sabotiert sich selbst. An dysfunktionalem und irrationalem Denken und Verhalten festzuhalten, ist demnach Selbsttäuschung. Diese Selbsttäuschung muss nicht unmittelbar zur Selbstsabotage führen. Es gibt sogar positive Selbsttäuschungen, die hilfreich sind.

Aber Wissenschaftler sind eher bereit, um positive wie negative Täuschungen aufzulösen, ihre Annahmen zu verändern, wenn Beweise vorliegen, die bisherige Annahmen (Theorien) durch neue Erkenntnisse verändern. So entsteht eine neue, valide Theorie, die die Realität besser beschreibt. Dann kann man die Täuschungen, ob hilfreich oder schädlich, aufgeben. Das bedeutet, die Veränderung der Annahmen und des Glaubens an eine bestimmte Idee über die Realität ist Pflicht.

Was unverändert bleibt, ist der Glaube an die Wissenschaft als umfassende Methode, Realität so gut wie nur möglich durch Fakten und Funktionieren beschreiben zu können. Und sich so gut wie möglich dann für ein hilfreiches und gutes Handeln zu entscheiden. Hält man trotzdem an unvaliden (ungültigen, überholten) Annahmen fest, weil diese einem selbst als sehr bedeutsam (selbst-relevant) vorkommen, kommt es zu Selbsttäuschung. Je krasser die unvalide (ungültige) Annahme ist, desto hartnäckiger und desto größer die Selbsttäuschung. Was zu selbstsabotierenden Handlungen durch Fehlentscheidungen führen kann.

Umgekehrt: Wer nur bezweifelt und an nichts glaubt, betreibt ebenso Selbstsabotage. Es ist also sinnvoll, an etwas zu glauben, das eine einigermaßen gute Theorie ist und ein relativ gut funktionierendes Realitätsmodell, um danach zu leben. Im besten Fall wird man also eine gut bewiesene (valide) Annahme akzeptieren, sich diese zu eigen machen und sie glauben.

Es gibt jedoch noch eine krassere Variante im Glauben: Menschen, die gut bewiesene Annahmen nicht glauben, sabotieren sich auch selbst. Denn je nachdem, wie sehr man etwas glaubt oder eben nicht glaubt, wird dies zu einer persönlichen Orientierung, die als wahr und richtig eingeordnet wird. Wer nun falsche oder irreführende Informationen glaubt (postfaktisches Denken) und Emotionen und eigene Meinungen höher gewichtet als die Funktion von Objektivität und Validität, wird mindestens Täuschung, aber auch Selbsttäuschung und Selbstsabotage betreiben.[18] Denn Außenstehende können beobachten und beurteilen, wie gut Informationen hinzugezogen werden, wie gut daraus Schlüsse gezogen werden, welches Handeln daraus folgt und welche Konsequenzen hieraus entstehen und ob deswegen Selbstsabotage eintritt oder nicht.

Übertragen auf die Debatte im Feld des Narzissmus, stoßen verschiedene Denkrichtungen aufeinander, eine mehr traditionelle, heuristische, psychoanalytische (tiefer gehende) und eine moderne, verhaltenspsychologische, die mehr Verhaltensweisen beobachtet (oberflächlichere). Beide Perspektiven versuchen Narzissmus zu beschreiben, und beide Zugangswege sind berechtigt, wobei aktuell die kognitive (gedankengestützte) Welle in der Erforschung des Narzissmus die Nase vorn hat. Jedoch, und das ist spannend, haben psychoanalytische Zugänge eine genauso gute, wenn nicht sogar etwas bessere Erfolgsrate in der Behandlung des Narzissmus als Störung als rein verhaltensorientierte Zugänge. Eine gute Mischung beider Verfahren scheint die vielversprechendste in der klinischen Narzissmus-Behandlung zu sein.[19]

Diese gewisse Grenze zwischen den beiden »Lagern« der Erkenntnisforschung im Feld des Narzissmus erkennt man am besten durch den Einsatz von Empathie. Was narzisstischen Menschen nicht so leichtfalle, sagt man. Stimmt das? Es soll ja gerade der Mangel an Empathie sein, der narzisstische Menschen selbst sabotiert.

Lotti und Pablo

Am Abend, nach dem Essen und mit Blick über die Golfanlage, erinnerte ich mich an dieses Bauchgefühl bei Jenny. Woran glaubte Jenny? Bereits in der ersten Therapiestunde hatte ich ihre Skepsis gespürt, weil ihr Lächeln nicht so frei gewesen war. Glaubte Jenny denn daran, dass ihre Therapie helfen konnte? Ich hatte mich bemüht, empathisch zu werden, Jenny noch etwas mehr zu verstehen und ihr näherzukommen. Ich hatte sie angelächelt, um sie einzufangen. So wie ich jetzt versuchte, Lotti näherzukommen. Aber irgendwie war da eine unsichtbare Mauer. Eine Abwehr. Einerseits Offenheit, aber dann Misstrauen. Jenny misstraute mir. Lotti misstraute mir. Beide misstrauten mir. Obschon ich so schön lächeln konnte.

»Was ist Empathie für dich?«, fragte ich Lotti beim Abwasch. »Empa-was?«, fragte Lotti mich und klappte die Spülmaschine zu. Sie würdigte mich keines Blickes. Offensichtlich scheiterte unsere Empathie bereits daran, sich gegenseitig zuzuhören und dabei klar und deutlich zu sprechen. Beides gelang aktuell nicht so gut bei uns, analysierte ich präzise. Es war möglich und sehr wahrscheinlich, dass irgendetwas mit unserer Empathiefähigkeit nicht stimmte.

Ich resignierte nicht vollends, denn die Kinder freuten sich riesig, als ich die Coladosen unter den Beistelltisch schob, der unseren Getränkevorrat beherbergte. Ich füllte den Kühlschrank mit zwei neuen Dosen auf. Hier galt die Regel, wer eine Dose aus dem Kühlschrank nimmt, stellt eine warme Dose aus dem Vorrat wieder rein. So ist mindestens immer eine kalt. Aber meine total praktische Dosen-Regel schien niemanden zu interessieren. Sie galt als Ausdruck meines narzisstischen Regelsetzerverhaltens und wurde boykottiert. Also zog ich mich, statt mit den anderen fernzuschauen, auf mein viel zu weiches Bett zurück, klemmte mir alle Kopfkissen hinter den Rücken und dachte etwas angepisst über Empathie nach.

Empathie und Narzissmus

»Der Mensch ist im Grunde ein wildes,
entsetzliches Tier. Wir kennen es bloß im Zustande
der Bändigung und Zähmung.«[1]
Arthur Schopenhauer

Wir kennen sie alle, die Freundin, die vorgibt, sich so wahnsinnig einfühlen zu können in die Unterdrückten, die sich für andere Menschen engagiert und so sehr mitgeht, wenn Leid und Schicksal Menschen trifft, dass sie sich selbst darüber fast vergisst und zu Tränen gerührt ist. Aber wir wissen nicht, ob sie weint, wenn diese Freundin ohne Publikum ist und dann das Leid dieser Welt an ihr abperlt wie an einer mit Teflon beschichteten Pfanne. Wie wäre es, so eine Freundin zu haben, die dann, wenn es darauf ankommt, menschlich zu sein, nur verächtlich den Mundwinkel hochziehen würde, um sich wichtigzumachen? Würde das wirklich guttun?

Menschlichkeit durch Empathie

Der folgende Abschnitt betrachtet die größer dimensionierten Unterschiede, die über die Selbstsabotage und die Sabotage einer Beziehung, also die Selbstsabotage auf der interpersonellen Ebene von zwei Menschen, hinausgehen. Mich interessieren auch die kollektiven Mechanismen, die Massen bewegen und das große Potenzial haben, ganze Gesellschaften etwa in ihrem Humanismus, in ihrem Demokratiestreben oder in den Bemühungen um Klimagerechtigkeit zu sabotieren. Diese großen

Themen unserer Zeit wirken auch hinein in unsere Einzelbeziehungen und ganz tief in unsere eigenen Überzeugungen.

Um nicht selbst unsere eigene Menschlichkeit wegen der ein oder anderen Desinformation zu sabotieren, folgen nun Ausführungen über die individuellen und kollektiven Effekte aufgrund Empathiemangels. Das ist meiner Meinung nach ein relevantes Thema, nicht nur heute, sondern auch für die Zukunft der Menschen hier auf dem Planeten.

Ich finde diesbezüglich sehr hilfreich, gesellschaftliche und persönliche Narrative (Storys) auf ihr selbstsabotierendes Bedrohungspotenzial hin zu prüfen. Denn auch Geschichten können zur Folge haben, dass dabei die menschliche Empathie auf der Strecke bleibt. Solche Sorte manipulativer Geschichten sind scheinbar komplexe Denksysteme (Muster), die aber nur dazu da sind, sich ein eigenes, simples und damit auch stabiles Weltbild zu zimmern. Selbsttäuschung sei Selbstkontrolle, formuliert Rainer Sachse.[2] Dieses einfache Weltbild hat das Potenzial, die Empathie füreinander zu blockieren. Das ist die größte Gefahr hieraus, der Verlust der Menschlichkeit durch den Verlust prosozialer Empathie füreinander. Unsere große, weite Welt befindet sich in dramatischen Konflikten, und wir müssen neu lernen, mit diesen umzugehen. Das geht für mich nur über Empathie. Diese Erkenntnis gewinnen wir allein in unserem kleinen, ganz persönlichen Universum.

Empathie

Empathie ist ein psychologisches Konstrukt aus **Emotion** und **Kognition** und beschreibt die Fähigkeit des Menschen, sich in die Lage eines anderen Menschen hineinversetzen zu können. Das geschieht auf zweierlei Weisen.

Die **kognitive Empathie** findet in der Vorstellung statt. Sie ist darauf begründet, dass sich Menschen ein abstraktes, losgelöstes Bild von sich und von anderen machen können, was das Konzept der »Theory of Mind« beschreibt: Ich kann mir vorstellen, wie es dem anderen Menschen geht.

Dann gibt es eine zweite, die **emotionale Empathie**. Diese ist unmittelbar mit dem emotionalen Erleben verknüpft. Die Annahme ist, dass man direkt spürt, wie es dem anderen Menschen geht: Ich spüre und erlebe, wie es dir geht!

Die emotionale Empathie gilt als die Hauptempathie. Die Wahrnehmung durch emotionale Empathie wird teils von der Vorstellungskraft gelenkt, die die kognitive Empathie bereitstellt. Menschen, die eine gering ausgeprägte Empathiefähigkeit haben, wie es Psychopathen und Narzissten zugeschrieben wird, fehlt es an einer normal ausgebildeten emotionalen Empathie. Es ist also weniger emotionale Empathie da. Hingegen ist ausreichend kognitive Empathie vorhanden, die aber bedarfsweise auch ganz ausgeschaltet werden kann. Wer das von sich weiß, hat schon mal einen ganz wesentlichen Erkenntnisschritt vollzogen.

Menschen sind sehr unterschiedlich zu Empathie fähig. Die Bereitschaft zur Empathie ist ebenso an Gedanken, Überzeugungen und andere mächtige Kognitionen gekoppelt. Denke ich beispielsweise eine einfache Kognition, etwa dass jemandem ein Unglück zu Recht passiert, verspüre ich sofort weniger Empathie. Damit sabotiert man nicht nur seine eigene Mitmenschlichkeit, weil das Mitgefühl reduziert wird, sondern täuscht sich auch noch diesbezüglich, dass es immer eine Selbstverschuldung geben muss, wenn einem ein Unglück geschieht.

Durch so eine Überzeugung reduziert man die eigene Bereitschaft zur Empathie und, so hart es klingt, es geht einem selbst manchmal besser damit. Wer zu viel Empathie spürt, distanziert sich kaum vom Unglück und Leid anderer Menschen, was einen emotional runterziehen kann. Es ist also durchaus sinnvoll, Empathie anzupassen, auch zu reduzieren oder sogar ausschalten zu können.

Diffamierung und Schuldumkehr

Jemandem Schuld zuzuschreiben, ist leider eine der perfidesten Gedankenverdrehungen, und narzisstisch gestrickte Personen betreiben das ständig. Das ist antisoziales Verhalten, das spaltet und die Gräben zwischen Menschen tiefer zieht. Ganz besonders tun es narzisstische Personen, die sich gern schuld- und verantwortungslos zeigen, um sich für ihr eigenes, unsoziales Verhalten aus der Verantwortung zu stehlen. Um sich selbst zu überhöhen, wichtiger zu machen und zu kontrastieren. Wenn andere nicht glauben, was sie vertreten, eine gegenteilige und womöglich eine validere (gültigere, bessere) Meinung haben. Dann wird derjenige herabgewürdigt, diffamiert, beschuldigt und angegriffen. Ohne Auftrag diesen Menschen beizubringen, ihre narzisstische Abwehr zu reduzieren und mal verantwortungsvollere Denk- und Verhaltensweisen einzuüben, ist kaum möglich.

Hierfür ein Gespür zu entwickeln, um diese narzisstische Strategie der Diffamierung und Beschuldigung anderer Personen zu reduzieren, ist eine große kognitive Leistung. Könnte man es hinbekommen, dann wäre die Transformation, in eine neue und andere Art des Denkens zu finden, gelungen. Nur wäre das wie ein Wunder – und ist tatsächlich schwer vorstellbar. Es ist viel einfacher, abweichende Meinungen und Überzeugungen anzugreifen, statt sich mit ihnen auseinanderzusetzen.

Jedoch habe ich schon ein paar Mal gehört, dass ein echtes Wunder geschehen sei – dass nämlich das übertriebene narzisstische Verhalten in ein prosoziales Verhalten überführt werden konnte, nachdem es erkannt und reduziert worden war. Es gibt E-Mails in meinem Account und Anrufe auf meinem Anrufbeantworter dazu. So ein Wunder kann geschehen.

Nur wie? Wie beendet man eine narzisstische Selbstsabotage, die durch narzisstische Empathie entstanden ist?

Narzisstische Empathie

Narzisstische Menschen zeigen die Spezialform der narzisstischen Empathie[3]. Das ist eine bestimmte Form von Empathie, die in ihrer Widersprüchlichkeit viel über das Phänomen Narzissmus aufdeckt. Die sogenannte dissonante Empathie oder Kontrastempathie springt an, wenn man sich narzisstischen Menschen empathisch, prosozial, humorvoll nähert, dann reagieren diese eher skeptisch, verunsichert und mit verächtlichem Spott. Im Extremfall steigen neben Misstrauen auch heftige Wutaffekte in ihnen auf, obschon man sie bewusst freundlich, offen und interessiert anspricht.

Man findet diese Kontrastempathie bei sogenannten antisozialen Persönlichkeitsstilen und auch bei der narzisstischen Persönlichkeitsstörung.

Wer narzisstische Empathie hat, so die forschenden Psychologen, bemerkt und versteht den anderen durchaus nah und empathisch, reagiert aber widersprüchlich mit distanzierenden Affekten. Mit Misstrauen. Als wäre die empathische Nähe zu einem anderen Menschen stark verunsichernd und zumindest irritierend. Narzisstische Empathie weckt konkurrierende, trennende Affekte. Forscher sprechen auch von einer »narzisstischen Empathie-Dissonanz«. Statt Mitgefühl, Sorge oder ein Bedürfnis zur Unterstützung wie Trost spenden wahrzunehmen, wenn dem Gegenüber ein Leid zugestoßen ist, spüren Menschen mit narzisstischer Empathie wenig Verständnis dafür und reagieren mit Hohn, Spott und Schadenfreude.

Empathie nutzen oder missbrauchen

Empathie kann, wenn sie gut funktioniert, positiv genutzt oder missbraucht werden. Empathie kann in prosoziale und antisoziale Verhaltensweisen kanalisiert werden. Antisozial wäre es, wenn wir in einem anderen Menschen erkennen, wie es ihm geht, seine Schwächen, Mängel und Unzulänglichkeiten erkennen und ihn dann an seinem Schwachpunkt angreifen, statt ihm darin zu helfen, den Schmerz nicht zu spüren und den Schaden nicht zu erleiden. Empathie kann also beides. Die Fähigkeit des Menschen zur Empathie, also in der Vorstellung oder im Fühlen die Lage des anderen nachzuvollziehen, ist allein noch keine Garantie für freundliches oder für sozial unverträgliches Verhalten.

Jedoch: Nur wer sich grundsätzlich einfühlen kann, wird die Schwachstellen des anderen erkennen. Ich kann mit einem Klienten über seine Schwachstellen lachen, das ist passend. Ich sollte aber nie *über* den Klienten lachen, das wäre herabsetzend und entwürdigend. Beides wird ermöglicht durch Empathie. Die haltende Nähe und die Verletzung der Würde ist beides nur durch die Voraussetzung von Empathie möglich. Einmal ist Empathie zugegen, im anderen Fall zieht sie sich zurück oder wird verweigert.

Tipp-Box
Selbstmitgefühl gegen Selbstsabotage

- **Kultiviere viel mehr Selbstfreundlichkeit und behandle dich wie etwas sehr Kostbares, und merke: Dich gibt es nur ein einziges Mal auf dieser Welt.**
- **Zeige mehr Menschlichkeit dir selbst gegenüber und spüre, horche und fühle in dich hinein.**
- **Übe dich, durch besondere Zugänge in der Stille schweigsam und achtsam deine Gedanken, Gefühle und Geschich-**

ten in dir wahrzunehmen (z. B. durch Achtsamkeit basierte Übungen und Meditation).
- **Setze in schwierigen Zeiten dir selbst gegenüber hilfreichen Gesten ein wie Trost, emotionale Unterstützung, empathische Haltung.**
- **Finde ein passendes, kongruentes, nicht stressmachendes Gleichgewicht zwischen Belastungen des Alltags, der täglichen Ladung an beruflicher Arbeit, den notwendigen Veränderungen und deiner Motivation hierzu.**

Lotti und Pablo

Wir standen in den kommenden Urlaubstagen recht früh auf, so um neun, halb zehn. Ich ging verquollen, noch leicht schlaftrunken in die Wohnküche und Lotti ins Bad. Luki sprang vom Bett, in der Hoffnung, als Erster Futter und seine Pinkelrunde zu bekommen. Ich beachtete ihn vorerst nicht, drückte die Kapsel mit dem Kaffeepulver in den Kaffeeautomaten und haute zwei Eier in die Pfanne.

Lotti kam wieder aus dem Bad. Sie war heute anders, stiller.

»Die ersten 800 Kilometer hatte ich überlegt, ob ich überhaupt mitkomme«, sagte sie mir plötzlich und mit regloser Miene, als sie sich ruhig neben mich stellte und sich Orangensaft in das kleine Frühstücksglas eingoss.

Ich unterbrach das Frühstückmachen. Das Rührei brutzelte in der Pfanne. Die Dunstabzugshaube surrte. Die Kinder schliefen auf den Aufklappsofas vor der Küchenzeile. Überall lagen leere Coladosen. Lotti hatte gerade etwas gesagt. Was hatte Lotti da gesagt? Es war halb zehn Uhr morgens. Ich wollte meinen richtig guten Start in den Tag haben. Aber was hatte sie da gesagt? Ich sah sie an. Forschend. Erstaunt. Nachdenklich.

»Dann«, sagte sie etwas ernster, »dann hab ich gedacht, es liegt an mir, dass ich nicht mitwill.«

Bitte was? Woran lag was? Nicht mitkommen? Das lag an ihr?

»Weil du ja gar nichts gemacht hast!«, stieß Lotti plötzlich belustigt aus.

Sie fand, ich habe nichts gemacht. Sie hatte selbst keine Lust? Sie machte sich lustig?

»Und dann«, gluckste sie, »hab ich mir überlegt, dass du eigentlich doch ganz nett bist.«

Und da lachte ich stoßweise aus. Ha! Danke auch! Lotti kämpfte mit ihrem zurückgehaltenen Grinsen. Fassungslos fragte ich: »Warum hast du das gedacht?«

Lotti, plötzlich von ihrer frappierenden Ehrlichkeit gepackt, riss sich noch kurz zusammen. Aber aus ihren Augen spritzten bereits Spott und Ironie. Dann gab sie nach und verlor vollständig ihre norddeutsche Selbstbeherrschung. Alles kam raus: »Ich konnte dich nicht ertragen!!« So. Jetzt war es raus. Mich? Nicht ertragen? Ha! Was, mich!? Das traf.

»Was, mich?«, fragte ich ratlos, betroffen und schmerzlich überrascht. Wie konnte man mich nicht ertragen? Das war unmöglich bis undenkbar. Mich?

»Ja, ich weiß auch nicht …«, stammelte Lotti. Und dann fing sie unter fließenden Tränen herzhaft an zu lachen. Hilflos und ausgeliefert lachte sie über sich, über mich, über meinen Gesichtsausdruck und über diesen Moment.

Was, bitte war hier so befreiend komisch? Ebenso hilflos lachte ich plötzlich mit, angesteckt vom aufblitzenden Irrsinn und bekleckert von hochspritzender, nackter Wahrheit. Ja, es war so wahr, so unerträglich wahr, und jetzt war es raus! Lottis Gefühle hatten sich explosionsartig befreit!

Und ich hatte verstanden. Verstanden, wie sehr Lotti mit sich gehadert hatte, gemeinsam mit mir in den Urlaub zu fahren. Verstanden, wie sehr sie sich damit abmühte, ihren Groll über mich zurückzuhalten. Verstanden, wie sehr sie sich darum bemühte, mich und uns alle damit zu verschonen. Ich verstand sie und liebte sie plötzlich umso mehr. Wie schön konnte es sein, sich die unbequeme Wahrheit zu sagen, ohne darüber zu verzweifeln. Sondern um darüber zu lachen, um sich zu befreien! Das musste doch wahre Empathie sein. Oder, weil darin so viel Spott lag, war es doch keine Empathie? Warum lachten wir in der Situation denn so ausnahmslos verrückt?

Ich verstand Lotti, es musste wohl furchtbar an meiner Seite sein, und sie verstand mich, zu verstehen, wie ich verstand, dass ich furchtbar war, und zu verstehen, dass sie das gerade wirklich gesagt hatte, und zu verstehen, dass sie sich traute, das zu sagen und damit ungestraft davonkam, weil es ja die Wahrheit war. Das zu verstehen war furchtbar überraschend für mich!

Sie hatte in dem Moment der Wahrheit schon Mitgefühl und auch Mitleid mit mir. Aber sie lachte sich darüber kaputt, dass sie mich bemitleidete und zugleich in den Boden rammte! Sie konnte beides! Und sie konnte auch darüber lachen, dass sie sich im selben Augenblick getäuscht hatte, weil ich ihr keinen Grund geliefert hatte, wirklich so furchtbar zu sein.

Was stimmte also mit Lottis Wahrnehmung nicht? War sie verrückt geworden? War ich es? Wieder kippten wir in den völligen Kontrollverlust und ein weiterer Lachflash der besonderen Art löste den vorherigen übergangslos ab. Wir konnten miteinander ehrlich, empathisch, zynisch, ironisch und sadistisch zugleich sein! Wie herrlich war das denn?! Und vor allem, was war das? Was hatten wir mit unserer Empathie hier angestellt? War das pervers? Obszön? Verdreht? Narzisstisch? War das narzisstische Empathie?

Kontrastempathie

Ist narzisstische Empathie tatsächlich so erfrischend anders? So wie Lotti sie hier auslebte? Und ich darauf einstieg, voll Vergnügen?

Der narzisstische Empathiemangel ist ja legendär. Aber war es gestört, positive und negative Gefühle gleichzeitig zu spüren und diese auch noch zu einer emotionalen Waffe zu verquicken? Völlig normal ist es, widersprüchliche Gefühle gleichzeitig zu spüren. Trauer und Freude. Angst und Lust. Schmerz und Liebe. Aber gibt es diese spezielle Kombination narzisstischer Empathie? Die auch böse sein kann? Mitgefühl und Spott zugleich? Gibt es sie?

Nicht nur, dass Menschen ihre Empathie je nach Zweck ein- und ausschalten können, eine bestimmte Sorte narzisstischer Menschen neigt sogar dazu, die eigene Empathie nicht ertragen zu können und sie darum narzisstisch abzuwehren!

Das ist ein echter zwischenmenschlicher Kontrast, so nach dem Motto: Ich ertrage meine eigene Empathie nicht! Igitt, ich bin ja empathisch …

Lotti und Pablo

»Ich bin doch nicht naiv! Wie soll ich mich, deiner Meinung nach, denn so schnell und auf einmal verändern und aufgeben, was ich vordergründig bin? Lass mir meine hübsche Fassade!« Diesmal sprach ich mit Johannes über FaceTime. Wir machten so etwas wie eine Shuttle-Paartherapie. Mal Lotti, mal ich eine Stunde mit Johannes. Johannes aber schien mit uns beiden ernsthaft frustriert. Er resümierte, wenn sich jemand selbst retten kann, dann seid das doch ihr! Ihr mit euren Kompetenzen. Du als dieser Therapeut und Carlota als diese Anwältin. Ihr habt doch Kompetenzen?

Ich ging davon aus. Aber man kann sich ja bekanntlich selbst so schlecht beraten. Also, Johannes, bitte einen Tipp. Er wusste, Bedürfnisse und Motive bleiben nicht gleich. Was man mit zwanzig wollte, das will man mit fünfzig nicht mehr. Aber man kann sich selbst betrügen, wenn man davon ausgeht, immer zuverlässig, immer verständnisvoll und immer hilfsbereit zu sein. Johannes fragte, ob wir schon zusammen Golf spielten. Nein. Ich werde niemals Golf spielen. Ich sagte es und legte auf.

Empathie-Streik

Um Empathie auszuschalten, braucht es bestimmte Kognitionen wie ein »Das geschieht dir nur recht! Selbst schuld!«. Man kann sich also mit einer guten Portion narzisstischer Empathie über den Schaden der anderen ausschweigen, sich darüber amüsieren und sogar Spott statt Mitgefühl ausdrücken. Damit wird nachvollziehbar, wie es dazu kommen kann, dass uns unser Lieblingsnarzisst nah an sich heranlässt, uns dann aber mit seinem (oder ihrem) herabwürdigenden Spott trifft. Er trifft, weil er uns wichtig und nah ist. Man kann Empathie nicht nur abschalten, sondern auch missbrauchen, um in diese Falle zu tappen.

Empathie ist also für sich genommen mehrfach einsetzbar. An diesem Beispiel wird wieder deutlich, dass jede gute menschliche Eigenschaft auch missbraucht werden kann. Der für mich persönlich sehr lesenswerte Philosoph Fritz Breithaupt stellt klar, dass Empathie sogar die Voraussetzung für bösartiges Handeln sei.[4] Wer weiß, wo es dem anderen wehtut, nutzt dafür Empathie. Werden Sie also präzise getroffen, dann wissen Sie: Ihr Gegner hat sich in Sie hineingedacht und einen gezielten empathischen Schlag vollzogen.

Empathie-Sabotage durch einfache Kognitionen

- Scheinbegründung durch Rationalisierung, auch wenn es dafür keine Belege gibt: »Das wird jetzt vernünftigerweise so getan.«
- Nachgeschobene, weitere Rationalisierung, wenn die erste Scheinbegründung nicht ausreicht: »Das haben wir schon immer so gemacht.«
- Verantwortungsdelegation: »Das ist halt deine Sache.«
- Straftendenz: »Das gehört bestraft!«
- Grandiositätserleben: »Ich kann mir das leisten, weil ich großartig bin!«, »Ich habe Besseres zu tun.«
- Täter-Opfer-Umkehr: »Selbst schuld!«
- Negierung: »Das stimmt nicht«, »Das ist nie passiert.«
- Rechtfertigung: »Das passiert dir zu Recht!«
- Oberflächlichkeit: »Kein Interesse.«
- Dehumanisierung: »Das sind keine Menschen. Das sind Tiere.«
- Aufmerksamkeitsbezogene Impulse: »Schau mal! Ich mache jetzt was ganz anderes und lenke mich ab!«
- Leistungsaspekte: »Ich muss das gut machen!«

Lotti und Pablo

Vermutlich konnten wir beide nur kurz den Empathie-Streik durchalten. Es brauchte ein paar Tage der Inkubation, bis sich unsere Gefühle durchsetzten und die Kruste des Grolls sprengten. Wir beide merkten, wie schön es war, sich hierüber wieder anzunähern und diese Wahrheit zu teilen. Wir beide konnten das. Vielleicht hat uns das die ganzen Jahre gut zusammengehalten. Jeder machte so sein Ding, man begegnete sich und begann, den anderen etwas tiefer wahrzunehmen und zu spüren. Dann reagierte etwas in einem, auch sehr heftig, und die Affekte entluden sich. Im Angesicht des Gefühlssturms dann zu entscheiden, gemeinsam zu lachen – das war diese Größe, die wir draufhatten. Statt uns gegenseitig zu zerfleischen. Egal, was wir dachten.

Dabei kann Selbsttäuschung durch arrogante Selbstüberhöhung und durch masochistische Selbstherabwürdigung gleichermaßen entstehen. Manche Paare entwickeln sich so. In beiden Fällen wird dadurch die prosoziale Empathie und die freundliche Selbstempathie blockiert. So mündet eine narzisstische Denkweise irgendwann auch in eine selbstsabotierende Verhaltensweise. Grandiose Narzissten können großartige Erfolge einfahren, aber ebenso großartige Niederlagen produzieren, auch in Beziehungen.

An diesem Nachmittag entschieden wir, alle gemeinsam an den Strand zu fahren. Die Costa Brava mit ihrem Dauerwind, dem Levante, bot uns ein wunderschönes Schauspiel. Die Kinder saßen mit ihrer Pizza auf einer Bank, fernab vom Ufer, während Lotti und ich in den Wellen wie Teenies plantschten und den Moment genossen.

Großartigkeiten und damit ziemlich auffällige Verhaltensweisen sind sichtbare Ereignisse, die sich auftürmen wie Wellen, die hochstehen auf der aufgewühlten Oberfläche eines Ozeans, um auszurollen und am Korallenriff weit vor der Küste, oder wenn die Wellen auf Land treffen, an den Felsen zu zerschellen.

Menschliche Charaktereigenschaften gibt es wie Wellen im Meer, dachte ich, als ich weit hinaus schwamm. In jeder Größe und Form. Da können viele kleine, rollende Wellen sein, oder es kann auch eine einzige große Welle sein, die sich wie ein Tsunami aufbaut und auf die Küste zurollt.

Wellen erscheinen mir als schönes Sinnbild für die Bewegungen der menschlichen Psyche zu sein. Sie symbolisieren die Höhen und Tiefen menschlichen Erlebens und brechen immer dann, wenn sie größer werden, sich überhöhen und deutlich über die anderen, kleineren Wellen erheben. Wellen brechen auch immer an der Krone und an den Rändern. Sie brechen am höchsten Punkt oder wenn sie auf etwas treffen. Sie brechen am Küstenstreifen, im Kontrast und an Hindernissen.

Um Empathie zu schulen, ist von großer Bedeutung, den eigenen Tiefensinn auszubilden, also mit sich selbst in einen guten Kontakt zu kommen.[5] Wer das nicht hinbekommt, erkennt sich selbst nicht in der Tiefe seines Seins. Der kennt seine eigenen innersten Konflikte nicht, der spürt sich nicht selbst, der weiß nicht wirklich, was die eigenen Bedürfnisse sind, die man womöglich zurückhält. Das ist Selbstsabotage. Nur, um anderen zu gefallen oder nicht zurückgewiesen zu werden. Das waren solche irrationalen Annahmen, die ich über die Welt und über meine Ehe hatte. Also wollte ich mich erst mal wieder selbst mehr spüren lernen. Und kämpfte mich auf einen schwimmenden Ponton aus großen Quadern aus Kunststoff, kletterte mühsam über eine kleine Leiter hinauf. Von hier konnte man sehr schön auf das Ufer blicken. Ein paar wenige Sonnenschirme. Kaum Touristen. Nur Einheimische. Ein kleines Restaurant, der Chiringuito. Dort würden wir später noch etwas trinken gehen.

Ich dachte mir, wie das Land diesen gewaltigen Kontrast einer äußeren, harten Realität symbolisiert, an der sich die Wellen der Seele immer und immer wieder abarbeiten, wenn sie laut und tosend anbranden. Vielleicht ist das ein Grund, warum uns Menschen, wenn wir uns an den Strand stellen und auf das Meer blicken, immer solche existenziellen Gedanken kommen. Von meinen narzisstischen Klienten, die sich ans Meer stellen, bekomme ich immer wieder ähnliche Rückmeldungen. Als würde sich ihr eigenes Ego mit der Naturgewalt der Wellen und des Meeres messen wollen. Als spiegele sich da etwas in ihnen, das sie tief in sich bereits kennen. Die Naturgewalt, die alles verändernde, innere Kraft, die tief in ihrem eigenen Narzissmus steckt.

Ich spürte da mal bei mir selbst hin. In mir war Ruhe. Zwischen den heftigen Atemzügen, weil ich mich doch etwas überanstrengt hatte im Meer, war immer mehr Ruhe. Hier saß ich nun, allein, und begann, ganz dem leichten Auf und Ab der Wellen hingegeben, in eine angenehme Entspannung zu gleiten.

So ein in sich ruhendes Meer, das sich gemächlich auf und ab bewegt und nur kleine Wellen an den Küsten wirft, ist ein friedvoller und gelassener Normalzustand. Während der größte Teil der Psyche also oft nur so daliegt, findet das meiste Wellenspiel an den Rändern des Ozeans, an den Küsten statt. Ein Spektakel, wenn große Wellen aus ihrer Tiefe heranrollen und am Küstenstreifen laut und tosend krachen.

Das psychische Meer ist zudem Wind und Wetter ausgesetzt. Es sind Naturgewalten, äußere Faktoren, die das Meer aus der Ruhe bringen können.

Und unter der scheinbar ruhigen Wasseroberfläche liegt ohnehin immer eine undurchdringbare Tiefe, die sich dem bewussten Zugriff von der Oberfläche entzieht. Es gibt sogar unbeschreibliche Tiefen, die für Sprache und für das Bewusstsein nicht erreichbar sind. In diesen Tiefen des Ozeans der Seele liegt das, was wir uns als das Unbewusste erklären. Darin verortet sind automatische Regungen und Impulse, tiefe Überzeugungen und Geschichten, innere Motive, die einem nicht bewusst sind, die aber dennoch irgendwie auf die Oberfläche und die Form des Ozeans der Seele wirken.

Im Unbewussten schwebt allerlei herum. Das können unbewusst zurückgehaltene Bedürfnisse sein oder unbewusste narzisstisch motivierte Annahmen und Erwartungen. Die sich ab und zu zeigen, wenn das Meer in Bewegung kommt und sie Auftrieb bekommen und nach oben gespült werden. Wenn es stürmt. Oder wenn der Tidenhub sehr stark ist, weil der Mond mit seiner Schwerkraft und andere unsichtbare Kräfte an den Wassermassen ziehen. Oder wenn sich Unterwasserströmungen auf das Land zubewegen, Wassermassen in Wallung bringen oder sich weit aufs Meer zurückziehen und in tiefe transozeanische Spalten in ewiger Dunkelheit absinken. Diese können einen mitreißen und ertrinken lassen.

Selbstreflexion über den eigenen Sinn des Lebens
Welche coolen Prinzipien rocken mein Weltbild?
Warum rocke ich das, was ich rocke?
Welche abgefahrenen Dinge bringen mein Herz zum Tanzen?
Welches sind meine persönlichen Superkräfte?
Welche Dinge zaubern mir ein Grinsen ins Gesicht?
Warum mache ich die Dinge, die ich mache – außer, weil Kaffee existiert?
Warum führe ich das epische Abenteuer meines Lebens?
Warum mache ich hier auf Planet Earth mein eigenes Ding?
Welche Abenteuer möchte ich in meinem persönlichen Buch des Lebens erleben?
Welche fantastischen Taten möchte ich noch vollbringen?
Welche fiesen Dämonen blockieren meinen Weg?
Welcher Schabernack bremst mich aus?
Warum bin ich der Regisseur meines Lebens, und warum spiele ich nicht die Hauptrolle in einer intergalaktischen Komödie?
Was steht auf meiner »To-laugh«-Liste?
Wie soll meine Lebensstory abgehen?
Wie werde ich der Star in meiner eigenen Lebensgeschichte?
Welche epischen Geschichten erzählt mein Lebensfilm?
Wenn ich in den Rückspiegel schaue, sehe ich ein Leben, erfüllt und vollkommen?

Wir sehen, erkennen und bemerken diese Bewegungen der Seele nur, wenn die Wellen brechen. An der Oberfläche können wir die Bewegungen der Untiefen nicht einmal erahnen. Wenn einem bewusst wird, wie ihre Richtung, Kraft und Macht wirksam ist, dann ist es vielleicht bereits zu spät. Diese Wellen und Strömungen können Schiffe zum Kentern und Küstenstreifen zum Einbruch bringen. Denn im Sturm werden diese Wellen der Seele haushoch, und wenn sie dann auf die harte Realität anbranden, treffen sie. Wenn sie mit Gewalt und aller Macht auf einem anderen Stoff anbranden, einem Strand oder einer Steilküste, dann verändern sie das Antlitz der Welt. Wenn die Bewegungen der Seele an ein Hindernis oder eine Wand anschlagen, dann zerren und reißen sie daran.

Nach einem kleinen Erholungsschlaf stand ich auf dem wackligen Ponton langsam auf, fand nur kurz stehend mein Gleichgewicht und stürzte mich elegant mit einem Kopfsprung in die Tiefen des Mittelmeers. Dort tauchte ich ein paar Meter tief und ließ mich am tiefsten Punkt treiben. Ich ließ die ganze Luft aus meinen Lungen heraus und sank noch etwas tiefer. Jetzt nur schweben. In Schwerelosigkeit. Durch Fischschwärme. Über welligen Sandboden. An einer kleinen Qualle vorbei. Ich hatte keine Angst. Ich war zutiefst mit der Natur verbunden. Ich war eins mit ihr. Sie hatte mich und ich hatte sie. Ich war geborgen und glücklich. Hier hätte ich loslassen können. Hätte mich eine Strömung gepackt oder eine Welle weit hinaus aufs Meer gezogen – ich wäre mitgegangen. Es war eine tiefe, existenzielle Erfahrung für mich. Bis ich mich mit ein paar kräftigen Armzügen wieder nach oben schaufelte. Und oben, kurz bevor ich mein Bewusstsein verlor, auftauchte und nach Luft schnappte. Das Schwimmen gegen die Strömung zurück zum Strand und in den Chiringuito war dann der belohnende Abgang. Tag fünf war mein erster guter Urlaubstag.

Wellen der Seele

Unsere Gedanken und Gefühle kann man sinnbildlich als Wellen der Seele bezeichnen, die spontan und ungesteuert in unser Bewusstsein spülen. Das gilt für alle vorstellbaren Wellen. Da gibt es viele normale, alltägliche und herkömmliche Wellen. Die in einem gewöhnlichen Alltagsnarzissmus so vor sich hin plätschern. Aber einige dieser narzisstischen Bewusstseinswellen, die sich bereits etwas mehr von der Realität verabschiedet haben, führen hinein in den manifesten, psychotischen Wahnsinn und treiben einen, wie in einem Boot, umhüllt von narzisstischen Gedanken eigener Prächtigkeit davon.

Wie sehr man sich von eigenen unbewussten Narzissmen davontreiben lassen kann, beschreibt nicht nur der klassische Mythos um Narcissus, der in der laufenden Narzissmus-Debatte nun jedem bekannt sein sollte. Auch der Mythos um Dädalus und Ikarus ist eine Parabel auf den Narzissmus. Dädalus warnte Ikarus davor, zu nahe an die Sonne zu fliegen, weil das Wachs seiner künstlichen Flügel dann schmelzen würde. Aber Ikarus, von seiner neuen Freiheit, fliegen zu können, schier begeistert, wollte immer weiter, hörte nicht auf Dädalus und flog viel zu hoch. Das Wachs seiner Federn schmolz, die Flügel zerfielen, und Ikarus stürzte ins Meer.

Auch das interessiert mich wahnsinnig: Wie weit kann man sich durch bestimmte Gedanken von einer Realität lösen und sich in eigenen, irrationalen Gedanken in irrationalen Höhen des Wahnsinns verlieren? Oder im Mittelmeer ertrinken, weil man denkt, man könnte kurz mal wie ein Perlentaucher die Luft anhalten? Und das, ohne dass ein Psychiater sagen würde, das ist verrückt.

Landen wir dennoch regelmäßig in Konflikten, ohne verrückt zu sein, was dann? Dann hilft zunächst zu verstehen, was ein Konflikt ist und wie dieser in einem selbst funktioniert.

Konflikt und Dilemma

Im **Konflikt** stehen sich entgegengesetzte Absichten oder entgegengesetzte Lösungswege bei gleichen oder unterschiedlichen Bedürfnissen gegenüber. Ein Konflikt kann innerpsychisch wirksam sein, wenn zwei innere Bedürfnisse sich widersprechen und Unentschlossenheit einen sabotiert. Auch zwischenmenschlich kommt es deswegen ständig zu Konflikten, die man auflösen könnte, aber sich häufig schwer damit tut. Weil man nicht weiß, wie.

Wichtig: Meinung und **Sachlage** (Fakt) dürfen im Streit nicht verwechselt werden, denn es sind inkompatible Diskussionsebenen.

Lösungen: Konflikte löst man mit einem Kompromiss. Jede Seite muss lernen, etwas einzulenken und etwas aufzugeben. Daher fühlt es sich nicht immer gut an, auch wenn man auf dem Weg ist, etwas Richtiges zu tun. Psychologische Konflikte sind am besten mit einem Kompromiss lösbar.

Im **Konsens** sind sich alle schnell einig. Im **Konsent** wird eine vorgeschlagene Idee ohne bessere Alternative von allen gestützt.

Dissens ist, wenn keine Einheitsentscheidung vorliegt.

Wichtig: Weder Konsens noch Konsent schützen vor Fehlentscheidungen, denn oft gibt es zu viele Jasager und zu oft Bestätigungsfehler, die nur die eigenen Annahmen bestätigen.[6]

Ein **Dilemma** ist ein besonders komplizierter Konflikt, für den es keine guten Lösungen gibt. Jeder Lösungsweg hat erhebliche Nachteile, die in Kauf genommen werden müssen. Mögliche Lösungen fühlen sich auch irgendwie »falsch« an, aber was will man machen? Sich gar nicht zu entscheiden oder nur einen Teil des Dilemmas zu beklagen, hilft nicht.

Zur Lösung eines Dilemmas stellt man positive Emotionen zurück, mit Blick auf eine zeitnahe Beendigung des Dilemmas. Lieber ein Ende mit Schrecken als ein Schrecken ohne Ende, sagt das Sprichwort. Die Lösung ist hier der »beste Fehler«, um Paul Watzlawicks berühmte Aussage zu zitieren. Durch das Dilemma trägt einen meist eine positive Absicht, eine optimistische Idee, die einen motiviert, dranzubleiben, trotz Rückschlägen, und vor Negativität besser schützt. Menschen nennen diese optimistische Idee manchmal auch »Hoffnung«.
Im psychologischen Dilemma erhält eine Pseudolösung das ursprüngliche Problem aufrecht. Typischerweise ist das Problem eine irrationale Befürchtung (negative Illusion, irrationale Angst), die Symptome (Stressreaktion) produziert, die man unterdrückt, für die man sich schämt, die man vermeiden will und an denen oberflächlich herumgedoktert wird (Pseudolösung). Psychologisch löst sich das Dilemma tatsächlich erst auf, wenn die Pseudolösung aufgegeben wird, die irrationale Befürchtung und die damit verknüpften körperlichen Missempfindungen (Symptome) in einer realen Situation in Kauf genommen und tatsächlich durchlebt werden und sich als weniger schlimm als erwartet entpuppen. Dann löst sich Symptom, Pseudolösung, Herumdoktern und das Dilemma mit einem Mal auf. Das Problem und die dem Problem zugrunde liegenden irrationalen Annahmen verschwinden.[7]
Wichtig: Lernen, wie man Konflikte hilfreich angeht, schützt vor Selbstsabotage. Eine effektive Maßnahme, Konflikte zu vermeiden, besteht darin, das vorhandene Wissen vor einer Aktivität umfassend zu teilen. Dies fördert das Verständnis für unterschiedliche Perspektiven und minimiert Fehler aufgrund von unausgesprochenen Missverständnissen.[8]

Abwarten und Tee trinken

Abwarten. Ich löse meine Dilemmata manchmal durch Abwarten und Aushalten. Denn es kann auch ein Fehler sein, sofort nach der Lösung zu suchen und einen Lösungsweg voreilig zu beschreiten. Das kann auch in die Selbstsabotage führen.

Watchful waiting ist eine Superpower. »Wachsames Abwarten« kommt aus der Krebsbehandlung und wird auch als »aufgeschobene Behandlung« oder »symptomgesteuerte Behandlung« bezeichnet. Es ist eine aktive Entscheidung, den Patienten nicht zu behandeln, sondern ihn genau zu überwachen. Wenn der Tumor klinisch mit oder ohne Symptome fortschreitet, wird mit der Behandlung begonnen.[9]

Wachsames Abwarten und Tee trinken, auch mit sich selbst. Nicht jagen lassen von den Symptomen und den eigenen irrationalen Annahmen. Denn wir kennen nicht alle Wirkfaktoren, die ein Problem und einen Konflikt aufrechterhalten. Zu viel läuft außerhalb unserer Wahrnehmung ab. Bleibt das Symptom länger oder nimmt es sogar zu, dann lohnt es sich, an eine Lösung zu denken und diese aktiv zu verfolgen. Vielleicht hat man auch selbst in der Zeit des aufmerksamen Abwartens ein paar neue, bessere Einfälle, die sich als viel sinnvollere Lösungswege anbieten. Auf die man nie gekommen wäre, hätte man voreilig entschieden. Nur wie, wie schaffen wir es, uns Gutes zu tun, statt, vor lauter irrationaler Unlust oder irrationaler Sorge, zu spät zu handeln oder zu sabotieren?

Die Lösung liegt darin, uns selbst noch viel besser kennenlernen zu müssen. Unsere eigenen, irrationalen Annahmen inklusive. Das ist schmerzliche Selbstempathie und zentraler Teil der inneren Arbeit.

Irrationale, optimistische Lösungswege

Die erste wichtige Information hier ist, dass irrationale Annahmen auch eine Superpower sind. Irrationale Annahmen können einen ins Verderben bringen, aber auch daraus retten. Es ist nachgewiesen: Positive Illusionen fördern psychische Gesundheit, darunter die Fähigkeit, sich um andere zu kümmern, die Fähigkeit, glücklich und zufrieden zu sein, und die Fähigkeit, produktiv und kreativ zu arbeiten.[10]

Die Strategie der irrationalen positiven Idee (Illusion) ist deswegen bei Menschen so erfolgreich, weil sie wie ein Schutzfilter für Negativinformationen dient. Durch optimistische Illusionen wird das eigene Denken, Wahrnehmen und Handeln in eine positive Richtung verzerrt. Negativinformationen werden in Relation zur optimistischen Überzeugung klein und als relativ unbedeutend wahrgenommen. So bleibt einem die positive Sicht auf das Leben erhalten und macht einen besonders anpassungsfähig, wenn es mal schwieriger wird.

Und nun kommt die gute Nachricht: Es liegt in uns, optimistisch in die Welt zu blicken! Wer keiner irrationalen, optimistischen Illusion nachhängt, wäre demnach nicht normal. So die Wissenschaft. Auch wenn es abwegig ist, irrational und bekloppt klingt: Positive Illusionen sind menschlich normal! Also gesund! Irre und bekloppt? Ja? Also lass es uns tun!

Optimismus immunisiert unser Glück.[11] Also, *let's do it!* Optimistische Menschen haben eine höhere Lebensqualität, Optimismus fördert einen gesünderen Lebensstil, besseres Adaptionsverhalten, mehr Flexibilität, mehr prosoziale Empathie, mehr Problemlösungsfähigkeit und effizientere Verarbeitung negativer Informationen.[12]

Man würde kritisch meinen, Optimismus würde durch die Furchtbarkeiten des Lebens ständig enttäuscht. Hier hilft diese optimistische Selbsterkenntnis weiter: Weil der Hang zum Negativen sowieso in uns angelegt ist, braucht es *vier* positive Kognitionen (Gedanken oder Erinnerungen), um *eine* negative Information zu neutralisieren.[13] Zur Selbstrettung vor Negativität hilft also diese **4:1-Regel** von Roy Baumeister.

Zusätzlich zum unbelehrbaren Optimismus braucht es die doppelte Strategie der optimistischen Erwartungslosigkeit. Sowohl optimistisch sein als auch nichts erwarten. Denn wer nichts erwartet, wird auch nicht enttäuscht. Das, finde ich, ist die perfekte Doppelstrategie fürs Leben.

Optimistische Erwartungslosigkeit

Meine liebste Haltung trägt einen scheinbaren Widerspruch in sich. Zwei scheinbar gegensätzlichen Elemente setzen ihn zusammen:

- **Optimismus:** Der Optimismus bezieht sich auf eine positive Erwartungshaltung, Hoffnung und den Glauben an positive Ergebnisse oder Entwicklungen in der Zukunft.
- **Erwartungslosigkeit:** Erwartungslosigkeit bedeutet das Fehlen von Erwartungen oder das Nicht-Setzen von bestimmten Erwartungen hinsichtlich eines zukünftigen Ereignisses.

Mit dieser Einstellung ist man positiv gestimmt und hofft auf das Beste, gleichzeitig geht man offen und ohne feste Erwartungen auf zukünftige Ereignisse zu. Man freut sich auf positive Ergebnisse, aber gleichzeitig ist man bereit, sich an Veränderungen anzupassen, ohne durch vorher festgelegte Erwartungen eingeschränkt zu sein. Das ist eine flexible und offene Haltung gegenüber den Unwägbarkeiten der Zukunft und bewahrt einen vor zu viel Negativismus.

Aber, der Wermutstropfen kommt sogleich, man kann sich gehörig selbst sabotieren, wenn man völlig unkritisch, nur optimistisch gelenkt, Entscheidungen trifft. Die optimistische Haltung ist also mehr eine Geisteshaltung, die einen vor emotionaler Negativität schützt und damit vor der emotionalen Selbstsabotage. Aus realen Problemen muss man dann doch realistisch herauskommen, falls man darin steckt, und nicht hoffen, dass einen der Optimismus allein rettet.[14]

Innere Keksdose gegen Selbstsabotage

In der inneren Arbeit mit uns selbst hilft nicht nur eine innere Haltung, sondern auch sehr, eine Keksdose zu haben. Eine in der Vorstellung erzeugte Keksdose, keine reale. Diese imaginierte innere Keksdose ist voller eigener, positiver Kognitionen (Gedanken und Erinnerungen). Ein Keks ist eine optimistische Kognition. Diese Kekse sind Erinnerungen an kleine und große Erfolge, an wunderbare menschliche Begegnungen und schöne Momente des eigenen Lebens. Das können Augenblicke in der Natur sein oder ein schönes Konzert oder eine wunderschöne, liebevolle Begegnung mit einem Menschen. Vielleicht eine Liebesbegegnung, voller Zärtlichkeit und Hingabe. Vielleicht eine friedliche Erfahrung in der Natur. Vielleicht eine tiefe, transzendente Erfahrung, die ein Leben geprägt und zum Positiven verändert hat.

All diese Momente sind deine Kekse, die du dir immer, wenn es mal schwieriger wird im Leben, als eine kleine Belohnung ins Bewusstsein bringen kannst.

Kekse naschen ist dazu da, dranzubleiben und weiterzumachen. Kekse neutralisieren die Anstrengungen und belohnen. Ich zum Beispiel stelle mir einen schönen leckeren amerikanischen Cookie vor, den ich mir ab und zu zwischendurch und als Belohnung nach einer Anstrengung gönne. Das großartige daran ist: Diese Sorte Kekse macht glücklich und nicht dick.

Raus aus dem Problemdenken

Weil im Problemdenken zu bleiben noch niemandem jemals geholfen hat, fokussiere ich meine Aufmerksamkeit also auf eine schöne, positivere Ressource. Eine Ressource, die ich in mir selbst suche. Das ist echte Arbeit an der Selbstempathie. Diese innere Kraft lasse ich größer und größer werden, bis ich damit das Problemdenken verdünne und auflöse. So wird in Relation zur größer werdenden Ablenkung das Problem kleiner. Ich denke nicht mehr über irrationale Sorgen und Annahmen nach, sondern stürze mich wachsam abwartend ins Geschehen, optimistisch gestimmt und ohne große Erwartungen an das, was kommt, um nicht enttäuscht zu werden. Ich werde das Problemdenken los, indem ich es nicht mehr zum Problem mache.

Diese Methode kann hilfreich sein, das Problemdenken loszuwerden. Nicht das Problem, wenn es denn real ist, aber mein Denken *über* das Problem. Das ist der Durchbruch! Das ständige Nachdenken (Grübeln[15]) über das Problem ist das Problem. Echte Selbstsabotage. Und ich nehme mir einen Keks. So ganz selbstempathisch reingespürt, fühlt sich das richtig gut an!

Lotti und Pablo

Lotti spielte seit einer Woche mit Victor, dem spanischen Golf-Pro. Der, wie sie sagte, ganz witzig sei. Victor war also witzig. Und ich ging da nicht mit, weil ich mir lieber Gedanken über den Untergang der Menschheit machte? Ob aufgrund der eigenen Verblödung oder einer unfassbaren Selbsttäuschung ließ die Menschheit das Armageddon auf sich zurollen, ohne an zukünftige Generationen zu denken.

Die Menschheit wird nicht so schnell untergehen, war mein Optimismus. Sie würde sich anpassen, war meine Hoffnung.

Dementsprechend lenkte ich mich schnell von meiner katastrophisierenden Kognition ab und machte wieder mit Luki den abendlichen Spaziergang an der äußeren Mauer des Resorts durchs Dickicht. Ich sammelte Golfbälle ein. Heute wieder acht. Ein gelber war dabei. Wie katastrophal schlecht die Leute nur Golf spielten. Die anderen. Ich spielte ja nicht. Ich ließ es lieber, denn damit ging es mir besser. So erhielt ich mir meinen Glauben daran, vielleicht doch ein sehr guter Golfspieler sein zu können. Das stärkte mein Selbstwertgefühl ungemein. Ich fühlte mich großartig bei dieser Vorstellung, großartig zu sein.

Die Bälle kullerte ich auf dem Esstisch zusammen, wo bereits vier vom Vortag lagen. Stand heute hatten wir also zwölf Golfbälle! Das war richtig toll! Ich blickte optimistisch in die Zukunft und saß voller Positivismus in meinem Liegestuhl zwischen Bergen von leeren Coladosen und schlafenden Kindern und scrollte durch die ersten Manuskriptseiten meines Buches.

Ja, so konnte man es halten. Es war also völlig normal, positive und irrationale, also unlogische und unrealistische Vorstellungen zu haben über die Welt. Das war wissenschaftlich erwiesen. Auch wenn diese irrational waren? Ja. Wie schön! Das Aufdröseln meiner eigenen Narzissmen im Angesicht einer sich verändernden Weltordnung war also reiner Optimismus, der sogar meine Lebensqualität beflügelte! Oh ja, wie schön!

Und ich Dummerchen hatte Lottis positiven Impetus als narzisstische Besessenheit verkannt, die erneut Besseres zu tun hatte. Ja, natürlich hatte sie Besseres zu tun, als mit mir im Apartment rumzuhängen! Noch mehr sogar. Sie ging mir völlig gut gelaunt aus dem Weg! Was für eine herrlich positive Strategie! Und plötzlich war mir klar: Jedes Mal, wenn sie an mir vorbeiging und mir nordisch kühl einen kurzen Blick zuwarf, hing Lotti einer völlig irrationalen, positiven Illusion nach: Der Pablo ist so süß! Kann man den heiraten?

Es gibt Wichtigeres, als die Flut an negativen Informationen zu beherrschen. Wichtiger ist, uns selbst zu retten und unseren Verstand vor Verblödung, vor intellektueller Faulheit, vor ansteckenden Verschwörungsgeschichten, vor hartnäckigem Problemdenken und vor der persönlichen und kollektiven Selbstsabotage durch den Verlust unserer prosozialen Empathie zu beschützen. Das begreift man erst, wenn man ordentliche innere Arbeit in Bezug auf Empathie und Selbstempathie vollzogen hat.

In diesem Moment stand ich auf und rannte Lotti hinterher, die auf dem Weg zum Golfplatz war. Ich hatte meine Kraft wiedergefunden!

»Wir brauchen eine irrationale, optimistische Idee, um das Dilemma zu überwinden!«, schrie ich laut hinter ihr her.

Lotti hielt an und wartete, bis ich angerannt kam. Sie lächelte mich an. Und da stand ich, schnaufend, mit pinkem T-Shirt und geschultertem Golf-Pack. »Los«, keuchte ich, »wir spielen jetzt Golf!«

Grandiosität als Selbstsabotage

»Die öffentliche Wahrnehmung ist mir einfach mal scheißegal.«
Tim Raue, Sternekoch[1]

Wir kennen sie alle, die Freundin, die sich größer, wichtiger, klüger, wissender, hübscher und sinnlicher gibt, als sie wirklich ist, und nicht kapiert, dass es ziemlich peinlich ist, so wie sie sich gibt. Die Freundin, die sich da irgendwie nicht ändern will und an der wir uns schon so lange abarbeiten, dass sie eine bessere Person wird. Diese Freundin, die unerreichbar ist.

Grandios und teuer in New Jersey

Die folgende kleine Anekdote fand in etwa so im Jahr 2022 in New Jersey, USA, statt.[2] Im Arzthaftungsprozess anlässlich eines chirurgischen Kunstfehlers ließ sich der beschuldigte Arzt Dr. Peter Doomley* sehr viel Zeit und alle im Sitzungssaal warten. Wäre diese Geschichte nicht so voller Arroganz, dann wäre sie eine durchaus optimistische und positive. Doomley war ein durch und durch positiv von sich selbst überzeugter New Yorker Chirurg und leider auch der Verursacher einer unnötigen, operativ entstandenen Nervenbeschädigung.

Er hatte den Schaden bei seiner Patientin zwar in einer Revisionsoperation wieder behoben, dennoch wurde er von ihr auf eine satte Entschädigung in Millionenhöhe verklagt, weil trotz

* Name geändert

Revision ein bleibender Schaden am Nerv gesetzt war. In den USA kann so etwas sehr teuer werden.

Doomley ließ die Jury knapp vier Stunden lang warten, bis er schließlich in Begleitung seiner Ehefrau den Gerichtssaal betrat. Zum Erstaunen der bereits sehr genervten Jury, trat ein sehr gut gelaunter, sehr muskelbepackter Kerl – Typ Bodybilder – vor ihnen auf und suchte selbstsicher und lächelnd seinen Platz.

Sein Optimismus zeigte sich auch in einem offenen Hemd und dem üppig heraussprießenden Brusthaar, durch das sich noch zwei dicke, glitzernde Goldketten pflügten. Doomley winkte seiner Anwältin Flynn freundlich zu, und ein riesiger Diamantring blitzte an seiner rechten Hand auf.

Bevor die Sitzung begann, erbat sich die Anwältin eine kurze Abstimmung mit ihrer schillernden Mandantschaft. Sie steckten im Gerichtssaal die Köpfe zusammen, und in einem energischen Flüsterton zischte die Anwältin Dr. Doomley zu, er möge sofort seinen Schmuck abnehmen und sein viel zu offenes Hemd zuknöpfen. Zur Erklärung gedrängt, zischelte die Anwältin ihm zu, man sei hier in der Provinz und die Jury setze sich aus sehr einfachen Leuten zusammen. Ob er nicht sehe, wie die angezogen seien. Einfache Hemden, Jeans, schob die Anwältin schnell hinterher.

Die Doomleys musterten die muffig dreinschauende Jury. Normale Leute halt, kommentierte Doomley und lächelte weiter. Doomleys Ehefrau, die mit wallendem Haar und Stilettos neben ihrem Mann saß, zischelte der Anwältin zu, dass sei *»No big deal«*, keine große Sache. Die Anwältin sah ihren völlig übertriebenen Schmuck und einen Fünf-Karat-Diamantring aufblinken. Auch sie möge unverzüglich ihren teuren Schmuck verschwinden lassen, fauchte sie. Die Doomleys sahen ihre Anwältin verständnislos an. Es war doch alles bestens. Bitte, insistierte Anwältin Flynn. Man wird ihnen hier auf dem Land so ein Auftreten sehr übel nehmen. Das könne ihn viel teurer zu stehen kommen als erwartet. Schließlich könne dieses opulente

Auftreten ihre ganze Verhandlungsstrategie, die sie mühevoll vorbereitet habe, zerstören. Das opulente Auftreten würde nämlich das Bild des Arztes vor der Jury vernichten. Egal, wie optimistisch die Doomleys das sehen würden.

Aber die Doomleys weigerten sich, ihren Schmuck abzulegen, und er, das Hemd zuzuknöpfen.

Die Jury befand schließlich den Arzt der Fahrlässigkeit für schuldig und legte die Höhe des fälligen Schadensersatzes auf 1,2 Millionen Dollar fest. Das Urteil war gesprochen und der Arzt verurteilt. Der Anwältin war völlig klar, dass die Entscheidung der Jury auf Basis der unbewussten Abscheu für Doomleys unangemessenes Auftreten gefallen war.

Sein erster Eindruck hatte gezählt, in diesem Fall vor allem der negative. Doomley hatte nicht bedacht und seiner Anwältin nicht geglaubt, wie sehr ihm sein Auftreten schaden würde.

Lotti und Pablo

»Weißt du noch …«, erinnerte sich Lotti und nippte an ihrem Drink. Wir saßen am frühen Abend auf den Treppenstufen zum Pool und durften wegen Luki nicht bei den anderen Gästen sitzen. »… als du auch mal verklagt wurdest?«

Ja, das tat ich, bis heute. Sehr unangenehm. Eine Hochstaplerin hatte sich an eine Witwe herangewanzt und ihr alle Großartigkeiten der Welt versprochen. Eine ihrer Storys war, dass sie für den Geheimdienst arbeiten würde und mit ihrem Namen zugleich ihr Geschlecht hatte ändern lassen. Sie führte nun einen Männernamen und überzeugte die Witwe, ihr Vermögen mit ihr durchzubringen. Solide angelegt auf Sardinien in einer Stazzu, einer traditionellen sardischen Hütte, selbstverständlich. Die Witwe könne ja alles verkaufen, ihre Kinder enterben und mit ihr ein neues Leben beginnen, so die Idee der Geheimagentin.

Der Tochter der Witwe kam das alles extrem merkwürdig vor. Sie fürchtete um ihr Erbe. Ich bot an, die psychische Gesundheit ihrer alten Mutter prüfen zu lassen. Weil sie auf diesen Trick vielleicht wegen Gutgläubigkeit hereingefallen war. Aber der Schuss ging nach hinten los. Die rüstige Witwe, wohl auch noch angestachelt durch die männliche Geheimagentin, fuhr großes Geschütz auf und rasierte ihre Tochter und mich mit einer Klage wegen Verleumdung ab.

Psychisch war sie völlig gesund. Dennoch verhielt sie sich ungewöhnlich. Das hatte ich nicht kommen sehen. Hatte ich mich als Arzt unbedacht verhalten? Sicherlich. Aber ich hatte nur die besten Absichten gehabt, Klarheit in das Mysterium zu bringen.

Klappt nicht immer, vor allem nicht, wenn man sich einer Grandiosität entgegenstellen muss. Selbst wenn diese nur durch die männliche Geheimagentin hochgestapelt war, hatte auch sie und ihre Lebensgefährtin ein Menschenrecht auf freie Entfaltung.

Grandios optimistisch und nervig

Die Anwältin Flynn äußerte sich im Fall Doomley offen über das unbedachte Verhalten ihres Mandanten. Man müsse besonders in einer Verhandlung das Publikum kennen, denn die unbewussten Wirkfaktoren, wie das Auftreten und das Erscheinungsbild, seien mitentscheidend für das Urteil. Ich dachte sofort daran, ob mein Auftreten als Beklagter angemessen gewesen war. Ja. War es.

Nicht so Doomleys. Das überzogene Auftreten der Beklagten korrelierte mit der verächtlichen Abstrafung durch die Jury und damit mit einem höheren Strafmaß. Man mag jetzt meinen, ja, in Amerika, mit der Jury, ist das so eine Sache. Und man mag darüber hinaus annehmen, in den USA herrsche ein viel höherer Grad an Narzissmus in der Gesellschaft vor.

Ja, aber. Auch in Deutschland sind nicht alle urteilenden Richter frei von der unbewussten Wirkkraft des Auftretens der Beklagten.

Schließlich ging Anwältin Flynn in Revision und ließ den Fall neu verhandeln. Diesmal nötigte sie die Doomleys, sich bescheiden zu kleiden, was sie dann auch taten. Und tatsächlich fiel der finale Schuldspruch in der zweiten Verhandlung deutlich günstiger aus.

Aber bevor das Urteil gesprochen wurde, wurde Doomley noch wegen Störung auf die hinterste Besucherbank verwiesen. Weil der Arzt ganz und gar von sich selbst überzeugt dem Richter ständig ins Wort fiel und sehr laut den Fall kommentierte. Erst als der Arzt auf einem der Besuchersitze fernab vom Geschehen Platz genommen hatte, konnte der Fall ruhig und geordnet verhandelt werden. Bis plötzlich ein Papierflieger vor Flynn auf dem Tisch landete. Abgeschickt von ihrem Mandanten, der irgendetwas aufs Papier gekritzelt und ihr den Flieger quer durch den Raum zugeworfen hatte. Flynn zerknüllte ungelesen den Papierflieger, warf ihn in den Papierkorb und erntete damit glücklicherweise ein paar Lacher aus der Jury. Das brachte eine positive Wendung in das Verfahren, erinnerte sich Flynn. Aber nur bis zu dem Moment, als der Arzt selbst mit seiner Aussage an der Reihe war. Hier redete sich der Mandant um Kopf und Kragen, als er nicht auf die Fragen des Gerichts antwortete, sondern der Jury seine Version der Wahrheit aufzwingen wollte und sich gleichzeitig abfällig über deren ehrenvolle Aufgabe ausließ. Der Richter versuchte den Arzt mit der Aufforderung einzufangen, er möge auf seine Anwältin hören und sich angemessen benehmen, sonst würde er ihn aus dem Zeugenstand nehmen.

Das sei, so Flynn in der Nachbetrachtung, der krasseste Augenblick an Selbstsabotage gewesen, den sie in ihrer Laufbahn als Anwältin für Arzthaftungsrecht je gesehen habe. Hätte der

Arzt nicht so gute Zeugen gehabt, die ihn entlastet hatten, hätte er den Fall sicher haushoch verloren.

Grandios und teuer ist es nicht nur in New Jersey. Selbstsabotage ist ein Verhaltensmuster, bei dem typischerweise eine Person bewusst oder unbewusst Handlungen, Gedanken oder Verhaltensweisen anwendet, die ihrem eigenen Wohl oder ihren eigenen Zielen entgegenstehen. Es handelt sich um ein destruktives Verhalten, das dazu führen kann, dass jemand sich selbst behindert, Erfolg verhindert oder sich selbst schadet, oft ohne sich dessen vollständig bewusst zu sein.

Grandiosität für Ehrlichkeit

Um es mit den Worten von Sternekoch Tim Raue zu sagen: »Die öffentliche Meinung ist mir einfach mal scheißegal.«[3]

Küchenpsychologie? Nein. Es funktioniert. Aber pardon, es funktioniert auch nicht bei jedem. Daher sollte man besser eine hilfreichere, weniger arrogante Kognition wählen als Tim Raue, wenn man von der eigenen Grandiosität überzeugt ist und sich damit nicht selbst sabotieren will.

Typischerweise wenden narzisstisch akzentuierte Personen Kognitionen an, die sie selbst massiv täuschen, wenn sie davon ausgehen, extrem erfolgreich zu sein, aber objektiv nur im Mittelfeld liegen, oder sich in bestimmten Gebieten für außergewöhnlich kompetent halten, obschon sie eher durchschnittlich sind. Diese Diskrepanz kann wirklich negative Effekte mit sich bringen und fällt dann auf sie selbst zurück.

Man sollte sich besser darüber klar werden, ob man nicht unrealistische Annahmen über die eigenen Fähigkeiten hat, bevor man diese zu hoch stapelt und nicht balanciert bekommt. Ein zu hoch gestapelter Tellerberg kann schnell instabil werden und kippen. Jeder stellt sich etwas besser dar, das ist normal, aber trotzdem gilt: die Teller und sich selbst nicht zu hoch stapeln![4] Das weiß jeder Kochlehrling.

Wer dennoch denkt, selbst großartig zu sein, sollte diese pikante Information besser für sich behalten. Wer aber für sich allein ist, in den eigenen vier Wänden, der kann das ruhig mal sagen. Vor den Spiegel treten und laut und deutlich aussprechen: »Ich muss großartig sein! Ich bin es! Ich bin großartig! Und ich werde dafür geliebt!« Solche Aussagen stärken ungemein und nachweislich das Selbstwertgefühl. Dopaminausschüttung im Gehirn garantiert. Aber diesen Satz niemals vor anderen laut aussprechen. Er kommt schlechter an, als man denkt.

Lotti und Pablo

»Weißt du, wie wäre es, wenn die, die mich da in die Pfanne gehauen hat, beim BND nur Putzfrau gewesen wäre?«

Während ich das sagte, spielte ich auf den Stufen zur Poolbar mit den Golfbällen von heute. »Da macht sich jemand groß«, sprach ich lachend, »›Ich arbeite beim Dienst.‹ Und dann, haha. Als Reinigungskraft.« Ich ließ den Ball auf den Boden titschen. Geheimputzfrau! Ball springt zurück. Die putzt heimlich! Die könnten wir brauchen! Ball titscht, hopp! Mit Tarnkappe! In der Sekunde, als ich wieder »Geheimputzfrau« sagte, prallte der Golfball in mein Gesicht und schlug mir fast den Schneidezahn aus. Auf dem Weg zurück ins Apartment witzelten die Kids noch über meinen kleinen Ego-Unfall.

Die Frage ist, erläuterte ich für die anderen beim kurzen Spaziergang am Abend, ob man die eigene narzisstische Grandiosität für etwas Prosoziales, also etwas Gutes, nutzt oder eben nicht. Falls nicht, kann es negativ auf einen zurückfallen. Wie der Golfball, der mich mitten ins Gesicht traf.

Reduzieren und einkochen

Wer auf der dunklen Seite der Macht mit seinem Narzissmus angelangt ist, der trägt entschieden dazu bei, dass Narzissmus diesen schlechten Ruf hat, den er nun mal hat.

Besonders mit der eigenen Grandiosität kann man sehr erfolgreich sein und Gutes erreichen. Aber, noch ein kleiner Wermutstropfen, narzisstische Menschen dürfen durchaus die berechtigte Sorge haben, wegen ihrer Neigung zur Grandiosität nur kurzfristig gemocht zu werden. Das ist sogar durch wissenschaftliche Untersuchungen erwiesen. Beziehungen mit grandiosen Narzissten verlaufen zwar leidenschaftlicher, aber kürzer. Narzisstische Menschen können eher keine langfristigen Beziehungen. Ihr Image mag zwar grandios sein, aber wenn man 24/7 mit dieser Seite und der dahinter liegenden, möglicherweise empfindlichen oder sensiblen, zu tun hat, kann es schwierig und sogar ernsthaft problematisch werden.[5]

Lieber reduzieren![6] Generell zählt, diese antisoziale Neigung SELBST in ihrer Wirkstärke zu reduzieren, um menschlich verträglicher zu werden. Haltung, Körpersprache, die Lautstärke der eigenen Stimmlage, sich nicht für den anderen zu interessieren und noch so vieles mehr, kann Ausdruck dieser Überzeugung eigener Grandiosität sein, die abfällig auf andere niederscheint. Was darin mitschwingt, ist zudem der Anspruch auf eine vorzügliche Behandlung.

Das ständige Denken an den eigenen überhöhten Status im Vergleich zu anderen Menschen ist die Komponente, die einen unerträglich macht.

»Sie könnten, aber sie wollen nicht!« So der Titel einer journalistischen Wortmeldung zum 28. Klimagipfel in Dubai vom 3. Dezember 2023.[7] Statt eine echte Veränderung der Menschheitsgeschichte durch einen Wendepunkt herbeizuführen, kündigte der Klimagipfelpräsident Sultan al-Dschaber an, der Vorstand von einem der weltgrößten Konzerne der Öl- und Gasbranche ist, dass die Epoche der Klimaneutralität begonnen habe. Damit meinte er aber nicht, dass das Ende der Fossilära gekommen ist, in der der fossilen Industrie der Gashahn langsam zugedreht wird, sondern dass Lecks und Emissionen an den Förderquellen ein Ende haben sollen. Die anderen 95 Prozent, die in die Luft geblasen werden, betrifft das wohl nicht. Greenwashing setzt sich weiter durch, und man könnte meinen, auf dieser Ebene finde sich wahrlich kein Hauch von prosozialer Empathie für die Lebensgrundlage aller Menschen in der Zukunft.

Lotti und Pablo

Wir saßen verteilt im Apartment, und ich öffnete mir ein Bier. Die Abendsonne schien herrlich warm in den Wohnbereich. Es war nur eine flüchtige Bewegung am Fenster, dann ein dumpfer Schlag und ein Schreck. Eine kleine Feder klebte an der Scheibe, und auf dem Balkon lag ein kleiner Vogel. Regungslos. Atmete er? Das Köpfchen lag etwas zu weit gekippt, die Beinchen spreizten sich stark. Ich glaube, der stirbt gerade. Wir waren sehr leise. Näherten uns vorsichtig.

Ich berührte den Piepmatz leicht mit dem Finger. Er war warm. Aber reagierte nicht. Sein Federkleid ganz zart, dicht, flauschig. Still schob ich ihn etwas an. Der kleine Körper drehte sich. Ich glaube, der ist gestorben, sagte ich leise. So schnell kann es gehen, dachte ich. Bei der Kleinen flossen Tränen. Der

Große verzog betroffen den Mund. Lotti stand mit der Haushaltsschippe da. Luki konnte ich kaum zurückhalten, er wollte unbedingt daran schnuppern. Wir warten lieber noch ein wenig, dachte ich. Hatten wir keine Kiste? Ich zog Luki in die Wohnung, verschloss die Terrassentür, und wir suchten im Apartment nach einer Kiste. Tupperware? Milchkarton? Zahnpasta-Schachtel? Wir nahmen das Körbchen mit den Physalis-Früchten. Luki sperrte ich kurzerhand ins Schlafzimmer. Lotti bereitete das Körbchen, und die Kleine legte ein Tempo rein. Als Bettlaken.

Als wir wieder zurück waren auf dem Balkon, es sollten keine zehn Minuten gewesen sein, war der Piepmatz weg. Er hatte sich wahrscheinlich wieder berappelt. Das kannte man ja, dass sie etwas Zeit brauchen.

Ich sah dann diesen großen, dunklen Kater langsam auf der Terrassenmauer auf mich zugehen. Der ansehnliche schwarze Kater stierte mich gebannt an mit seinen großen gelben Augen. Sein Ausdruck war misstrauisch, vorsichtig. Als sei er bei etwas Unerlaubtem erwischt worden. Ich stierte zurück und hoffte, die Botschaft des Katers damit zu entziffern. Und dann sah ich, etwas spitz zulaufend, aus dem Maul des Katers zwei Piepmatzfüßchen ragen.

Der Kater wirkte weder demütig noch empathisch, während wir alle emotional zusammenbrachen. Der Kater war weder mit uns noch mit dem Piepmatz empathisch (gewesen). Er hatte ihn einfach gefressen. Unsere Sympathien hatte dieses Monster nicht.

Demut neutralisiert Grandiosität

Das war so ähnlich wie beim Fall der Doomleys. Weil sich die Doomleys so unempathisch verhielten, bedrohten sie den Erfolg ihres Falls. Sie hatten offenbar kein Gespür dafür, wie sie wirkten. Da war keine Demut.

Ein Freund, selbst kein Arzt, sagte mir mal, es sei die hohe Kunst, sich verdammt teuer zu kleiden, ohne dabei einen oberflächlichen, angeberischen Eindruck zu erwecken. Das hatten die Doomleys offenbar nicht drauf. Nur, wofür kleidet man sich dann so teuer? Weil man sich selbst damit eine Freude macht und sich vielleicht einen Wunsch erfüllt. Aber ohne den anderen damit zu entwürdigen. Denn nur der Mitwissende weiß, was hinter der versteckten Qualität steckt, auf die man selbst großen Wert legt. Das ist dann ein bisschen so, wie in einen Jazzklub zu gehen. Nicht jeder mag Jazzmusik. Diese Musikrichtung wird nie die großen Hallen füllen. Nie die Massen bewegen. Und doch, so viele lieben den Jazz. Nur wer dort hingeht, weiß, was da Gutes gespielt wird. So kann man, dezent, die eigene Grandiosität und die Grandiosität der Musiker auf eine verträgliche Art und Weise, ganz bescheiden, genießen. Denn wahres Können ist durchaus großartig. Das verdient diese Anerkennung.

Das Leben optimistisch und positiv leben zu können, auf eine verträgliche Art und Weise, trotz aller Schwierigkeiten ein anständiger Mensch zu bleiben und die schöne Seite daran zu genießen, das bedeutet für mich Lebenskunst. Sich selbst bei diesen Gedanken zu ertappen, während man empathisch dem zupfenden Bass, dem trällernden Solisten und den rasanten Klavierpassagen lauscht. Und sich dann selbst sehr leise zuzusprechen, man muss wahrscheinlich selbst ein großartiger Mensch sein. Und sich den eigenen Selbstwert ganz für sich allein, so richtig schön glänzend aufzupolieren, dass man sich im Messing der Trompete mit einer gesunden Selbstzufriedenheit spiegeln kann. Warum nicht? Das ist nicht verboten und jeder ist dazu berechtigt, die eigene Person zur vollen Entfaltung zu bringen und sich darin auch ein wenig zu feiern. Bevor man, wie der Piepmatz, in eine Fensterscheibe fliegt, vom Kater gefressen und verdaut wird.

Lotti und Pablo

Luki sabotierte sich selbst regelmäßig, wenn er eine Katze sah. Seine irrationale Annahme und Selbsttäuschung waren, dass er sie erwischen würde. Nur, es gelang ihm nie. Niemals!

Voller Inbrunst und Jagdinstinkt schoss Luki über den geteerten Weg der Hotelanlage. Er hatte den Kater gesehen. An zwei kleinen Kindern auf Dreirad-Scootern und zwei Müttern mit aufblasbaren pinken Poolflamingos vorbei fetzte Luki, getrieben von einem tief verwurzelten Instinkt, der ihn als Hund in einer uralten Auseinandersetzung mit der Familie der Katzen verband.

Luki war für mich im Moment der Beschleunigung der ritterliche Helfer und Retter der Vögel. Luki beschützte mit seinem Sprint die Moral, die an diesem Tag beschädigt worden war, als ein kleiner, unschuldiger Vogel Opfer eines Unfalls geworden war, bewusstlos herumgelegen hatte und von einem Katzenwesen aufgefressen worden war.

Genau von diesem Kater. Dieser eine Kater war für mich eindeutig der Täter, der sich hinterhältig ermächtigt und das Opfer final durch Auffressen entwürdigt hatte.

Aber das Dramadreieck[8] zwischen Opfer, Retter und Täter drehte sich weiter. Luki, in einem grandiosen Weltrekordsprint von sechs Sekunden auf hundert Meter*, aus dem Stand, ver-

* Es gibt keine zuverlässigen Berichte oder Messungen, die darauf hindeuten, dass ein Rhodesian Ridgeback eine Geschwindigkeit von 60 km/h erreichen kann. Rhodesian Ridgebacks sind zwar für ihre Schnelligkeit und Ausdauer bekannt, ihre durchschnittliche Laufgeschwindigkeit liegt jedoch normalerweise zwischen 35 und 40 km/h.

passte die Kurve, als der Kater über das offene Treppenhaus zu den Apartments flüchtete, um sein Leben zu retten. Der Kater war jetzt das Opfer. Luki ging nun voll in grandioser Dominanz auf, mutierte vom edelmütigen Retter zum sabbernden Täter und roch schon den Angstschweiß des Katers.

Ich glaube, Luki wollte den Kater wirklich töten. Der Kater hingegen war hochmotiviert, sein Fell und sein Leben zu retten. Er mobilisierte alle Reserven in der Opferrolle und riskierte seine Gesundheit mit einem gewagten Satz über den Schacht des Treppenhauses auf einen rettenden Vorsprung im Mauerwerk. Leicht verfing er sich im Sprung an einem quer laufenden Kabel, kam strauchelnd von der Flugbahn ab und klatschte als Bruchlandung ans Mauerwerk. Ein missglückter Griff an den Vorsprung und die Schwerkraft ließen ihn in den Schacht abstürzen. Dort schlug er unsanft auf, aber voller Zuversicht, stand sofort wieder, buckelte sich, fauchte, zeigte seine Zähne und verschwand.

Luki, neugierig, aber leicht verwirrt, suchte erfolglos einen Weg hinunter zum Kater.

Ich habe mal irgendwo gelesen, dass es die höchste Form von Intelligenz sei, zu beobachten, ohne zu urteilen.[9] Auch wenn Katze, Hund und Vogel miteinander *beef* haben. Also pfiff ich Luki zu mir zurück und erntete die bösen Blicke der Mütter mit den aufgeblasenen Flamingos. Luki, nun in der Opferrolle, trottete mit leicht hängendem Kopf, irgendwie enttäuscht, zu mir zurück. Er hatte sich beim Sprint verletzt, sich drei Krallen abgebrochen und an den Vorderpfoten die Ballen blutig aufgerissen.

Hunde besser anleinen, sprach eine tadelnde Stimme durch einen riesengroßen, wackelnden Gummiflamingo, der an mir vorbeigetragen wurde.

Narzisstische Selbsttäuschungen, die positiv optimistischen und die negativistischen, können bewusst oder unbewusst, hilfreich oder hinderlich sein, in prosoziales oder in antisoziales Verhalten kanalisiert werden. Sie können absichtlich oder automatisch ausgelöst werden. Sie können offen oder verdeckt ausgeführt werden. Sie wirken auf verschiedenen Konfliktebenen, in einem selbst, zwischenmenschlich und in einer größeren Dimension gesellschaftlich. Narzisstische Kognitionen können einzeln oder in komplexere Narrative eingeflochten sein. Sie bilden eine Geschichte, die eine Tradition, ein Narrativ oder sogar ein Täuschungsnarrativ ausstatten. Sie können sich in hilfreichen, prosozialen oder in ausgrenzenden Verschwörungsnarrativen finden. Die Selbsttäuschung kann also individuell, geteilt oder kollektiv in einer Gruppe sein.

Exit-Strategie: Was ist so schlecht daran, sich Gutes zu tun?

Um aus der Selbstsabotage-Falle durch Grandiositäts-Denken zu kommen, empfehle ich …

Selbstreflexion: Das ist eine echte Superkraft, gerade aus einer narzisstisch überhöhten Perspektive.

Hilft es dir, eine überhöhte Meinung von dir zu haben? Wie denkst du selbst darüber? Wie sehr hängen dein Selbstwertgefühl und dein Selbstbewusstsein davon ab, grandios zu sein? Ist deine Grandiosität von viel zu übertriebenen Erwartungen geprägt, die dich unter zu hohen Erwartungsdruck setzen, ja, sogar große Angst vor dem Scheitern provozieren und dich unglücklich machen?

Feedback einholen: Wenn die Selbstreflexion wegen des eigenen, zu starken Narzissmus nicht gelingt, dann frage man jemanden danach, wie man so wirkt.

Lieber jemanden nach einem ehrlichen Feedback fragen, als in narzisstischer Sorglosigkeit weiterzumachen. Man kann sich dabei auch zutrauen, die zu fragen, die einen eher kritisch sehen. Oder sogar jene um ein Feedback bitten, die einen weniger mögen. Auf Basis der Ergebnisse kannst du eine kleine Statistik erheben. Man sollte darauf achten, wen man fragt, und die Umfrage realistisch einordnen. Man kann beispielsweise auch in der WhatsApp-Gruppe mal eine Wortmeldung streuen und dann schauen, wer reagiert und auf welche Weise.

Das Feedback kann man als Orientierung nutzen. Denn Feedback hilft, die eigenen Entscheidungen auszurichten und ist kein Ersatz für die eigene Entscheidung. Die Entscheidung trifft man selbst und übernimmt dafür die Verantwortung, ob Lob oder Kritik.

Realistische Ziele setzen: Wer sich realistische Ziele setzt, wird nicht enttäuscht. Denn realistische Ziele sind erreichbar, und das löst eine sofortige emotionale Belohnung aus. Absichtsvolles Handeln auf ein erreichbares Ziel hin macht tatsächlich glücklich und stärkt das Selbstwertgefühl. Wenn du dir eine ganze Reihe an realistischen und erreichbaren Zielen setzt, formt sich darüber ein Weg voller kleiner Erfolge. Das Gehirn wird dadurch immer wieder kleinen Portionen glücklich machender Dopaminausschüttungen ausgesetzt.

Eine typische Falle aus eigener Großartigkeit heraus ist, dass man sich nicht realistisch einschätzt und dann lieber die Aufgabe ganz sein lässt, um sich die Kognition zu bewahren, doch grandios zu sein.

Hier sind meine persönlichen Top Twelve, um erfolgreich eigene Ziele zu erreichen und so der Grandiositäts-Falle zu entkommen:

Time Boxing[10]: Im Kalender für jede Aufgabe realistische Zeitabschnitte einsetzen, in denen man sich der Aufgabe widmet und an die man sich halten sollte. Dabei die Aufgabe in kleine Zeitabschnitte aufteilen. Je größer die Aufgabe, desto wichtiger ist, sie in realistische, machbare, kleine Portionen aufzuteilen. Zur realistischen Erfassung, wie lange ein Arbeitsabschnitt braucht, zunächst für jeden Tag Tagebuch führen. Darin erfasst man die Zeit, die man braucht, und macht ein Kästchen drum herum (z.B. 09.00–10.00 Uhr). Bald wird einem klar, wie lange man wirklich für eine bestimmte Aufgabe braucht, bis sie erledigt ist (z.B. 09.00–10.00 Uhr und 12.00–14.00 Uhr über sieben Tage). Die verwendete Zeit hierfür ist realistisch im Tagebuch erfasst. Die weitere Planung erfolgt entsprechend für zukünftige Aufgaben. Man befüllt den laufenden Kalender mit Zeitkästchen. Damit blockiert man sich die zur Verfügung stehende Zeit, kennt die Zeiträume, wenn man arbeiten muss, und kann das Ziel rechtzeitig und ohne viel Druck erreichen. Ist der Kalender voll mit dieser Kästchen-Planung, kann man sich selbst nicht mehr so leicht sabotieren und meinen, man hätte noch genügend Zeit für andere Aufgaben oder gar Ablenkungen.

Nein sagen: Immer wieder Nein sagen, um nicht von dem eigenen Weg, Ziele zu erreichen, abzukommen. Ruhig mal ausprobieren, dreimal am Tag und ganz spontan Nein zu sagen. Wer einem dann böse ist, entlarvt sich selbst. Es ist nicht schlimm, wenn andere Menschen einen deshalb doof finden.

Ablenkungen verringern: Handy, E-Mails und Social Media verbannen, wenn es darum geht, an seinen Zielen zu arbeiten. Früher war man auch nicht immer erreichbar.

Keksdose: Die ist bereits bekannt! Sich aus einer imaginierten Keksdose zur Belohnung, wenn man etwas geschafft hat, einen leckeren Keks herausnehmen und beherzt reinbeißen. Lecker! In eine reale Keksdose greifen macht nur dick.

Pausen setzen: Sich Zeit zur Erholung, ob kurz oder auch mal länger, gönnen. Das Gehirn ist eine biologische Maschine und braucht Erholungszeit auf dem langen Weg zu den eigenen Zielen.

Gelassenheit: Auszuhalten ist eine Superkraft. Viele Probleme erledigen sich von allein. Bleib dir treu, während du gelassen deinen Weg gehst.

Kritik beachten: Trifft dich Kritik, diese nicht narzisstisch abwehren, nicht ignorieren oder an der eigenen Grandiosität abperlen lassen. Es könnte etwas Wahres dran sein, und diese Wahrheit kannst du benutzen, dich weiterzuentwickeln. Möglicherweise ist Kritik sogar eine echte Chance, persönlich zu wachsen. Also den für dich passenden Weg zu finden, dich als ehrliche Person ganz zu entfalten. Kritik tut etwas weh, aber sie öffnet einen. Kritik kann Ansporn sein, sich tiefer mit einem Thema zu befassen und die Oberflächlichkeit zu durchbrechen.

Demut und Dankbarkeit: Eine demütige und dankbare Haltung lässt nicht nur Bescheidenheit in einem wachsen, sondern ist auch ein echtes Antidepressivum. Wer demütig ist, erkennt an, dass die eigene Großartigkeit ihren Meister in der Kompliziertheit des realen Lebens gefunden hat. Wahre Größe zeigt derjenige, der sich demütig und dankbar zeigt vor dem Leben, vor der Natur und der Welt. Dankbarkeit hilft, einen optimistischen Blick auf alles zu bewahren. Denn nichts auf dieser Welt ist von Dauer. Selbst das eigene Leben ist zu komplex, um sich darüber mit eigener Großartigkeit hinwegzutäuschen. Wer eh nicht weiß, wie es ihm am nächsten Tag gehen wird, kann dankbar sein für den Tag, der einigermaßen gut gelaufen ist. Wer seine überzogenen Erwartungen, etwa an eine perfekte Beziehung oder einen perfekten Job, runterschrauben kann, wird automatisch glücklicher. Wer sich regelmäßig dafür bedankt, umso mehr! Danke für alles. Danke!

Selbstakzeptanz kultivieren: Auch wenn genau das grandiosen Narzissten schwerfällt, ist es sehr erleichternd zu verstehen, dass man selbst auch nur ein ganz normaler Mensch mit Schwächen und Stärken ist. Wer sich selbst erkennt, erkennt auch den anderen in dieser Widersprüchlichkeit. Das ist sehr heilsam und entschärft jeden Konflikt. Die eigene Unzulänglichkeit ist dabei der Weg zur Selbstempathie, und dies ist der Weg ins eigene Herz. Schwach sein, auch wenn es nicht in die Selbsttäuschung durch das Gefühl eigener Großartigkeit passt, ist ein wunderbarer Ort der Erholung, um aus sich selbst wieder Kraft zu schöpfen.

Achtsamkeit üben: Meine Lieblingshaltung. Achtsamkeit bedeutet, dem Narzissmus den Stecker zu ziehen. Beobachten, betrachten, ohne zu urteilen und ohne zu werten. Was Narzissten automatisch und leidenschaftlich tun, wird durch Achtsamkeit direkt sabotiert. Denn Narzissmus ist eine Bewertungsstörung. Das sich selbst ständig bewertende, nervige Selbst-Wert-Gefühl und der Nutzen und der Wert zwischenmenschlicher Beziehungen wird in der Haltung der Achtsamkeit geschreddert. Die eigene Großartigkeit? Ist der Gleichmut. Der Wert eines Menschen, der Wert einer menschlichen Begegnung ist wertstabil. Das ist unbezahlbar.

Achtsamkeit hilft, nichts mehr zu bewerten und darüber zu urteilen. Es ist, was es ist. Wenn du nur den Moment beobachtest, was du siehst, hörst, wen du vor dir hast, wer du selbst bist, was sich in dir so regt, welche Bedürfnisse da sind, die erfüllt werden wollen. Wie es dir so als Mensch geht. Ob am Weg kleine Steinchen liegen. Oder ob jemand wieder irgendetwas von dir will. Achtsam bleiben. Beobachten, nicht bewerten, nicht urteilen. Tief durchatmen. Weitermachen.

Empathie prosozial nutzen: Sei in der Lage, die eigene Fähigkeit zur Empathie zu erkennen. **Kognitive Empathie:** Ich kann mir vorstellen, wie es der anderen Person geht. **Emotionale Empathie:** Ich spüre, wie es der anderen Person geht. **Narzisstische Empathie:** Ich werde misstrauisch und ironisierend, sobald ich emotionale oder kognitive Nähe zu einem anderen Menschen empfinde. Nun liegt es an mir, sehr bewusst, langsam und mühsam in meinem emotionalen Hirn einen neuen Pfad zu gehen. Einen neuen Weg, ein neues Netzwerk aufzubauen. Indem ich meine Fähigkeit zur Empathie, so gering diese auch ausgeprägt sein mag oder so spöttisch sie sich zeigt, in eine sozial hilfreiche, angenehme und erfolgreiche Bahn lenke. Und für diese große Anstrengung als Mensch anerkannt und gemocht zu werden. Es ist mühsam, aber es zahlt sich voll aus. Und je länger ich meine prosoziale Empathie nutze, desto schneller, leichter und spontaner automatisiert sie sich.

Ein verdammt guter Mensch werden: Ab sofort lasse ich meine unfassbar unangenehme Seite fallen. Sie bringt mir nichts, auch wenn ich damit groß geworden bin, erkläre ich es mir nicht mehr, warum ich sie nicht sein lassen kann. Ich will nicht mehr darauf zurückfallen, dass ich eben so bin. Ich übe die helle Triade[11]. Ich bestehe aus Menschlichkeit, aus Humanismus, und der Kantianismus ist mir nicht mehr fremd. Ich glaube ab sofort, auch gegen meine eigenen Erfahrungen, dass der Mensch im Grunde gut ist, ich schätze die Würde des Menschen und den Wert jedes Menschen, und ich werde andere nach dem Prinzip des kategorischen Imperativs behandeln und die Goldene Regel verinnerlichen. Jeden werde ich so behandeln, wie ich selbst behandelt werden will. Dazu werde ich meine innersten Impulse und die emotionalen Wechsel meiner Persönlichkeitszustände unterdrücken oder so abreagieren, dass ich mein Umfeld mit meinem problematischen Verhalten nicht störe und gar zerstöre. Ich werde mehr und mehr lernen, damit aufzuhören.

Solange ich der Tendenz folge, ein besserer Mensch zu werden, werde ich diese neuen Kognitionen verinnerlichen:

- Ich sehe das Gute im Menschen.
- Ich vertraue darauf, dass andere Menschen mich fair behandeln.
- Ich bewundere andere Menschen.
- Ich freue mich über den Erfolg von anderen.
- Ich begegne anderen mit Wertschätzung.
- Ich genieße es, Menschen zuzuhören, egal, welchen Status sie haben.
- Ich glaube, dass die meisten Menschen gut sind.
- Menschen, die mich verletzt haben, vergebe ich schnell.
- Ehrlichkeit ist mir wichtiger als Freundlichkeit.
- Ich fühle mich schlecht, wenn ich andere manipuliere, damit sie in meinem Sinne handeln.
- Ich möchte authentisch sein, selbst wenn es meinem Ansehen schadet.
- Wenn ich mit Menschen spreche, denke ich weniger an das, was ich von ihnen will.

Lotti und Pablo

Mit einem dünnen Stock einen kleinen Ball in die gewünschte Richtung schlagen, ihn eine halbe Stunde suchen und wieder von vorn anfangen, bis man den Ball in ein kleines Loch unter einem roten Fähnchen schiebt. Das tat ich jetzt, auf der Flucht vor meinem inneren Gedankenkreisen und zur Rettung meiner Ehe. Eine Win-win-Situation, raus aus dem Dilemma.

Während ich meinen kleinen Rückfall hatte, wie lächerlich Golf im Grunde ist, kam Lotti aus dem Klubhaus zurück und hatte uns schon beim Platzreifekurs angemeldet. Bei Victor. Ein junger Spanier, ehemaliger internationaler Golfprofi, der die großen Turniere für Spanien spielte und vor acht Jahren über seine eigene Inkompetenz gestolpert war.

Eine Inkompetenz, die daraus bestand, schlechter als die 99 Besseren vor ihm zu sein. Victor war Weltspitze.

»Ich bar kurs bor Beltspitze«, korrigierte Victor strahlend in einem fast guten Deutsch meine trockene Anmerkung. Die kleine Truppe Freiwilliger staunte anerkennend. »Bir machen jez Plasreifkurs. Bilkomen!«

Victor sah aus wie ein makelloser Kanarienvogel. Grüne Golfhosen. Neongelbes T-Shirt. Rotes Golfcap. Halbverspiegelte hellblaue Ray-Ban-Sonnenbrille. Dann stellte sich Victor noch mal strahlend vor der Truppe auf und sagte: »Bist ihr eigentlis, bas eute das Größte ist?!«

Implizit dachte ich, dass er jeden Freiwilligen feiert, der sich heute hier zu seinem Kurs in der sengenden Hitze Spaniens angemeldet hat. Dann dachte ich, ne, ne, der hat mich vorher gegoogelt und meint mich.

Plötzlich drehte sich Victor, hob die Arme und trällerte: »Meine neuen Suhe! Saut. Die Fabe is pefekt bür mein ganzes Outfit. Und aben sogar meine Namen aufgedruckt. Ist das nist bantastis?!« Tatsächlich, auf der Rückseite seiner Schuhe stand VICTOR. Aufgesetzt, grob im Relief, markant und dunkelgrün.

»So, Liebes, wir gen jetz ein paar Absläge macken!«, sagte er und ging voraus Richtung Driving Range.

Niemals! hörte ich mich innerlich noch sagen, während wir Victor folgten. Golf? Niemals! Und da stand ich nun. Zeitnah musste etwas mit meinem Outfit passieren. Ziemlich zeitnah. Das war zwar trivial, aber zwingend notwendig.

Trivialisierung

»Das Leben der allermeisten Menschen ist ein mattes Sehnen und Quälen, ein träumerisches Taumeln durch die vier Lebensalter hindurch zum Tode, unter Begleitung einer Reihe trivialer Gedanken.«[1]
Arthur Schopenhauer

Wir kennen sie alle, die Freundin, die alles besser weiß und eine ganz klare, aber dafür ziemlich simple Meinung hat über die Welt und über Freundschaft. Eine Freundin, die sich immer wieder vornimmt, etwas Gutes für sich und für andere zu tun, der es aber nie gelingt. Die sich vornimmt, vernünftig zu sein, das Leben ernst zu nehmen, es so, wie es ist, anzunehmen, sich aber immer wieder in wirklich unwichtigen Dingen verliert und jeden ignoriert, der helfen will. Eine Freundin, die alles so leicht glaubt und nicht versteht, dass das Leben viel komplizierter ist, und sich dann mit oberflächlichen, sinnlosen, ungesunden Ablenkungen und Naivität tröstet, statt sich wirklich zu verändern.

Ein Café am Rande der Küchenpsychologie

Die einfachste Ordnung der Welt ist die Scheinlösung aller Probleme. Auch für einen Welterfolgsautor wie John Strelecky[2], der sich mit seinem Buch »Das Café am Rande der Welt« mit feinster Trivialisierung dem Sinn des Lebens nähert und formuliert, dass *wir alle jeden Moment unseres Lebens* selbst kontrollieren könnten.

Lotti und Pablo

Als ich diesen Abschnitt von Streleckys Hörbuch hörte, wäre ich auf der Autofahrt nach Barcelona wegen meines lauten Aufschreis vor Schreck fast in die Leitplanke gefahren.

»Papi! Wie fährst du?!«, schrien alle unisono.

Wir machten einen Tagesausflug und wollten shoppen gehen in der Großstadt. Ich brauchte neue Golfklamotten. Aber nicht die teuren aus dem Golfklub, die es da in einem kleinen Shop zu kaufen gab. Wir wollten günstig shoppen gehen, und ich peilte ein großes Sportgeschäft an.

Was für ein *Bullshit* war das denn gerade?! Vom Schreck erholt, die Geschwindigkeit drosselnd, den Blick auf die Straße gerichtet, dachte ich noch mal langsam darüber nach, was mich so unerwartet erschreckt hatte.

Haben Sie die bodenlose Trivialisierung erkannt? Nicht nur naiv, sondern auch gefährlich. Über die platte Verallgemeinerung *wir alle* könnte man ja noch hinwegsehen. Wer verallgemeinert denn nicht mal, es rutscht einem eben so durch, manchmal. Aber zu sagen, zu denken, dass *wir alle jeden Moment unseres Lebens selbst kontrollieren könnten,* ist eine meisterhafte Selbsttäuschung! Haha!

Dieses Buch haben Millionen Menschen seit 2003 gelesen und feiern heute noch Strelecky als ihren Messias.

Selbsttäuschung ist Selbstkontrolle.[3] Was hiermit bewiesen ist! Sagen Sie diesen Satz mal zu einem Menschen, der unverschuldetes Leid erlebt. Der systemische Ansatz[4], dass alles irgendwie zusammenhängt, die esoterische Haltung, dass es keine Zufälle gibt oder selbst die Astrologie[5], die die Planeten für das meiste verantwortlich macht, werden genauso infrage gestellt durch so eine Aussage wie Denkschulen des Psychologen und Psychotherapeuten Alfred Adler, der den Menschen durch sein eigenes, verantwortungsvolles Handeln in den Mittelpunkt der Erschaffung von Realität setzt[6], oder der Konstruktivisten rund um Paul Watzlawick[7] oder eines Gerhard Roth mit seiner neurobiologischen Determinierung der Persönlichkeit und des freien Willens[8]. Gefährliche Ahnungslosigkeit über das Leben selbst.

Wie zum Gegenbeweis hielt ich einen mehrstündigen Vortrag auf unserer Fahrt nach Barcelona über den freien Willen des Menschen. Ich traf eine bewusste Entscheidung, mich frei und ungehindert meinem Publikum zuzuwenden, das keine Möglichkeit hatte auszusteigen. Und widerlegte Strelecky.

Schuldgefühlfalle

Mit so viel Trivialisierung hat man ganz schnell heftige Schuldgefühle, wenn einem Fehler passieren oder gar ein Unglück. Selbst schuld! Du hast dein Leben ja nicht kontrolliert! Mit dieser Regel operieren machtbesessene Menschen. Auch narzisstische Menschen, die ihren Einfluss geltend machen wollen. Über ein Schuldgefühl. Über ein schlechtes Gewissen. Über die Konsequenzen, die folgen, wenn man selbstverschuldet handelt.

Wenn man einfach nur seinen eigenen Bedürfnissen nachgehen möchte, dann kann so ein Satz tyrannisch die freie Entfaltung unterdrücken. Es ist das Tor hinein in die Selbstaufgabe für den, der so einen Satz glaubt. Wer mit solchen Sätzen aufwächst, kennt keinen Ausweg daraus. Mit so einer Aussage mache ich mir die Welt durch Selbsttäuschung zu einem Gefängnis, nur um die angedrohte Angst machende Konsequenz zu vermeiden. Die Schuldgefühle, das schlechte Gewissen oder den Ausschluss aus einer oppressiven Autosuggestion. Wer so eine Aussage annimmt und glaubt, rasselt in letzter Konsequenz direkt hinein in die Selbstsabotage. Wenn die Magie eben nicht mehr funktioniert.

Astrologie

Menschen, die an Magie glauben und sich gleich selbst damit überhöhen, sehe ich öfter auf meiner Therapeutencouch. Die an ihrem magischen Analogiedenken festhalten wollen. Die vormittags zu mir und nachmittags zum Abbeter oder zum Astrologen gehen. Das hat nichts Widersprüchliches. Die Wissenschaft habe längst die Magie aus der Medizin vertrieben, nicht aber aus dem Menschen.[9]

Einige meiner Klienten wollten von mir prüfen lassen, ob es psychologisch oder wissenschaftlich nicht doch sein kann, dass die Sterne einen steuern. Die, gerade weil die Sterne es ihnen sagten, an einer dysfunktionalen Beziehung, Ehe oder Arbeitssituation festhielten und wegen einer solchen Autosuggestion extrem litten. Die nicht nur aus irrationaler Angst vor hochspekulierten Konsequenzen oder aus Sorge vor der eigenen Inkompetenz nichts in ihrem Leben veränderten.

Aber dieser Oben-Unten-Zusammenhang, also die mögliche Korrelation zwischen astronomischen Strukturen und Bewegungen mit Ereignissen oder Persönlichkeitsstrukturen auf der Erde, finde sich wissenschaftlich nicht, so Gerhard Mayer[10]. Sogar der ehemalige Präsident der Astrological Lodge of London, Bernard Eccles, erkannte in einem Vortrag 2015 die große Gefahr durch die heutige Simplifizierung, die per Handy-App konkrete Ja-Nein-Antworten liefert ohne ein gründlicheres Erwägen. Selbst unser magisches Denken wird durch eine App trivialisiert.

Um gleich alle Nachfragen zu zerstreuen, ich bin Skorpion mit Löwe im Aszendenten. Großes, seriöses, teures Horoskop gemacht. Ah ja, jetzt ist alles klar.

Irrationale Ängste und aberwitzige Inkonsequenzen

Ich kenne viele Menschen, die erst auf der Therapeutencouch eine Vorstellung davon entwickelten, die eigenen, irrationalen Ängste und Trivialitäten nicht mehr zu glauben. Wer Angst hat zu scheitern, nicht gut genug zu sein, nicht perfekt zu sein, nicht gemocht zu werden, ist Gefangener seiner eigenen Gedanken. Irrationale Ängste, auch die narzisstischen, beherrschten die Gespräche in meinem Therapiezimmer. Das Leben dieser unglücklichen Menschen war von ihrem Vermeidungsverhalten bestimmt. Ihr Ziel war es, der Befürchtung so gut wie nur möglich aus dem Weg zu gehen. Der Befürchtung, allein zu sein. Der Befürchtung, schwach zu sein. Der Befürchtung, zu scheitern. Der Befürchtung, peinlich zu sein. Dagegen half sehr konkretes Vermeiden von Situationen, in denen sich die Befürchtung ereignen könnte. Prophylaktisch gab es zur Vermeidung auch noch Angst verstärkende Kognitionen durch fantasievoll ausgemalte Bedrohungen.

Dem Gedanken, einen Ausweg aus der eigenen Misere zu finden, standen starke Sätze entgegen: Wenn du gehst, dann wird etwas passieren! Dann ist der Teufel los. Nun. Wird der Teufel aus der dunklen Ecke kriechen und in einen hineinfahren, oder wird er einen auf der Stelle niederstrecken? Die Furcht vor dem abgründigen Bösen und Schlechten blockiert jede Selbstentfaltung. Und hat im Abendland durch den Teufel eine lange Tradition. Wenn etwas Irrationales und Triviales Angst machen soll, dann ist es die Vorstellung des Teufels, die einer persönlichen Entwicklung auch entgegenstehen kann. Der Satan war heute noch in der Vorstellung ein mächtiger Mitspieler. Dagegen konnte nur die Vorstellung helfen, ein paar Engel zu schicken. Am besten vier.* Und einen Keks.

* In Anlehnung an die 4:1-Regel: Vier positive Informationen neutralisieren eine negative Information.

Ein irrational positiver, optimistischer Gedanke hatte die Macht, mich zu beflügeln. Deswegen fing ich an, mit Lotti Golf zu spielen. Ein irrational negativistischer, depressiver Gedanke hatte die Macht, mich zu vernichten. Und auch um das zu vermeiden, fing ich an, mit Lotti Golf zu spielen.

Top Ten der trivialen Selbstsabotage

Angst vor Ablehnung – Die irrationale Befürchtung, durch negative Beurteilung ständig abgelehnt zu werden und dass es sich daher nicht rentiert, eigene Bedürfnisse oder Wünsche zu äußern. Um Ablehnung zu vermeiden, werden eigene Bedürfnisse zurückgehalten und schlimmstenfalls eigene Träume nicht verfolgt. Trifft eher die neurotisch akzentuierten Narzissten.

Perfektionismus – Die irrationale Befürchtung, abgelehnt zu werden oder als unvollkommen zu gelten, wenn man Fehler begeht oder Unfertiges leistet. Um Ablehnung zu vermeiden, muss alles immer perfekt sein. Grandiose wie neurotische Narzissten können das perfekt.

Katastrophendenken – Die irrationale Befürchtung, dass kleinste Fehler oder Handlungen katastrophale Folgen haben. Um das zu vermeiden, wird Mikado gespielt – wer sich zuerst bewegt, hat verloren. Man lebt in ständiger Angst und Sorge vor dem Eintreten möglicher Katastrophen. Auch wenn diese faktisch unwahrscheinlich sind, passieren sie manchmal. Und wenn, dann bezieht man das Unglück zu hundert Prozent auf sich. Und wenn man manipulativ ist, überträgt man diese Wirkmacht als narzisstischer Mensch auf sein Umfeld. Auf eigene Kinder, die Familie oder auch den Beruf.

Hypochondrie – Die irrationale Befürchtung, an einer schweren körperlichen oder psychischen Erkrankung zu leiden, selbst wenn nur harmlose oder keine Hinweise vorliegen.

Auch, wenn genau das Gegenteil bewiesen ist, führt das Vermeidungsverhalten dazu, sich weiterhin damit zu beschäftigen, etwa durch Internetrecherche oder Arztbesuche, schwer krank zu sein. Die schlechte Nachricht: Hypochonder leben kürzer. Was narzisstischen Personen, die um ihr Leben fürchten, eine Warnung sein kann.

Zukunftsängste – Die irrationale Befürchtung, dass in der Zukunft negative Ereignisse eintreten werden, ohne dass hierfür fassbare Beweise vorliegen. Die Unfähigkeit, mit den Unwägbarkeiten des Lebens klarzukommen, verstärkt negativ dieses Denken. Schwerlich, sich diesen Ängsten zu stellen, da sie in der Zukunft liegen. Was narzisstische Menschen zu Höchstleistungen anspornt. Weil sie solche Angst vor der Zukunft haben, dass sie lieber alles jetzt perfekt und gut machen.

Soziale Ängste – Die irrationale Befürchtung, dass soziale Situationen immer peinlich und beschämend für einen sind. Auch wenn es hierzu keinen weiteren Hinweis gibt, außer der eigenen körperlichen Reaktion, blockiert man und vermeidet, genau das zu üben, was man fürchtet: unter Leute zu gehen, sich auszuprobieren und Freude am Leben zu haben. Was grandiosen Narzissten nicht schwerfällt.

Schwarz-Weiß-Denken – Die irrationale Haltung, in zwei gegensätzlichen Kategorien zu denken. Das Vermeidungsverhalten verweigert das Graudenken und das Denken in Nuancen, da es als nicht existent oder schwer akzeptabel gilt. Das ist die Hauptbeschäftigung narzisstischer Personen.

Selbstschuldzuweisung – Die irrationale Befürchtung, selbst schuldig zu sein an negativen Ereignissen, auch wenn es hierzu keine oder nur behauptete Gründe gibt, die man selbst erkennt oder die einem andere Personen mitteilen. Vermeidungsverhalten ist das eigene schlechte Gewissen und die Bereitschaft, Schuldgefühle zu pflegen, statt sich davon frei zu machen.

Schuldvermeidung kann auch dazu führen, dass man sich ständig darum sorgt und kümmert, anderen immer ein tadelloses Bild von sich zu präsentieren und sich nichts zuschulden kommen zu lassen. Was einem Vollzeitjob gleichkommt und am liebsten von Partnern narzisstischer Menschen und selbstunsicheren, vulnerablen Narzissten betrieben wird.
Kognitive Verzerrungen – Die irrationale Befürchtung durch verzerrte Denkweisen, die positiv wie negativ sein können und verhindern, dass man klar und objektiv auf die Realität blickt. Was auch narzisstische Menschen typischerweise tun, bis ihre überzogenen Verzerrungen zerplatzen und sie sich in einer völlig fremden Realität wiederfinden.

Lotti und Pablo

»Papi, du fährst viel zu schnell!«, hörte ich die Kinder rufen. Lotti war neben mir auf dem Beifahrersitz eingeschlafen. Ich spürte immer noch meinen Groll über die behauptete Selbstkontrolle des Lebens eines John Strelecky: Wenn man nur fest genug an etwas glaube oder nur konsequent genug sein Ziel verfolge, dann fände man den Sinn des Lebens. Ich war zu schnell. Ich spürte den Verlust meiner Selbstkontrolle, die ich direkt in Geschwindigkeit umsetzte, um mich irgendwie abzureagieren. Wieder riefen die Kinder. Ich drosselte den Motor und ließ den roten Bulli über die Baustellen des Autobahnzubringers ausrollen. Bald wären wir in Barcelona.

Außer Kontrolle

Du kontrollierst dein Leben etwa nicht?! Nicht jeden Moment!?

Kontrolle, das wissen wir doch längst, ist Teil der Illusion. Ist auch ein irrationaler Gedanke. Der uns beruhigen, der uns aber auch knechten kann.

Auch narzisstische Selbsttäuschungen helfen dabei ungemein, die Illusion der Kontrolle aufrechtzuhalten. Aber es ist ein Fehlschluss, zu glauben, dass wir schuld sind, wenn wir die Kontrolle verloren haben.

Eine narzisstisch-grandiose Person würde das locker wegstecken. Aber eine narzisstisch-neurotisch-selbstunsichere Person nicht. Sie ackert am Vermeidungsverhalten, nie die Kontrolle zu verlieren, um niemals ihren Anspruch nach Anerkennung zu verlieren.

Das ist übrigens auch das psychologische Desaster, das uns als Menschheit erwartet, wenn wir die Klimakatastrophe nicht abwenden. Die Schuldgefühle werden uns zerreißen, und wir werden einen Schuldigen finden und bestrafen müssen. Narzisstische, dominante und auch maligne Personen zeigen eine hohe Bestrafungstendenz. Werden also Schuldgefühle ausgelöst, so werden sie von einer solchen Person kanalisiert, und jemand wird bestraft. Gibt es niemanden, der bestraft werden kann, dann wird man sich selbst bestrafen oder man wird einen Sündenbock finden. Irgendwer muss schuld daran sein!

Golfregeln

Die narzisstisch selbstermächtigende Golfmetapher von John Strelecky hing mir den ganzen Tag in den neuen Golfklamotten. Die ich noch kaufen sollte. Als ob Menschen nicht in natürlichen und gesellschaftlichen Abhängigkeiten leben. Können und müssen. Strelecky lockert diese Abhängigkeit auf, indem er das Golfspiel als Metapher nutzt. Das Symbol der Herrschaftsklasse. »Niemand kümmerte sich darum, von welchem Platz ich den Golfball abschlug, außer mir selbst.« Diese Aussage wird dann auf alle Lebensbereiche übertragen und Strelecky warnt davor, uns von anderen Menschen beeinflussen zu lassen: »Nur Sie alleine wissen wirklich, was Sie mit ihrem Leben anfangen wollen. Lassen Sie niemals zu, dass andere Dinge oder Menschen Sie an einen Punkt bringen, an dem Sie das Gefühl haben, Ihr eigenes Schicksal nicht länger bestimmen zu können.« Und dann greift er die fragwürdige Golf-Metapher wieder auf und rät: »Ergreifen Sie die Initiative und wählen Sie Ihren Weg selbst, sonst tun andere es für Sie. Legen Sie den Golfball einfach an einen anderen Platz.«[11]

In dieser Aussage stecken so viele Probleme wie vermutlich potenziell in vielen Metaphern. Metaphern sind Vereinfachungen, aber sie tragen eine tiefere Botschaft.

Diese Metapher hier strotzt nur so vor Narzissmus. Vor Desinteresse an anderen Menschen und sozialen Bindungen. Sie ist disruptiv und spornt zur Zerstörung an. Sie ist undefiniert subversiv und ruft zum Bruch auf. Welches Muster soll durchbrochen werden? Regeln? Gesetze? Ist es ein Aufruf zum sozialen Ungehorsam? Ein Aufruf zur Revolte? Zum Sturm gegen die Golfszene?

Diese Metapher trivialisiert das Leben in seiner Widersprüchlichkeit und Komplexität. Sie leugnet den Fakt, dass es das Unbewusste gibt, dass es eine Biologie des Lebens gibt, dass es Veränderungen des Bewusstseins gibt, ob erzeugt durch den Konsum von Substanzen oder durch Stress und Trauma. Sie leugnet, dass wir von weit mehr als nur der eigenen Fähigkeit oder Unfähigkeit zur Entscheidung konstituiert sind. Was uns alles selbstverständlich beherrscht und damit beeinflusst, ist, Stand heute, eher unklar. Wo sollen wir also ansetzen?

So eine Aussage ist romantisch und oberflächlich. Sie ist rigide und unangepasst, unoffen und unflexibel. Sie ist sogar extrem unempathisch.

Strelecky verstößt gegen ein Regelwerk, das sich Menschen selbst auferlegt haben, um geordnet miteinander klarzukommen: die offiziellen Golfregeln[12]. Man kann den Golfball nur an einen anderen Platz legen, wenn es dazu einen guten Grund gibt, der im Regelwerk erfasst ist, sonst bricht man die Regeln, riskiert eine Strafe und schummelt. Ich kann Strelecky also nur so interpretieren, dass er hier zum Bruch geltender und sinnvoller Regeln aufruft.

Lotti und Pablo

Mein Ehrgeiz war geweckt. In Barcelona angekommen, lud ich die Golf-App und das offizielle Regelverzeichnis. Wie ein Süchtiger sich eine frische Line Koks reinzieht, zog ich mir online die Spielregeln rein. Die Kinder kauften sich schwarze Queen-T-Shirts, und zwischen den Kleiderstangen im Vintagestore sank ich ein in fremde Universen voller lustiger Regeln. Mit großem Vergnügen erinnerte ich mich auch an die Parodie, die einzig vernünftige Reaktion und damit berechtigte Parodie auf Streleckys psychologische Tieffliegerei. Die schrieb übrigens ganz hervorragend der ehemalige Titanic-Autor Leo Fischer. Ich hätte die Parodie am liebsten selbst geschrieben. Aber ich kann nicht alles tun, und somit verneige ich mich vor dem Buch »Der Kaffee am Arsch der Welt« und sage Danke dafür. Es ist besonders als Hörbuch einsame Spitze. Ausgezeichnet gefiel mir Leo Fischers philosophisch-psychologisch-satirisch unterfütterte Weisheit, formuliert als Selbstbefehl: »Um alles zu bekommen, müssen Sie einfach nur Sie selbst sein. Fangen Sie jetzt damit an. Jetzt! Nein, nicht so. Anders. So auch nicht. Sie machen es falsch. Immer noch. Na ja, selber schuld.«[13] Grandios.

Grandios und voller Glück, wie wenn man eine Reise beginnt und ein fremdes Land betritt, ganz im Zauber des Neubeginns, fühlten wir uns, als Lotti und ich die Schwingtür zum Golfshop-Discounter im Industriegebiet am Rande von Barcelona betraten. Endlos lange Regale mit Golfklamotten aus Viskose warteten auf uns. Wir brauchten Golfklamotten. Jede Menge Golfklamotten. Ich fühlte mich wie Neo, der in Matrix[14] seine Waffen bestellte und von redundanten Regalfluchten umgeben wurde. Hier griff ich hinein, mal dies, mal das. Hosen, Shirts, Schuhe. Auch Lotti sprang freudig zwischen Umkleide und Supersparangeboten hin und her. In Vollmontur mit *Under Armour, Lindbergh, Polo-Ralph-Lauren* und *Callaway.*

Plötzlich klingelte Lottis Handy. Victor war dran und wollte noch ein paar Bestellungen für sich durchgeben. Er suchte ein orangenes Shirt von *Boss*. Mit großem Logo.

Wir schoben uns zur Kasse, wo wir uns wieder vollständig entkleideten. Der Mitarbeiter entwertete alles, schnippelte die unzähligen Tags ab, während eine Mitarbeiterin alles einscannte. Ich zahlte in Unterhose mit der Kreditkarte und zog mich dann vor der wartenden Schlange wieder an. Am frühen Abend sollte es gleich nach unserer Rückkehr wieder auf den Platz gehen.

Auf der Betriebsfeier, sagte uns dann der Kassierer, werde er das Video der Überwachungskamera abspielen. So ein lustiges Paar hätte er noch nicht in seinem Laden gehabt. Immer gerne, sagte ich lachend, und mit drei riesigen Einkaufstüten zogen wir weiter. Barcelona, die Kinder und der Hund warteten längst auf uns. Von denen wir wie Helden begrüßt wurden, die ihre erste Quest bestanden hatten.

Heldenreisen

Keine Trivialisierung scheint mir das Konzept der Heldenreise[15] zu sein. Lieben wir nicht alle gute Geschichten? Was ist mit unserer eigenen Geschichte, wann fangen wir an, sie zu leben? Sich eine eigene, gute Heldenreise für das eigene Leben auszudenken, ist eine der wirksamsten Strategien gegen die Selbstsabotage. Denn es sind nicht nur Ideen, die uns leiten, sondern ganze Geschichten. Die Entwicklung eines eigenen Storytellings ist eine ganz besondere Kraft, die uns hebt, zu leben.

Mythen und Heldensagen erzählten wir Menschen uns schon seit Anbeginn der Zeit. Heute lesen wir sie in Büchern und schauen ihnen zu im Kino. Geschichten sind faszinierend, nicht nur, weil ihre narzisstischen Bösewichte so attraktiv sind. Sondern weil sie uns als Mensch in emotionaler und existenzieller Weise ansprechen.

Der Weg zum Happy End ist dabei das Spannende und fordert uns heraus. Wir wollen mitarbeiten mit dem Helden, der sich da auf den Weg macht. Je krasser die Hindernisse, desto besser. Was dem Helden wichtig ist, soll so unerreichbar wie nur möglich sein. Desto fesselnder ist die Story.

Storys sind jedoch mehr als nur fantasierte, überspitzte Dramen, Tragödien, Krimis, Barbie- oder Spionagefilme.

Storys stehen auch für an Belohnung orientiertes Verhalten durch absichtsvolles Handeln. Wozu narzisstisch orientierte Menschen eher neigen. Aber das Prinzip der Belohnung funktioniert für viele Menschen. Belohnung ist das Glück, das wir spüren, wenn wir etwas erreicht haben, das wir zunächst zurückstellten oder das wir unter Inkaufnahme von Schwierigkeiten und Anstrengungen erreichen. Glücksgefühl und Befriedigung durch Belohnung entstehen durch kleine Dopaminausschüttungen des Gehirns. Während man ein größeres, übergeordnetes Ziel anpeilt und auf dem Weg dorthin immer wieder kleine Erfolge einfährt. Darauf einen Keks!

Statt das fern liegende Ziel abzuwerten, wie es viele Menschen tun, und auf die Belohnung zu pfeifen, um sich durch Verzicht selbst zu stabilisieren und ja, auch zu täuschen, trägt die Idee der Heldenreise dazu bei, sich mutig und zuversichtlich auf den Weg zu machen.[16] Absichtsvolles Handeln *(Purpose)* ist motivierend, und das hat bereits auch früh die Computerspielindustrie für sich entdeckt.[17] Absichtsvolles Handeln funktioniert auch dann, wenn es kein konkretes Ziel gibt, sondern das Ziel offen ist. Beispielsweise beim Sammeln von Münzen und Punkten.

Joseph Campbell war Mythenforscher und begriff, noch bevor die neurobiologische Grundlage der Belohnung beim Menschen[18] vollends verstanden wurde, wie sich Menschen belohnungsorientiert verhalten, wenn sie ein großes Ziel verfolgen.[19] Campbell interessierte, was die unterschiedlichen Mythen und Geschichten aus Altertum und Neuzeit, von Odysseus, Jesus von Nazareth bis Buddha gemeinsam haben. Er fand heraus, dass die sehr unterschiedlichen Helden nach einem bestimmten universellen Verhaltensmuster ihre Geschichten meisterten und warum sie dranblieben und nicht aufgaben. Auf dieses Muster, das Campell den »Monomythos« nannte, lassen sich alle Geschichten der Menschheit reduzieren. Es ist ihr Wesen und ihr Kern. Auf diesem Muster basierend können wir die Existenz und die Lebenswege des Menschen verstehen. Wir können damit aber auch nach vorne denken und Geschichten entwickeln, die existenzielle menschliche Themen abhandeln.

Ich verwende den Monomythos auch immer wieder als Referenz in meiner Psychotherapie, um meinen Klienten zu verdeutlichen, dass eine Therapie sinnbildlich auch eine Heldenreise ist, in der sie selbst die auserwählte Person sind, sich mit existenziellen Themen und sich selbst zu befassen.

Dieses Konzept spricht besonders Menschen an, die ihren eigenen Narzissmus für sich hilfreich einsetzen. Ohne sich künstlich zu überhöhen, packt einen der Ehrgeiz, und man macht sich metaphorisch oder ganz real auf die Reise. Denn es geht im Monomythos um eine persönliche, intime Entwicklung und Veränderung (Transformation), die jeder Mensch zwischen Geburt und Tod durchläuft. Veränderungen, an denen der Mensch wachsen kann, indem er Schwierigkeiten bewältigt oder daran scheitert.

Somit ist der Monomythos eine, wie ich finde, wichtige Orientierungshilfe, eine Schablone, die einen auch vor der Selbstsabotage schützt. Davor, an der Selbstsabotage im Alltag hängen zu bleiben, sich nicht weiterzuentwickeln oder sogar, an wirklich triviale Märchen zu glauben und intellektuell stecken zu bleiben.

Ich finde es inspirierend für das eigene Leben, aufzubrechen und sich neuen Aufgaben zu stellen. Auch der Heros bricht auf, verändert Normen und Regeln, stemmt sich gegen eigene Widerstände, lernt und wandelt sich, um dann wieder mit neuem Wissen und neuen Erfahrungen in die Alltagswelt zurückzukehren.

Eine Heldenreise kann man daher in jeder Lebenssituation erleben und selbst durchlaufen. Ob beim Suchen und Finden der Liebe, dem Streben in eine gute Ausbildung, beim Verfolgen eines Lebenstraums, in der beruflichen Karriere, beim Gestalten einer Urlaubsreise oder der Entwicklung einer fiktionalen Geschichte für die Unterhaltungsbranche. Oder in einer Psychotherapie. Oder an der Wursttheke.

Der Heros ist ein Mensch, der sich selbst begegnet. Der Heros bricht auf, um das Problem zu lösen. Der Heros findet das Lebenselixier, bildhaft gesprochen, wie Campbell es formuliert. Damit zutiefst verknüpft sind ein psychologisches Ziel der Erkenntnis und ein Reifungsprozess. Die Heldenreise ist demnach keine Trivialisierung, sondern die Essenz des größten Abenteuers, des Menschen. Des Lebens selbst.

Die Entwicklungsschritte der Heldenreise*

- **Der Ruf des Abenteuers:** Eine wichtige Aufgabe erscheint plötzlich, oder ein Mangel taucht auf.
- **Weigerung:** Der Heros zögert zunächst, dem Ruf zu folgen. Etwa weil er nicht bereit ist, Sicherheiten aufzugeben.
- **Übernatürliche Hilfe:** Der Heros trifft unerwartet auf einen oder mehrere Mentoren, die ihm bei seiner Aufgabe helfen.
- **Das Überschreiten der ersten Schwelle:** Schließlich überwindet der Heros sein anfängliches Zögern und macht sich auf die Reise.
- **Der Bauch des Walfischs:** Große Probleme treten auf, die den Helden zu überwältigen drohen. Nun wird ihm zum ersten Mal das volle Ausmaß seiner Aufgabe bewusst.
- **Der Weg der Prüfungen:** Es treten weitere Probleme auf. Prüfungen und Auseinandersetzungen, die sich als Kämpfe gegen die eigenen inneren Widerstände und Illusionen erweisen können.
- **Die Begegnung mit der Göttin:** Dem Heros wird die gegengeschlechtliche Macht offenbar.
- **Die Frau als Versucherin:** Die Alternative zum Weg des Heros kann sich auch als vermeintlich sehr angenehme Zeit an der Seite einer verführerischen Frau offenbaren.
- **Versöhnung mit dem Vater:** Der Heros steht vor der Erkenntnis, dass er Teil einer genealogischen Kette ist. Er trägt das Erbe seiner Vorfahren in sich. Es kann auch sein, dass sein Gegner in Wahrheit er selbst ist.

* Angepasst aus: CAMPBELL, Joseph. The hero's journey: Joseph Campbell on his life and work. Novato: New World Library, 2003; Vgl. HOFELICH, Markus. Finde deinen Sinn des Lebens. Erkenne dich selbst und entfalte dein Potenzial. Eigenverlag, SinndesLebens24.de, 2021.

- **Apotheose:** In der Verwirklichung der Reise wird dem Heros offenbar, dass er göttliches Potenzial in sich trägt.
- **Die endgültige Segnung:** Seine Mission ist erfüllt, der Heros hat das Elixier oder den Schatz empfangen oder geraubt. Damit könnte die Welt, aus der der Heros aufgebrochen ist, gerettet werden. Dieser Schatz kann auch aus einer inneren Erfahrung bestehen, die durch einen Gegenstand (wie etwa einen Ring) symbolisiert wird.
- **Verweigerung der Rückkehr:** Der Heros zögert zunächst, in die Welt des Alltags zurückzukehren.
- **Die magische Flucht:** Schließlich wird der Held doch durch innere Beweggründe oder äußeren Zwang zur Rückkehr bewegt. Diese vollzieht sich in einem magischen Flug oder durch Flucht vor negativen Kräften.
- **Rettung von außen:** Eine Tat oder ein Gedanke des Heros auf dem Hinweg wird nun zu seiner Rettung auf dem Rückweg. Oft handelt es sich um eine empathische Tat einem vermeintlich niederen Wesen gegenüber, die sich nun auszahlt.
- **Rückkehr über die Schwelle:** Der Heros überschreitet wieder die Schwelle zur Alltagswelt, aus der er ursprünglich aufgebrochen ist. Er trifft auf Unglauben oder Unverständnis. Nun muss er das auf der Heldenreise Gefundene oder Errungene in das Alltagsleben integrieren.
- **Herr der zwei Welten:** Schließlich vereint der Heros das Alltagsleben mit seinem neu erworbenen Wissen. Damit verbindet er die Welt seines Inneren mit den äußeren Anforderungen.
- **Freiheit zum Leben:** Am Ende hat das Elixier des Heros die normale Welt verändert. Indem er die Welt an seinen Erfahrungen teilhaben lässt, hat er sie zu einer neuen Freiheit des Lebens geführt.

Fortschritt ist nicht Stillstand

Aufbruch und Rückkehr zur Alltagswelt ist wie ein Kreis, aber Start und Endpunkt liegen nicht beieinander. Blickt man von oben zweidimensional auf diesen Kreis, scheint er geschlossen. Blickt man von der Seite auf den Kreis, verstehe ich ihn wie eine Spirale, wodurch Fortschritt symbolisiert wird. Wir enden in unserem Leben niemals am selben Ort, an dem wir gestartet sind. Auch wenn dieser Ort wieder in unserer Alltagswelt liegt, so haben wir nach dem Durchlaufen der Heldenreise einen Fortschritt darin erreicht. Das finde ich, ist das schönste Versprechen der Heldenreise. Das Konzept können wir jederzeit erleben, mehrfach und immer wieder anders durchlaufen, seien es viele, immer wieder umschriebene Lernerfahrungen oder als einen alles umspannenden Erzählungsbogen.

Die Heldenreise ist für mein Verständnis die beste Metastrategie, sich mit der Bewältigung der eigenen Selbstsabotage zu konfrontieren. Eine komplexe Reise, voller Rückschläge und Zerstreuungen, hin zu einer tieferen Erkenntnis und persönlichem Reifungsprozess. Die Heldenreise ist die beste Erinnerung gegen Selbstsabotage. Und ich nehme mir noch einen Keks.

Nichts zu erwarten

Die dramatische Vereinfachungstendenz findet überall ihr Publikum. Vereinfachung vereinfacht auch das Selbstbild in der Welt. Es beruhigt. Die meisten. Mich macht Vereinfachung nervös. Es gibt keine eine Lösung aller Probleme. Meiner Erfahrung nach ist es immer komplizierter, als man meint. Lieber nichts erwarten, aber auf alles vorbereitet sein. Ein Stand- und ein Spielbein. Fest und locker zugleich. Klingt auch einfach. Hat mir aber schon oft, nicht nur beim Spielen, geholfen.[20]

Menschen brauchen solche Formeln, solche kognitiven Fixpunkte, die einen leiten. Apropos Trivialisierung, Sinn des Lebens und inneres Kind. Stefanie Stahl sagte über ihren Sinn des Lebens: »Ich glaube, dass das Leben per se keinen Sinn macht. Ich bin auch nicht gläubig. Und dann muss man für sich selbst einen persönlichen Sinn innerhalb der Sinnlosigkeit des Daseins finden.«[21] Damit hat man dem Grunde nach auch nichts vom Leben zu erwarten. Es hilft, sich über den eigenen Sinn des Lebens bewusster zu werden, um dieser eher neutral-nihilistischen Erwartung, die vielleicht andere Menschen teilen, mit Sinnstiftendem zu ergänzen.

Familienaufstellung

Dann macht man eben eine Familienaufstellung. Mit diesem Gedanken half sich so mancher aus dem Dilemma, mit seiner Familie nicht klarzukommen. Ich rate meistens davon ab, eine Familienaufstellung nach Bert Hellinger (1925–2019)[22] zu machen. Sie ist häufig nur ein fahrlässiges Suggestionstheater, basierend auf fragwürdigen Methoden und Weltanschauungen.[23] Aufgrund der Gefährlichkeit bei psychisch labilen Personen möchte ich vor dieser Irrlehre explizit warnen. Darin zeigen sich meiner Meinung nach narzisstischer Größenwahn und mangelnde Empathie.[24]

Verbatim einer Hellinger-Sitzung, Leipziger Workshop 1997

Hellinger stellte eine sechsköpfige Familie auf, Eltern und vier Kinder, und sagte dem Ehemann zugewandt: »Hier sitzt die Liebe.« Wendete sich zum Hörerkreis von 500 Hörern und zeigte auf die Frau: »Und hier sitzt das kalte Herz. Die Kinder sind bei der Frau nicht sicher, die gehören zum Mann. Die Frau geht, die kann keiner mehr aufhalten!« Hellinger wendete sich zur Frau und sagte: »Das kann auch sterben bedeuten!« Daraufhin verließ die Frau 15 Minuten später den Saal und suizidierte sich nach 24 Stunden. Das läutete das Ende der Ära Hellinger ein, und jede Rechtfertigung, der Suizid der Frau sei zufällig und tragisch gewesen, kann durch zahlreiche, seriöse Quellen widerlegt werden, weil die Methode unethisch ist.[25]

Gestalttherapie und Focusing

Ich rate eher zur Gestalttherapie nach Fritz Perls.[26] In beiden Fällen sollte man prüfen, wenn durch den Kursleiter zu viel Interpretation oder zu viel Suggestion (Anregung) kommt. Keine solchen Therapieangebote ohne fundierte, breite Ausbildung des Kursleiters in vielen Methoden.

Problematisch ist, wenn jemand ohne Kenntnis des Klienten in Rollen des Vaters oder der Mutter schlüpft und emotional wirksame, suggestive Eingebungen oder »Ich spür da was« äußert. Mein Klient meinte zu Recht, es werde ihm zu viel Bullshit erzählt in diesen Sessions, da sei er eh raus. Dann komme der innere Satiriker zum Vorschein, wenn es zu sehr Comedy würde.

Seriöser ist, wenn die Familienmitglieder auf einem Familienbrett (eine Art Schachbrett mit kleinen Figuren) nach der systemischen Therapie aufgestellt werden, um Beziehungen zueinander aufzuzeigen.[27] Ganz frei von Esoterik kann das helfen, denn der Fokus bleibt auf dem Bericht und dem Erleben des Klienten, der hier langfristig in Therapie ist.

Zur Vertiefung des Erlebens eignen sich moderne Methoden wie EFT (Emotionsfokussiertes Arbeiten)[28] oder Focusing[29], wo nah, bewusst und still am emotionalen Erleben gearbeitet wird. Durch das stille Abfragen eigener Gefühle, also ohne darüber (sofort) zu sprechen, entstehen erst assoziierte Gedanken und Einfälle, und das fördert sehr gut die bewusste Selbstwahrnehmung. Was sehr hilfreich ist bei Menschen, die eher Schwierigkeiten damit haben, über sich und über die eigenen Emotionen nachzudenken, sie wahrzunehmen oder auszudrücken. Und was nur eingebettet in eine umfassendere Psychotherapiemethode anzuwenden ist.

Placebo- und Noceboeffekt

Labile Menschen sind besonders unter emotionalem Druck stark suggestibel, also stark durch gezielte Vorschläge beeinflussbar. Suggestion (englisch »*to suggest*«, »vorschlagen«) ist eine sehr wirksame Methode, andere zu beeinflussen. Eben auch jene neurotischen, narzisstischen Menschen, die sich in übersteigerten Fantasien um das eigene Ego verlieren.

Suggestion ist wie Empathie ein zweischneidiges Werkzeug der menschlichen Psyche. Hilfreiche Effekte werden therapeutisch genutzt, in der Hypnotherapie (Psychotherapiemethode mittels Hypnose, Entwickler Milton Erickson[30]). Die Methode nach Milton Erickson nutzt gezielt auch Suggestionen, die bei hoher Aufmerksamkeit und Bereitschaft hierfür am kritischen Bewusstsein vorbeigelangen und angenommen werden. Auf Suggestion beruhen auch der Placebo- und der Noceboeffekt.[31] Mit suggestiver Überzeugung kann Leid gelindert oder verstärkt werden. Sie zu benutzen für das Wohl des Klienten, ist sehr hilfreich. Sie zu missbrauchen für den eigenen Zweck und Nutzen auf Kosten des Klienten, hingegen fragwürdig. Beides passiert. Womit wir bei der Homöopathie[32] angekommen wären, als industriell kanalisierte Trivialisierung der Neuzeit.

Ein Wirkstoff wirkt, obschon kein Wirkstoff darin ist. Eine Arznei, die keine ist. Und eine Industrie, die vor allem in Deutschland davon sehr gut lebt, weil Menschen daran glauben, dass sie wirkt. Sogar naturwissenschaftlich ausgebildete.

Ich praktiziere in einer Kleinstadt, in der es die einzige Apotheke deutschlandweit gibt, die keine Homöopathika vertreibt.* Erinnert mich irgendwie an Asterix und sein gallisches Dorf, das erbitterten Widerstand leistet.

Die Kraft der Suggestion und der Autosuggestion ist eine große, psychische Kraft. Sie wird trivialisiert und über Umwege kanalisiert. Der Umweg eines Kügelchens Zucker. Vermutlich brauchen Menschen diesen Umweg, um die Wahrheit zu schlucken. Die Wahrheit, dass Suggestion wirkt.

Ein paar Quellen über die Etablierung dieses sogenannten alternativen Industriezweigs in Deutschland kommen jetzt. Wer sich bewusst macht, wann sich dieser im Fahrwasser des dunkelsten Kapitels der deutschen Geschichte entwickelte, wird Bauklötze staunen.

Ein entscheidender Wachstumsschub für alternative Heilmethoden war der Ärztemangel und die propagandistisch geschürte Argumentation der »Überjudung« deutscher Hochschulen und Krankenanstalten im Dritten Reich.[33] In Nazi-Deutschland gab es kriegsbedingten Ärztemangel, weil sie jüdische Ärzte aus dem Beruf trieben (man überlebte durch Emigration, aber wer blieb, wurde in den Konzentrationslagern ermordet) und die restlichen Ärzte im Kriegsdienst waren. Naturärzte und Homöopathen erlebten in den ersten Jahren des Nationalsozialismus eine erhebliche Aufwertung, weil die Schulmedizin als jüdisch-marxistisch entwertet wurde.[34] *Das* muss man sich mal ganz langsam und unverdünnt auf der Zunge zergehen lassen.

Es war übrigens auch die Geburtsstunde des »behandelnden Psychologen«[35]. So wurden am »Göring-Institut« nach zweijäh-

* Nämlich die Bahnhof Apotheke in Weilheim.

riger Ausbildung Psychologen zu »klinisch-therapeutischen« Behandlern und ärztlich zugelassen. Not macht erfinderisch – auch zum »Glück« heutiger Klienten. Gäbe es keine klinisch tätigen psychotherapeutischen Psychologen, wäre es heute noch schwieriger, einen Therapieplatz zu finden. Ein historisch schwer getrübtes Glück. Darauf einen nachdenklichen und traurigen Keks aus der imaginierten Keksdose. Denn diese Not durch »kriegsbedingten Ärztemangel« wäre ohne die Verfolgung und grausame Ermordung jüdischer Menschen gar nicht erst aufgekommen.

Manipulation und Aufdeckung

Suggestion ist die Hauptkomponente der Manipulation.[36] Wer jemanden manipuliert, der wendet gezielt rhetorische Techniken an, um ein einfaches Bild zu zeichnen, das überzeugt. Suggestion findet auf der sichtbaren Ebene des Narzissmus statt, an der Oberfläche (der Spielebene)[37]. Hier spielen die suggestiven Effekte des Narzissmus ihr Spiel. Suggestionseffekte sind die Basis jeder Manipulation, und deren Gegenmaßnahmen entlarven diese, aber nur, wer sie kennt, und weiß, wie es geht. Wer keine Kenntnis darüber hat, wie Suggestionseffekte funktionieren und man Manipulationen begegnet, der sabotiert sich womöglich selbst. Der wird sehr wahrscheinlich zu Entscheidungen geführt, die ihm eher schaden statt nutzen. Das ist Selbstsabotage.

Manipuliert wird typischerweise in Konfliktsituationen, etwa eines Paares. Hat das Paar unterschiedliche Handlungsziele, wird vielleicht eine Partei Manipulation anwenden, die eher zum eigenen Handlungsziel und der Erfüllung des eigenen Bedürfnisses passt.

Manipulationsstrategien (Auswahl[38])
Nötigung/Zwang-Taktik – Ziel: Beendet unerwünschtes Verhalten durch erzwungene Tatsachen und Schaffen von Fakten
Hardball-Taktik – Ziel: Beendet unerwünschtes Verhalten durch psychische, emotionale oder körperliche Gewalt und/oder Gewaltandrohung
Guilt-Trip – Ziel: Beendet unerwünschtes Verhalten durch das Erzeugen von Schuldgefühlen und schlechtes Gewissen
Argumentieren und Rationalisieren – Ziel: Löst erwünschtes Verhalten durch Scheinbegründungen aus
Silent Treatment – Ziel: Beendet unerwünschtes Verhalten durch Schweigebehandlung
Charme Taktik – Ziel: Löst erwünschtes Verhalten durch Honig-um-den-Mund-Schmieren aus
Vergleichstaktik – Ziel: Löst erwünschtes Verhalten durch Vergleiche aus, typisch z. B. Whataboutism, Was-ist-mit-dem
Zuckerbrot-und-Peitsche – Ziel: Löst erwünschtes Verhalten durch Lob und Strafe aus
Sozialdruck Taktik – Ziel: Löst erwünschtes Verhalten durch Hinweis auf eine ähnliche Personengruppe, die das doch auch macht, aus

Manipulation sind Taktiken, die Einzelpersonen absichtlich anwenden, um die sozialen Umgebungen, in denen sie leben, zu verändern, zu gestalten, auszunutzen oder zu verändern. Manipulationstaktiken sind stark vom Kontext und vom Persönlichkeitsstil abhängig.

Jeder Mensch manipuliert mehr oder weniger. Ich kann mir vorstellen (Achtung! Manipulation!), dass man, wenn die Manipulationstendenz erheblich, hartnäckig und störend für die eigene Entfaltung ist, vielleicht lernen sollte, angemessen darauf zu reagieren.

Mit folgenden **Strategien:**

- Selbst Techniken der Manipulation und deren Gegenmaßnahmen aneignen, z. B. in Fortbildungen
- Widersprüche aushalten und eher (immer mehr) auf Abstand zur manipulierenden Person gehen, denn aushalten und NICHT machen, was einem suggeriert wird, ist eine Superpower.
- Trauer um den Verlust einer zu manipulativen Beziehung, die einem irgendwann wichtig war und vielleicht noch ist. Und gehen.

Resilienz und Zaubersprüche

Aushalten ist eine Superpower. Ich empfehle sie ständig. Einmal murmelte einer meiner Klienten, als er ging: Und keine Zauberformel des Doktors. Ich nickte empathisch. Das nennt man wohl Resilienz, fasste mein Klient zusammen, der sich im Aushalten von Widersprüchen üben sollte, und wieder nickte ich. Aber nicht wie eine deutsche Denke Resilienz verstehen möge, als Rücksprungkraft von Krupp-Stahl. Sondern als neues Leben, das entsteht, wenn ein Leben vernichtet wurde.[39] Er sollte sich diese Chance geben, ein neues Leben für sich zu erschaffen und wachsen zu lassen. Auszuhalten und zu akzeptieren, dass es wohl anders nicht möglich war. Nach der Veränderung und der Überwindung kommt immer eine Phase des persönlichen Wachstums.

Doch halt! Als ich zur Mittagspause ging nach dieser Therapiesitzung, fiel mir ein, dass es doch eine Zauberformel gab. Harry Potter, der Zauberlehrling, veränderte mit »Riddikulus!« die Form, den Ausdruck und die Macht seiner Widersacher, der Irrwichte.[40] Er verkleinerte sie und machte sie lächerlich, und zwar so, wie es sich der Zauberlehrling vorstellte. Ein Trick, den auch seriöse Hypnotherapeuten vorschlagen.[41] Durch kreative Hypnotherapie nutzt man die Kraft der Vorstellung, jene antagonistischen Kräfte ins Lächerliche zu verzaubern und damit unter Kontrolle zu bringen.[42] Riddikulus! Gegen die ernsthafte Bedrohung durch Dementoren aber hilft nur Expecto Patronum!

Lotti und Pablo

Wir saßen im Golfklub und blätterten in den Golfmagazinen. »Trump hat wieder ein Klub-Turnier gewonnen«, las Lotti. Er war, nach eigener Aussage, ein sehr guter Golfspieler. Man sollte nur nicht mit ihm zusammenspielen, er würde durchgehend betrügen, und man würde verlieren. Golf konnte so einiges an Persönlichkeitspsychologie zutage fördern. Lotti lachte. »Er schummelt dauernd!«, stieß sie amüsiert aus. »Er hat immer einen zweiten Ball dabei, den er droppen lässt, wenn er einen verloren hat. Er fährt immer als Erster mit seinem superschnellen Golfcart voraus, da sieht dann niemand, was er tut. Er spielt nie bis ganz zu Ende, sondern schenkt sich selbst den letzten Schlag.« Eine Geste, die man eigentlich untereinander macht, wenn man weiß, dass man einlochen wird. Trump macht es aber schon viele Meter vor dem Green, um schnell weiter zum nächsten Abschlag zu kommen. Trump war darin so überzeugt und überzeugend, der Beste zu sein, dass er sich das Schummeln leisten konnte. Es gab unzählige Möglichkeiten beim Golf zu schummeln, stellten wir fest. Etwa, wenn der Ball im Bunker, einer Sandmulde, gelandet war. Aus dem Bunker schlägt man nur den Sand und wirft den Ball aus der Hand hinterher. Unserer Kreativität war kein Bunker zu tief, kein Rough zu hoch. Aber das würden wir niemals tun, lachten wir.

Trivialisierung, Trash und Trump

Das Spiel mit der Überzeugung nutzen alle Verführer, große wie kleine, um ihre (auch zerstörerischen) Ziele zu erreichen. Alle Verschwörungserzähler und Anstifter infizieren die Empfänger dieser Erzählungen (Narrative) mit Überzeugungen, die sich ausbreiten, wachsen und sich in Gewalthandlungen gegen Personen, die den geglaubten, irrationalen Annahmen widersprechen, entfalten. Ich bin überzeugt, dass es so ist! Ich weiß, dass es so ist! Ich weiß es! Das ist der Beweis. Mehr brauche ich nicht. Bist du etwa anderer Meinung? Dann greife ich dich an!

Vor allem funktioniert dieser Trick prächtig, wenn sich die Verschwörer in die Opferrolle begeben und ihre Gewalt legitimieren, weil sie sich »verteidigen« müssen gegen die anders Gesinnten. Diese Verkehrung ins Gegenteil ist eine typische psychische Abwehrreaktion und ermöglicht die Abreaktion angestauter Emotionen, etwa die Wut über ein real erlittenes oder nur imaginiertes Unrecht. Das ist letztlich auch Selbstsabotage. Denn diese Legitimation spaltet. Ob als Streit in einer Beziehung, in Familien oder unter Freunden. Und die aufgeladenen Stimmungen können sich in Gewalt entladen.

Um ein wenig zu kapieren, wie manipulative Zerstörung funktioniert und wie sehr sie demokratiegefährdend ist, hilft ein Blick in die USA und die Verschwörungsgeschichte um Q. Q ist sehr wahrscheinlich das Pseudonym einer unbekannten Person, eine im Internet kursierende Stimme, auf die sich die rechtsradikale Bewegung QAnon bezieht. Q ist in seinen Posts mehr als geheimnisvoll, sehr kurz, sehr vage, und man würde sagen, völlig unverständlich. Weil es unverständlich ist, müssen die Aussagen eine Geheimbotschaft enthalten, so die Verkehrung ins Gegenteil. Am 12. Juni 2018 droppte Q diesen Post auf 8chan, einer anonymen Internetplattform.

»This is not a game.
Certain events were not supposed to take place.«
Q.

Zeilen wie diese werden von den Anhängern der QAnon-Bewegung sofort »analysiert« und als Hinweis auch für die Existenz eines geheimen Staates im Staate (»Deep State«) ausgelegt.[43] Unbegründbares wird als Wahrheit präsentiert und von den Anhängern geglaubt.

Die merkwürdige Erscheinung von Q ist nicht das größte Problem, sondern die illusionäre, verschwörerische Auslegung durch seine Anhänger ist es. Abwegige, kontrafaktische Verschwörungsnarrative, in denen sich rechtsradikales Gedankengut ergießt. QAnon ist eine Verschwörungsgruppe, deren Anhänger glauben, dass dem »Deep State« pädophile Satanisten angehörten, die Blut von Kindern tränken und mit den Demokraten und der Hollywood-Elite gemeinsame Sache machten. Da ist er wieder, der ewige Angstmacher. Satan. Kein Witz.

Der fünfundvierzigste Präsident der Vereinigten Staaten von Amerika, Donald J. Trump, nutzte diese Bewegung für seine politischen Zwecke. Er hatte sich stets geweigert, den seit 2017 existierenden Verschwörungsmythos öffentlich anzuprangern, und ihn damit indirekt legitimiert. Am 26. August 2020 lud Donald J. Trump sogar eine QAnon-Anhängerin zu seiner Nominierung als republikanischer Präsidentschaftskandidat ins Weiße Haus. Im September 2020 retweetete Trump ein Video, in dem der Präsidentschaftskandidat der Demokraten, Joseph R. Biden, als Pädophiler dargestellt wurde. Ein zusammengeschnittener, vermutlich auch manipulierter Videoclip, in dem Biden bei unterschiedlichen Empfängen und Fototerminen Mädchen den Kopf etwas zu lange streichelt, küsst oder sie umarmt und die sich aus dieser Geste herauswinden, weil sie von Biden so nicht berührt werden wollen.[44] Hiernach erklärte Donald J. Trump, Biden werde »von dunklen Mächten gesteuert«[45]. Das gestreute Narrativ, Biden sei pädophil, wurde durch zahlreiche solcher Videos gestützt. Ein Drittel der republikanischen Wähler glaubte danach die Thesen von QAnon.[46]

Eine Fülle solcher Geschichten sind dokumentiert und online nachzulesen.[47]

Schließlich brauchte es am 6. Januar 2021, der Tag, an dem im Senat die Wahlmänner den neuen Präsidenten Joseph R. Biden bestätigten, nur noch die präsidiale Einladung, zum Kapitol zu gehen *(»Let's walk down to the Capitol«)*, die Aufforderung zu kämpfen *(»If you don't fight like hell you're not going to have a country anymore«)* und ein präsidiales Tänzchen auf der Rednerbühne, um den Sturm auf das Kapitol auszulösen. So führten die manipulativen Einflüsterungen von Donald J. Trump schließlich zur subjektiven Überzeugung eines halb verblödeten Mobs, der das Kapitol stürmte. Die Bilanz war furchtbar. Vier tote Randalierer und ein toter Polizist, Sachschaden und immaterielle Schäden an der Demokratie und an der Seele aller demokratisch und freiheitsliebenden Menschen. Aufzeichnungen belegen, dass die Randalierer planlos in den Schriftstücken der Senatoren nach Beweisen für ihre Verschwörungsgeschichte suchten.

»Hier muss etwas sein, das wir verdammt noch mal gegen diese Drecksäcke verwenden können!«, sagte einer der Usurpatoren, der die Zettel durchsuchte und abfotografierte.* Sie fanden nichts, denn ihre subjektive Überzeugung, hier etwas zu finden, war wahnhaft und irrational. Es gab weder einen Hinweis auf einen Wahlbetrug noch einen für die Verschwörungserzählungen von QAnon. Kein Hinweis auf einen geheimen Staat im Staate, kein Hinweis auf pädophile Satanisten, die Blut

* In diesem Clip hört man auch den Mann mit den Hörnern und der Fellmütze brüllen und danach in einem Gebet per Megafon die Überzeugungen der QAnon-Bewegung wiedergeben, siehe: »There's gotta be something in here we can fucking use against these scumbags.« [Engl. Originalzitat], aus: MOGELSON, Luke für: The New Yorker. [YouTube Video] 17.01.2021. Online unter: https://www.youtube.com/watch?v=270F8s5TEKY. Abgerufen am 09.01.2024.

von Kindern trinken und mit den Demokraten und einer Hollywood-Elite kooperieren.

Der bekannt gewordene Mann mit den Hörnern und der Fellmütze brüllte und skandierte im Senat und betete dann für alle. Dabei war seine Rhetorik in diesem Gebet außergewöhnlich gut, geschliffen und schnell. Jake Angeli, der Hörnermann, konnte demnach kein dummer Kopf sein.

Die Gefahr lag also an diesem windigen, kalten Tag Anfang Januar in der Luft, obschon es zuvor undenkbar schien, dass etwas wie die Erstürmung des Kapitols jemals passieren könnte. Nancy Pelosi, die damalige Sprecherin des Repräsentantenhauses, wurde konkret als Satan bezeichnet, und wäre sie zugegen gewesen, hätte man tatsächlich mit dem Schlimmsten gerechnet, ihrem Lynchmord durch den Mob.

Der Traum der QAnon-Bewegung platzte, als Joseph R. Biden am 20. Januar 2021 zum neuen Präsidenten der Vereinigten Staaten ernannt wurde und der heraufbeschworene »Sturm« ausblieb.[48] Weder richtete sich an diesem Tag die Nationalgarde gegen den neuen Präsidenten noch kam Donald J. Trump als apokalyptischer Reiter wieder in Amt und Würden. Es gab keine prophezeiten Massenverhaftungen, keine Militärgerichte und keine Hinrichtungen der demokratischen Satanisten.

Was unmöglich scheint, jedoch nicht unwahrscheinlich ist: dass Trump der kommende Präsident der USA wird, erneut. Selbst wenn die meisten der Kapitolstürmer mittlerweile langjährig im Gefängnis sitzen, juckt das einen Donald J. Trump kein bisschen. Trump will Stand heute mit allen abrechnen.[49] Der stolze Wahlleugner verspräche Rache und Strafe, so die eindrückliche Reportage im Deutschlandfunk von Doris Simon. So wie sie es mit ihm versuchten, fährt sie fort. Mit »sie« bleibt Trump vage, aber er meint aus seiner verdrehten Perspektive seine Widersacher. Er habe aus dem Chaos seiner ersten Amtszeit gelernt. Jetzt zähle Loyalität. Zu ihm. In der ersten Amtszeit gab es noch Personen, die ihn bremsten. Würde er wiedergewählt, werde er per Dekret regieren und dem »Deep State« sehr aggressiv begegnen. Und das ist eine für Staat und Demokratie existenzielle Gefahr. Hier kann man nur davor warnen, wegzuschauen, weil so viel Extremes von seiner Seite dauernd passiert und sich dadurch normalisiert. Zu denken, das sei keine Gefahr, ist naiv.*

Der ansteckende Effekt von QAnon war längst in der deutschen Gesellschaft angekommen und würde sich 2024 wieder auffrischen, so die Prognosen.[50] In der ersten Welle der Pandemie 2020 glaubten die deutschen Sänger Xavier Naidoo, Nena und Michael Wendler öffentlich an den Deep State und sabotierten damit ihre eigenen Karrieren.[51] Die von QAnon und der Bewegung ausgerufene Schnitzeljagd nach Hinweisen für den »Deep State« sollte bald noch mehr konkrete Handlungen auslösen. Auch die Proteste am 29. August 2020 mit dem Erstürmungsversuch des Reichstags in Berlin, bei denen Symbole von Q gezeigt wurden, hängen damit zusammen. Hier schwurbelte TV-Koch Attila Hildmann vor großem Publikum, dass die Pandemie ursprünglich in den 1980er-Jahren von der WHO, den Rothschilds und der Rockefeller Foundation geplant worden sei, um eine »bolschewistische Diktatur« einzuführen und die Weltbevölkerung durch »gentechnisch veränderte tödliche Injektionen«, getarnt als COVID, zu reduzieren.[52]

Hartnäckig hält sich die irrationale Vorstellung, eine gefährliche Fantasie, wie ein Spuk, Opfer einer jüdischen Übermacht (die jüdische Bankiersfamilie Rothschild hält als typisch antisemitisches Narrativ her[53]) zu sein und diese in der Realität anprangern und bekämpfen zu müssen.

* Anmerkung bei Redaktionsschluss am 21.12.2023: Colorado, 20.12.2023: Wendepunkt, ein Gericht streicht Donald J. Trump vom Wahlzettel, womit er von den Vorwahlen in Colorado (State) ausgeschlossen wird.

Satanic Panic

Man würde es vielleicht nicht vermuten, auch die Traumatherapie-Community liefert höchst ambivalente Beiträge zur Idee, von verborgenen Mächten kontrolliert zu werden. Bekannt wurde diese irrationale Idee als »Satanic Panic« und kostete nach einem Untersuchungsbericht 2022 leitende Ärzte der Thurgauer Privatklinik Littenheid den Posten.[54] Die Therapeuten waren davon überzeugt, dass viele ihrer Patienten als Kleinkinder gezielt dissoziiert (Abspaltung des Wachbewusstseins in einen anderen Persönlichkeitszustand) wurden, zur sexuellen Ausbeute in einem geheimen, sexualisierten, satanischen Kult. Und schon wieder Satan. Überzufällig häufig wurde dieser irrationalen Vermutung auf therapeutischem Wege in Littenheid gefolgt. Die drastische Hypothese der Therapeuten und deren penetranter Behandlungsversuch flog durch den empörten Widerstand einiger weniger Patienten auf. Ihnen seien sogenannte falsche Erinnerungen an frühe Traumatisierungen durch geheime, satanistische Gruppen, teils extrem blutrünstig (geschlachtete Kinder), durch die Ärzte suggeriert worden und hatten zur Fehlüberzeugung, traumatisiert zu sein (Syndrom der falschen Erinnerung, False-Memory-Syndrome), geführt. Das Engagement, traumapsychologisch hilfreich zu behandeln, schoss hier weit über das gesunde Ziel hinaus.

Natürlich gibt es Missbrauch von Kindern, leider. Auch organisierten sexuellen Missbrauch. Aber diesen einzubetten in eine Geschichte satanistischer Geheimbünde – irrational und ein Fehler.

Tatsächlich greift Satanic Panic das ur-ur-ur-alte antisemitische Narrativ der mächtigen jüdischen Geheimbünde auf[55], die vom Blut der geopferten Kinder ein lebensverlängerndes Elixier (das sogenannte Adrenochrom) gewinnen, um ewig jung und unsterblich zu werden (die »Blutlegende«[56]). Was hier verrückterweise im therapeutischen Gewand wieder auftauchte!

Die Geschichte wiederholt sich nicht, aber sehr wohl die darin erzählten Geschichten. Diese Storys treten nur in neuen Gewändern auf, und man kann sich täuschen (lassen), wenn man sie dahinter nicht wiedererkennt. Solche Storys sind leider unschlagbar überzeugend, auch wenn sie gefährlicher Mumpitz sind.

Lotti und Pablo

Manipulative Taktiken können also dafür herhalten, persönliche Ziele zu erreichen, gutes, hilfreiches Verhalten zu zeigen oder missbraucht zu werden.

Schatzi, Süßer, auch mal wieder den Abwasch machen? Ich suchte einen guten Grund, es nicht zu tun. Googelte nach einer trivialen Begründung. Wer was will, sucht Wege, wer was nicht will, sucht Gründe! Ich las den Satz erneut. Stimmt. So trivial war das nicht. Um das zu verstehen, versuchte ich kompliziert zu denken. Musste ich aber nicht. Es gibt für jeden Spruch einen passenden Konterspruch. Da kann man schon verrückt werden, wenn es für alles sehr überzeugend ein gutes Gegenteil gibt. Es liegt also im Auge des Betrachters, in der eigenen Neigung, sich selbst verführbar zu machen, ob man auf gut klingende Suggestionen hereinfällt oder eben nicht.

Lotti und ich machten Yoga. Auf einer von Vögeln beschissenen Kunststoffwiese unter einer von Spatzen kolonialisierten Pinie, morgens um neun. Als ich im Krieger stand, verlor ich leicht das Gleichgewicht.

»Du warst schon mal besser in Form!«, hörte ich Lotti zischeln. Kurzatmig sagte ich aus der Heuschrecke: »Bist du fertig, oder sagst du noch was von Relevanz?«

So gingen wir aber kaum miteinander um. Es wäre nur eine blöde Eskalation gewesen. Ohne Sinn. Griff mich Lotti offen und massiv an, dann reagierte ich meist staatsmännisch und lachte: »Nun, zunächst möchte ich mich bei meinem Team bedanken. Jeder Einzelne hat dazu beigetragen, sein Bestes gegeben, und das erfüllt mich mit Stolz. Zweifelsohne, ja, ein paar Schwächen haben wir. Aber ich blicke voller Zuversicht in die Zukunft, dass wir das gemeinsam, wenn wir uns unterhaken, miteinander schaffen.«

Manipulation, das war deutlich, war stark kontextabhängig. Und dann griff ich tief in meine imaginierte Keksdose und belohnte mich in der Vorstellung dafür, wieder eine Dreiviertelstunde mit Lotti Yoga gemacht zu haben. Das war schön und hilfreich.

In der zweiten Woche spürte ich schon, wie mein Körper immer fitter wurde. Mentale Fitness erreichte ich durch Meditation. Wie immer und als Abschluss der Yogastunde, meditierten wir noch fünf Minuten im Schneidersitz. Mich traf von oben ein kleiner Piepmatz mit einer sehr großen Portion Kot.

Meditation ist nachgewiesen das Mittel, um Negativität, Angst und Anspannungen abzubauen. Also meditierte ich weiter. Von morgens bis abends. Die anderen machten es ja auch.

Tipp-Box
Meditation gegen Selbstsabotage

- **Finde einen ruhigen, sicheren, beschützten Ort, an dem du allein ungestört sein kannst.**
- **Nimm eine aufrechte Sitzhaltung ein, die Füße fest auf dem Boden oder im Schneidersitz (Lotussitz).**
- **Schließe die Augen und achte auf den natürlichen Strom deiner Atmung.**
- **Lass die Gedanken wie Wolken am Himmel, Wellen am Meer oder Fische im Wasser vorbeiziehen.**
- **Praktiziere jeden Tag etwas länger, aber fange mit einer Minute an.**

Innere Kritiker und Narzissmus

*»Wenn du eine innere Stimme hörst, die sagt: ›Du kannst nicht malen‹, dann male auf jeden Fall, damit diese Stimme zum Schweigen gebracht wird.«**
Vincent van Gogh

Wir kennen sie alle, die Freundin, die sich selbst dauernd fertigmacht, obschon sie alles hat, was man braucht, und die aus einer Mücke einen Elefanten macht. Man fragt sie doch: Wie ist das möglich, dass sich jemand quält, unglücklich ist und dabei so gut aussieht? Wie ist es nur denkbar, dass jemand sehr gut Mathe kann und immer noch unzufrieden ist, selbst im Studium an einer Elite-Uni? Als wäre da noch jemand mit am Werk, der diesen Zustand nicht gut genug findet. Und das ist narzisstisch oder sieht ziemlich narzisstisch aus. Gut zu sein und nicht gut genug. Jemand, der einem sehr wichtig und sehr nah ist, macht einem da ganz offensichtlich das Leben madig. Der innere Kritiker.

Lotti und Pablo

Ich sprang aus dem Bett direkt hinein in meine Golfschuhe, die ich genau davor platziert hatte. »Wo geht's hin?«, fragte Lotti und drehte sich noch mal um. »Meinen inneren Kritiker suchen!«, sagte ich voller Tatendrang, »zu Victor, meinen Schwung

* Dieses Zitat wird Vincent van Gogh oft zugeschrieben, aber es gibt keinen konkreten Nachweis dafür, dass er dies tatsächlich gesagt oder geschrieben hat. Es scheint, dass dieses Zitat eher eine Interpretation der Motivation und Beharrlichkeit des Künstlers ist und als Quelle der Inspiration und Ermutigung dient.

und meine Drehung verbessern.« »Da komme ich mit!«, sagte Lotti und stand auf. Wir frühstückten zügig und gesund und machten uns zu Fuß auf den Weg zum Golfklub. Es war so schön, gemeinsam mit Lotti die Straße entlang auf dem unbefestigten Bankett zu gehen, ohne uns die Füße zu stauchen. An diesem Vormittag war bereits etwas Verkehr. Wir hätten uns ein Golfcart holen sollen.

Ich hatte immer wieder so spontane Einfälle, die einen potenziell sabotierten, wie zu Fuß mit Golftaschen über Geröll zu gehen. War der Wunsch nach dem Golfcart der innere Kritiker? Ich nannte diese Gedanken Einfälle. Es waren Vorschläge, Ideen, auch irrationale. Und Anmerkungen. Manchmal Kommentare. Oder Informationen. Nie Selbstkritik. Mein Gehirn brachte sie von allein hervor. Ich dachte selten aktiv nach. Wenn ich das tat, kam ich meistens nicht gut weiter, weil ich blockierte. Ich wartete lieber. Dann kam der Gedanke von allein. Nach ein paar Sekunden oder erst in ein paar Tagen. Ich benutzte sie so, meine Problemlösungsmaschine.

Irrational, streng und gnadenlos gegen mich

Irrational zu denken und Illusionen zu folgen, ist nicht krank. Man kann irrational denken und eine positive, hilfreiche Entscheidung damit treffen und sich vor Negativerfahrungen resilienter machen. Problematisch wird es, Irrationales zu denken und deswegen einen Fehler zu machen. Diese Angst, etwas falsch zu machen, zeigt einem der innere Kritiker auf. Noch viel problematischer ist es, ständig Negatives und Irrationales zu denken, das sich gegen einen selbst wendet. Im vorherigen Kapitel haben wir gelernt, wie es ist, negative, irrationale Gedanken nach außen zu tragen, jetzt schauen wir mal nach innen.

Viele innere Kritiker

Der innere Kritiker ist ein psychologisches Konzept, das sich aus übertrieben selbstkritischen Kognitionen, einer negativen inneren Haltung und einer negativen Wahrnehmungsverzerrung zusammensetzt.

Die Kognitionen sind stark kontextabhängig, bewertend und urteilend. Damit verknüpfte Kognitionen sind vergleichend, selbstabwertend und selbstbestrafend.

Im Zentrum dieses Gedankennetzwerks liegt eine fixierte, irrationale, negative innere Haltung den eigenen realen Kompetenzen und tatsächlichen Entwicklungsmöglichkeiten gegenüber.

Die negative Wahrnehmungsverzerrung lässt geringe Negativinformationen über einen selbst nahezu zwanghaft als riesengroßes Problem bewusst werden.

In weiterer Folge ist das Selbstwertgefühl[1] unsicher, instabil und fragil und das Selbst ständig bemüht, Stabilität zu erreichen. Das Selbst, im Bemühen, sich gegen den inneren Kritiker durchzusetzen, wird ständig vom Gegenteil überzeugt. Denn die Aufmerksamkeit, eine suchende Aufmerksamkeit, bestätigt nur die negativen Annahmen des Selbst, nahezu oder vollkommen inkompetent, unpassend und falsch zu sein.

Das Bemühen, den inneren Kritiker zum Schweigen zu bringen, artet in nicht immer hilfreichen Kompensationsmechanismen[2] aus. Der gestörte Selbstwert lässt narzisstisch anmutende Überkompensationen wachsen, etwa, sich ständig und in übertriebener Weise um ein perfektes Äußeres zu kümmern. Das geht bis hinein in eine Selbstbeschädigung, etwa durch Entwicklung einer Essstörung, Angststörung oder Depression. Dabei ist der heilende Weg, aus dem inneren Kritiker einen hilfreichen Verbündeten zu machen.[3]

Die Horde innerer Kritiker

Das populärwissenschaftliche Konzept des inneren Kritikers ist wahrscheinlich viel häufiger bei vulnerablen Narzissten, den eher ängstlichen, introvertierten, kränkbaren zu finden als beim grandiosen. Nachgewiesen ist der psychologische Effekt aus einer narzisstischen Haltung heraus, sich selbst positiver, intelligenter und attraktiver einzuschätzen und darüber den eigenen Selbstwert zu steigern.[4] Narzissmus beschützt einen also davor, sich selbst niederzumachen. Demnach liegt die Vermutung nahe, dass grandiose Narzissten wenige, leise oder eher keine inneren Kritiker haben.

Die inneren Kritiker sind nicht alle narzisstisch angehaucht, aber sie bewirken eine Verhaltensweise, die nach außen ziemlich narzisstisch wirkt. Also, vielleicht haben grandiose Narzissten ja doch einen inneren Kritiker, auf den man aber nur stoßen würde, wenn man tief genug bohrt und ein grandioser Narzisst sich öffnet.

Zehn innere Saboteure/innere Kritiker und Tipps

Grundsätzlich gilt, der richtige Umgang mit dem inneren Kritiker ist unerlässlich, um nicht unter ihm zu leiden. Am besten ist, ihn als einen Verbündeten, eine antreibende, aber nicht erschöpfende Kraft einzuspannen. Menschen haben dem inneren Kritiker Namen gegeben, so können wir ihn – oder gleich alle – besser erkennen.

- **Richter:** Der Richter ist der allgegenwärtige innere Kritiker, und er beeinflusst einen durch Selbstkritik, Kritik an anderen und an der Umgebung. Er lässt einen sich wiederholt schuldig fühlen wegen eigener Fehler und Schwächen. Passt sehr gut zum neurotisch-verdeckten und vulnerablen Narzissmus.

Zum Schweigen bringt man ihn mit: Stärke deine Selbstakzeptanz und dein Selbstmitgefühl. Betone Erfolge und Fortschritte, anstatt dich auf Fehler und Schwächen zu fokussieren.

- **Vermeider:** Die innere Stimme des Vermeiders rät von unangenehmen Herausforderungen ab und fördert Konfliktvermeidung. Sie minimiert Sorgen, fördert Passivität und oberflächliche Beziehungen. Eine innere Stimme des vulnerablen, introvertierten Narzissten.
  Zum Schweigen bringt man ihn mit: Erkenne, dass Herausforderungen Chancen für persönliches Wachstum sind. Setze dich bewusst mit unangenehmen Gefühlen auseinander und lerne, Konflikten konstruktiv zu begegnen.

- **Kontrollierer:** Die innere Stimme des Kontrollierenden erzeugt Ängstlichkeit, fördert Wettbewerb und führt oft zu Konflikten. Die Neigung, andere einzuschüchtern, kann zu Distanzierung und Entfremdung führen. Kann ein grandioser Narzisst sehr gut, aber auch ein verdeckter, dann eher passiv.
  Zum Schweigen bringt man ihn mit: Entwickle Gelassenheit in Situationen, die nicht kontrollierbar sind. Suche nach kooperativen Lösungen anstelle von Konflikten. Akzeptiere, dass Perfektion nicht immer erreichbar ist.

- **Arbeitstier:** Die innere Arbeitstierstimme basiert auf äußerem Erfolg, fördert Workaholismus und sieht Emotionen als Ablenkung. Kurzfristiges Glück nach Zielerreichung endet rasch. Passt perfekt zum grandiosen Narzissmus.
  Zum Schweigen bringt man ihn mit: Achte auf Work-Life-Balance und erkenne den Wert von Entspannung und Erholung an. Stelle persönliche Bedürfnisse und Beziehungen über äußeren Erfolg.

- **Vernünftige:** Die hyperrationale Stimme zeigt intellektuelle Distanz und Arroganz. Sie schätzt Skepsis und begrenzt emotionale Tiefe in Beziehungen durch Analyse von Gefühlen. Dieser innere Kritiker scheint grandiosen Narzissten besser zu stehen.
  Zum Schweigen bringt man ihn mit: Öffne dich für emotionale Ausdrücke und zwischenmenschliche Verbindungen. Erkenne an, dass nicht alles rational erklärbar ist, und schätze emotionale Intelligenz.

- **Angsthase:** Die Angsthasenstimme fokussiert sich auf potenzielle Gefahren, macht ängstlich, erschöpft und belastet einen selbst und andere. Sie entspringt eher dem neurotisch-ängstlichen Narzissmus des verletzlichen Narzissten.
  Zum Schweigen bringt man ihn mit: Übe Achtsamkeit, um im gegenwärtigen Moment zu bleiben. Setze dich mit Ängsten auseinander und entwickle eine realistische Einschätzung von potenziellen Gefahren.

- **Schmeichler:** Die Schmeichlerstimme strebt nach Akzeptanz, vernachlässigt eigene Bedürfnisse und kann nachtragend sein. Burn-out und Unterdrückung der eigenen Wünsche sind mögliche Folgen. Scheint mir eher der angepasste, verdeckte Narzissmus-Typ zu sein.
  Zum Schweigen bringt man ihn mit: Betone die Wichtigkeit eigener Bedürfnisse und lerne, Grenzen zu setzen. Vermeide Selbstlosigkeit und erkenne an, dass es wichtig ist, für sich selbst einzustehen.

- **Rastlose:** Die innere rastlose Stimme sucht ständig nach Aktivität, ist unruhig, meidet nachhaltige Pläne und rechtfertigt das Leben mit »Das Leben ist zu kurz«. Klingt nach grandiosem Narzissten mit leicht psychopathischen Zügen, immer auf der Suche nach Stimulation.

Zum Schweigen bringt man ihn mit: Praktiziere Achtsamkeit und lerne, im Hier und Jetzt zu sein. Entwickle nachhaltige Lebenspläne und suche tieferes Verständnis statt schneller Ablenkungen.

- **Perfektionist:** Der Perfektionist arbeitet akribisch, fordert Perfektion und kann Starrheit in sozialen Beziehungen verursachen. Dazu passt der grandiose und der vulnerable Narzisst gleichermaßen.
Zum Schweigen bringt man ihn mit: Setze realistische Standards und erkenne an, dass Fehler menschlich sind. Betone den Prozess und die persönliche Entwicklung gegenüber dem Streben nach unerreichbarer Perfektion.

- **Opfer:** Das Opfer neigt zum Märtyrertum, konzentriert sich auf negative Gefühle, unterdrückt Wut und gewöhnt sich an Schwierigkeiten, was zu Depressionen führen kann. Ein grandioser Narzisst würde das für sich ausnutzen, ein vulnerabler Narzisst tatsächlich selbst daran leiden. In der Opferrolle finden sich beide.
Zum Schweigen bringt man ihn mit: Übernimm Verantwortung für das eigene Leben und setze klare Grenzen. Fokussiere auf positive Aspekte und entwickle eine optimistischere Lebensperspektive.

Kritische, laute Gedanken

Die Besonderheit des inneren Kritikers ist, dass er wohl als innere Stimme laut werden kann. Was mich als Psychiater ins Spiel bringt. Denn mit Stimmenhören wiederum kenne ich mich aus. Laut dem »Manual zur Dokumentation psychiatrischer Befunde«, AMDP, ist **Gedankenlautwerden** ein Zusatzmerkmal des psychopathologischen Befundes und als Wahrnehmen der eigenen Gedanken durch Hören der Gedanken definiert.[5] Betroffene hören eigene Gedanken wie eine Stimme laut im Kopf. Ihnen ist bewusst, dass es sich um die eigene Stimme und die eigenen Gedanken handelt.

Die Abgrenzung zur größeren Pathologie wäre **Gedankenausbreitung**, **Gedankenentzug** und **Stimmenhören**. Wer meint, dass eigene Gedanken einem nicht mehr allein gehören und dass andere daran Anteil haben, und wer zu wissen meint, was andere denken (Gedankenlesen), sollte sich psychiatrisch untersuchen lassen. Wer meint, dass eigene Gedanken entnommen, abgezogen oder entrissen werden, so die Definition, sollte ebenfalls einen Arzt aufsuchen.

Erlebt man seine Gedanken als von außen beeinflusst, gemacht oder eingegeben, würde man **Gedankeneingebung** diagnostizieren und zum Arztbesuch raten.

Ich will jetzt aber mal (Achtung, Wortwitz!) nicht zu kritisch mit dem inneren Kritiker sein und ihm seine Existenz als Gedankenlautwerden im Normalpsychologischen gönnen und ihn nicht pathologisieren. Denn der innere Kritiker ist samt Gedankenlautwerden ziemlich normal. Normal ist, was beim Menschen häufig und nicht abweichend ist. Meine Recherche, die ich unter meinen Patienten und in meiner Familie startete, brachte hervor, dass nicht jeder innere Kritiker seine Stimme erhebt. Es können auch einfach nur einschießende, kritische Gedanken sein.

Stimmenhören oder nur lauter Kritiker

Es gibt sogar ein aktives Stimmenhören-Netzwerk* und einen Kongress von selbst betroffenen Stimmenhörern. Es ist hilfreicher, mit der Erfahrung des Stimmenhörens umgehen zu lernen, als die Stimme bloß zur Diagnose einer Krankheit (Psychose, Schizophrenie) zu verwenden.[6] Aber sehr dominante innere Stimmen nötigen zu sehr störend empfundenen inneren Dialogen.[7] Wer also einen sehr lauten oder mehrere laute innere Kritiker hat, diese vielleicht sogar verwechselt mit echtem Stimmenhören, der möge sich bitte an eine Selbsthilfeorganisation oder an einen Psychiater wenden.

Lotti und Pablo

An der Driving Range lauschte ich in mich hinein, als ich den Golfschläger aussuchte, heute Eisen 5, den Golfball auf der Matte platzierte und ein paar erste lockere Schwünge und Abschläge machte. Aber die Bälle flogen nicht.

Victor kam und lächelte mich an. »Pablo, Pablo, Pablo, bas mackst du?« Ich hielt inne. Hatte ich etwas falsch gemacht? Nur was? Ratlos sah ich Victor an. »Bi stehst du da? Bi is di erste Posición!«, wisperte er in mein Ohr. Also eins: Schläger gerade auf den Boden, leicht in den Knien gebeugte Haltung, zwei: Abstand zum Becken eine Handbreit, drei: Griff, Finger ineinander, vier: Schwunglinie auf der Matte beachten und nachfahren, fünf: Schläger halb hoch und durchschwingen, Beckendrehung. »Und Santa Maria!«, sagte Victor. Der Golfball flog 75 Meter geradeaus. Ein Traum von einem Abschlag, hörte ich in meinem Kopf. Dann war ja alles in Ordnung.

* Wie diese zwei: Netzwerk Stimmenhören e.V. Online unter: www.stimmenhoeren.de. Abgerufen am 15.01.2024; Intervoice. Online unter: www.intervoiceonline.org. Abgerufen am 15.01.2024.

Victor ging weiter und an Lotti vorbei, die einen perfekten Schwung nach dem nächsten ablieferte. Lotti hatte in ihrer Jugend Feldhockey gespielt. Das lieferte ihr diese Gelassenheit und Schwungsicherheit, die ich noch nicht hatte.

»Etwas zu sehr nach hinten gelehnt!«, rief ich Lotti zu. Das hatte sie vom Hockey, so ein wenig nach hinten gelehnte Körperhaltung im Moment, wenn sie den Ball traf. Daher flog ihr Ball einen leichten Slice, also zu sehr nach rechts weg. Ich erkannte das als erfahrener Golfspieler sofort.

Aufwachen

Aufwachen aus der Selbsttäuschung bleibt für viele ein schwer greifbarer Schmerz. Das tut so ähnlich weh, als wenn man sein eigenes Gehirn auf Intelligenz testet und feststellt, einen nicht sehr hohen Intelligenzquotienten[8] zu haben. Oh, nur 85. Okay. Gut für jene, denen ein niedriges Messergebnis* nie im Wege stand. Schlecht für die, die vielleicht neidisch auf andere oder gar verzweifelt deswegen werden, nicht die hellste Lampe am Leuchter zu sein.

Aber häufig gelingt ein wunderbares Leben, auch ohne begabt zu sein. Doch Vorsicht vor dem inneren Kritiker! Denn ein Test bewertet nur das, was ein Test misst! Viele andere Qualitäten, die einen als Mensch kostbar und einzigartig machen, sind noch da!

Das neue Schlagwort hier ist »Neurodiversität«. Man lebt ein anständiges, normales Leben, mit dem Hirn, das man bekommen hat. Man wird es nicht austauschen können. Man passt sein Leben nur an sein eigenes Gehirn an. Und korrigiert es ein

* Testergebnisse nicht überbewerten, denn der Test misst, was er misst. Normaler Intelligenzquotient pendelt um 100, ab 130 hochbegabt, unter 70 minderbegabt. Seriöse Testung machen!

wenig, wo es möglich ist. Und es ist möglich, in den biologischen Grenzen, die die Genetik und die Natur dem Hirn an Neuroplastizität so erlauben. Das genügt doch. Es würde wirklich eine gute Portion Demut und Dankbarkeit helfen, statt sich zusätzlich selbst noch fertigzumachen.

Statt extremer Selbstkritik

Demut, Dankbarkeit und Loslassen (radikale Akzeptanz) üben. Sich nicht mitreißen lassen, nur beobachten, was der innere Kritiker so sagt und vorschlägt.

Radikale Akzeptanz[9] bedeutet, die Realität ohne Vorbehalte anzunehmen, selbst wenn sie schwierig oder schmerzhaft ist. Sich nicht gegen unveränderliche Umstände zu wehren, sondern sie vollständig zu akzeptieren, um von dort aus konstruktiv handeln zu können.

Radikale Akzeptanz trägt dazu bei, den inneren Widerstand zu reduzieren und sich einen klaren Kopf für positive Handlungen zu bewahren. So kann man den inneren Kritiker in einen Verbündeten wandeln. Dem man dankt, dass er einen auf dies oder jenes hinweist. Mit dem man in einen inneren Dialog geht, ihn darauf hinweist, dass es nicht so schlimm ist, wie er sich das gerade denkt, und dann genau das Gegenteil tut, wozu der innere Kritiker einem rät. Somit zeigen Sie ihrem inneren Kritiker auch, wie übersensibel er ist und wie er sich täuscht. Denn auch ein innerer Kritiker kann sich mal irren. Er reagiert vielleicht hyperallergisch auf bestimmte Reize (Trigger), und ihn dorthin mitzunehmen, wo es besonders aufregend oder besonders ruhig ist, um eben dies aushalten zu lernen, hilft.

Erinnern Sie sich: Aushalten ist eine Superkraft. Geben Sie Ihrem inneren Kritiker auch eine Gestalt, lassen ihn kleiner oder merkwürdiger werden. Erinnern Sie sich hier an den Zauberspruch von Harry Potter! Verwandeln Sie ihn in einen Verbündeten, der Ihnen hilft!

Die sprachliche Umformulierung der Aussage des inneren Kritikers ist dabei zentral:

- »Du kannst das nicht!« – Transformieren durch einen clever gesetzten Satzeinschub: »Du kannst das ›immer wieder versuchen und dann sehen, ob es funktioniert oder‹ nicht.«
- »Du bist so hässlich!« – »Du bist so ›liebenswert, hübsch, witzig, klug und gar nicht‹ hässlich!«
- »Du bist so dumm!« – »Du bist ›jemand, der sich noch entwickelt und lernt und gar nicht‹ so dumm!«

Wenn die sprachliche Umformulierung nicht klappt, dann emotional und körperlich ansetzen. Lachen, Arme hoch, sich durchschütteln, tanzen und sich sagen: Egal, was du sagst, ich höre jetzt auf, an mir herumzukritisieren, und freue mich auf das, was kommt! Sei still! »Stopp-Stopp-Stopp«, laut und deutlich rufen, stampfen und sich immer leiser werdend sagen, bis man es sich in Gedanken sagen kann, wenn der innere Kritiker wieder da ist.

Inkompetenz blockiert

Trotz unzähliger bewusster und unbewusster fantastischer Kompetenzen fangen Gehirne wegen eines aktiven inneren Kritikers an, sich selbst zu täuschen, sich übertrieben zu kritisieren und zu sabotieren. Aber es ist, wie es ist, eigene Kompetenzen bemerkt der innere Kritiker nun mal nicht. Inkompetenzen schon. Die sind in gewisser Weise begrenzend, und dieses Motiv der Selbsterhaltung ist wahrscheinlich der Antreiber für den inneren Kritiker.

Es gibt einen guten Grund, dass wir diesen inneren Kritiker haben, und das sind unsere tatsächlichen oder nur eingebildeten Inkompetenzen. Herausfinden kann man die Inkompetenz aber nur in der Realität, durch Handeln. Denn es ist wegen genau dieser Inkompetenzen, dass man im Leben nicht weiterkommt. Das besagt das Peter-Prinzip[10], in enger Korrelation mit einem der zehn Parkinsonschen Gesetze des Verhaltensökonomen Cyril Northcote Parkinson.[11] Ich mag ihn schon allein wegen seines Namens. Cyril Northcote Parkinson. Er nahm sich in den 70er-Jahren des letzten Jahrhunderts in einem humoristisch angehauchten Essay[12] kritisch die immer größer werdende Verwaltung und Bürokratie vor, die sich durch eine Art Selbstverwaltung beschäftigt, statt schlank und praxisnah rasche Entscheidungen zu treffen.

Ich möchte mal die Brücke schlagen zwischen diesem Cyril Northcote Parkinson und einer hilfreichen Alltagspsychologie. Für mich hilfreich, weil ich realitätsnahe Tipps daraus ableiten kann, die heute relevant sind und mich selbst heraus aus der Selbstsabotage führten.

Parkinsonsche Gesetze gegen Selbstsabotage

- **Gesetz der Bürokratie:** Arbeit weitet sich aus, gemessen an der verfügbaren Zeit für ihre Fertigstellung.[13]
  Raus aus der Selbstsabotage: Setze dir selbst Zeitlimits für Aufgaben. Hier hilft das Time-Boxing: Teile dir Arbeit in kleine Zeitabschnitte als Portionen auf. Dazu ist ein Tischkalender, Jahreskalender oder auch eine Kalender-App super-hilfreich. Also, nicht nur To-do-Listen machen, sondern sich gleich die Zeit dazu einplanen, in der man eine Aufgabe erledigen kann.
  Funktioniert nicht immer! Zefix. Dann muss man dynamisch anpassen lernen, also kapieren, dass man für eine Tätigkeit doch viel länger braucht als zunächst gedacht.

Dann funktioniert es aber! Nicht immer! Zefix. Dennoch: dranbleiben!

- **Gesetz der Trivialität:** In Budgetdebatten korreliert die Diskussionszeit oft umgekehrt mit der Höhe des Ausgabenpostens.[14]
  Raus aus der Selbstsabotage: Beschäftige dich nicht zu lange mit Unwichtigem, sondern priorisiere, was wichtig ist, und erledige das zuerst. Hier hilft auch die Eisenhower-Matrix (siehe weiter unten). Beispiel: Handy und Co. verbannen! Es ist weder wichtig noch dringlich, was im Instagram-Feed los ist. NICHT reinschauen! »Handy weg!«[15] Ok, falls man reinschauen will, sich dazu Zeitabschnitte festlegen: 30 Minuten am Tag Insta-Süchteln, was das Zeug hält. Nach 30 Minuten ist Ende. Ein wenig muss man diesem Zwang nachgeben, auch wenn er total irrational ist. Jemanden bitten, einen wieder herauszuholen aus der Trivialitätsschleife. Denn allein packt man das nicht. Dazu einen Freund, ein Familienmitglied bitten, einen nach einer halben Stunde aus dem »Social Media Overuse« zu retten. Denn die vernünftigen Exekutivfunktionen des Gehirns können nichts mehr bewirken, wenn die emotionalen Exekutivfunktionen übernommen haben.

- **Gesetz der Ineffizienz:** Die Unproduktivität eines Kabinetts beginnt, wenn die Anzahl der Mitglieder die Zahl 21 übersteigt und das gesamte Gebilde zu zerfallen beginnt.*
  Raus aus der Selbstsabotage: Mache nicht zu viel aus etwas, beschäftige weder dich selbst mit zu vielen Gedan-

* Anmerkung: C.N. Parkinson kommentierte humorvoll die Effizienz politischer Ausschüsse. Er kam zu dem Schluss, dass die wesentliche, effektive Arbeit in kleinen Gruppen passierte und nicht in den großen Runden. Engl. Originalzitat, frei übersetzt: »Coefficient of Inefficiency. Somewhere between the number of 3 (when a quorum is impossible to collect) and approximately 21 (when the whole organism begins to perish), there lies the golden number«, in: PARKINSON, C. N. Parkinson's law. 1957, S. 44.

ken noch zu viele andere Menschen mit deinen Problemen. Versuche, schlank und effektiv zu entscheiden. Entscheidung geht vor Nachdenken! Denn meistens sind verschiedene Entscheidungen ähnlich gut, also hilft, rasch eine zu treffen, um mehr Zeit für andere wichtige und dringliche Dinge zu haben. Bilde kleine Teams! Je weniger, desto besser.

- **Gesetz der Verschwendung:** Ausgaben gehen immer bis an die Grenze des verfügbaren Einkommens.[16]
  Raus aus der Selbstsabotage: Lass dich nicht verleiten von eigenen Impulsen und Inkonsequenzen. Sei nicht verschwenderisch! Denke bewusst an das eigene Zukunfts-Ich[17] und rabattiere nicht die Zukunft. Viele Menschen denken (Illusion!), ihre persönliche Entwicklung sei in der Gegenwart abgeschlossen. Die Irrationalität bekämpft die Vernunft, die besagt, dass man auch in der Zukunft lebendig sein und auch dort in Not sein könnte. Siehe, wie wir Menschen mit der Klimakrise umgehen.
  Aber auch ganz anders, näher gedacht: Heute Geld für das Alter zurückzulegen ist vernünftig, wird jedoch von den wenigsten umgesetzt. Mein Appell ist hier, das Zukunfts-Ich in den Schulunterricht zu bringen! Nur, was interessiert einen als Erwachsener die Schule, wenn man sie überstanden hat? Klar, Schule wäre gut, es dort zu lernen (die Kinder heute und wir als Erwachsene, wenn wir noch mal zur Schule gingen) – vorausgesetzt, es würde da endlich mal gelehrt werden! Empathie für mein eigenes Zukunfts-Ich kann man lernen.[18]

- **Gesetz der Trägheit:** Aufschub ist die veheerendste Form des Nicht-Handelns.[19]
  Raus aus der Selbstsabotage: Verzögere nicht! Weder durch Verkomplizierung noch durch Kontrolle noch durch

Vermeidung noch durch Ablenkung. Das ist irre schwer, aber Klarheit und Ordnung durch Struktur hilft dabei. Klare Verhältnisse, aufgeräumter Schreibtisch, klare Ordnung. Wer sich hier verzettelt, der kann sich an Niklas Luhmann[20] und seinen Zettelkasten erinnern: Einfälle auf einen Zettel notieren, systematisch sammeln und bei Bedarf aus der Box ziehen. Was wichtig ist, wird wieder nach oben geschwemmt, auch aus anderen Quellen. Was unwichtig ist, versinkt im Nirvana. Kommt es später wieder hoch, ist es vielleicht schon erledigt oder, wenn es noch seine Wichtigkeit hat, dann dranbleiben. Und man kann herrlich neue Kombinationen ausprobieren, verbindet man Zettel aus sehr unterschiedlichen Kategorien. Die Unberechenbarkeit dieses Prozesses ist vitalisierend, und es macht richtig Spaß, damit auch wieder raus aus der Trägheit zu kommen.

Mein Tipp, falls man einen wichtigen Zettel oder eine besondere Zettelkombination gezogen hat: Erst wieder aus der Hand legen, wenn es erledigt ist.

Man kann so einen Zettelkasten auch digital mit unzähligen Ordnern machen. Ganz moderne Zettelkästen bieten heute Angebote mit künstlicher Intelligenz. Sie liefern interessante Kombinationen, auch wenn noch zu oberflächlich, so doch anregend.

Innere Arbeit mit kleiner Verwaltung

Ich sehe das Konzept des inneren Kritikers so ähnlich wie eine überbordende und sich wichtigmachende innere Bürokratie, die es zu besiegen gilt. Eine innere Verwaltung, die sich ihre Existenzgrundlage selbst schafft, durch narzisstische Wichtigmacherei, indem sie einen fertigmacht, weil sie Entscheidungen verschleppt. Und die darin gestoppt werden muss, einen ineffektiv zu machen. Dabei ist von größter Wichtigkeit, eine hohe Bereitschaft für Entscheidungen zu haben, und das geht nur, wenn die innere Verwaltung klein gehalten wird.

Keine Angst vor Entscheidungen!
Entscheidungsangst entsteht oft aus der Furcht vor Konsequenzen und der Möglichkeit von Fehlern. Diese Ängste entwickeln sich jedoch nicht isoliert, sondern sind oft das Ergebnis eines längeren Prozesses, in dem positive Aspekte ignoriert und negative hervorgehoben werden.
Lob und Anerkennung für gute Entscheidungen bieten ein einfaches Mittel gegen diese Angst. Ohne diese positive Bestätigung neigen Menschen dazu, Entscheidungen zu meiden oder an andere zu delegieren, um Verantwortung durch Teilen abzugeben.

<table>
<tr><td rowspan="2">Wichtigkeit</td><td>Wichtig,
aber nicht dringlich
Exakt terminieren und selbst erledigen</td><td>Wichtig und dringlich
Sofort selbst erledigen</td></tr>
<tr><td>Weder wichtig
noch dringlich
Nicht bearbeiten</td><td>Nicht wichtig,
aber dringlich
An kompetente Person delegieren</td></tr>
<tr><td>Dringlichkeit</td><td></td><td></td></tr>
</table>

Abbildung 1: Die Eisenhower-Matrix[21]

Der 34. US-amerikanische Präsident Dwight D. Eisenhower (1890–1969) entwickelte diese Matrix[22] nach seiner Rede vor Studenten, in der er jede Kategorie von Aktivitäten, Problemen und Entscheidungen nach »wichtig« und »dringlich« aufteilte. Das ist sehr clever, denn es hilft, sich selbst dauernd zu fragen, ob das, was man gerade tut, für einen selbst wirklich wichtig und wirklich dringend ist. Somit wirkt es durchaus narzisstisch, aber im besten Sinne, wenn man sich doch auf den Kern einer Sache konzentriert. Unbedeutenden und untergeordneten Dingen wird keinerlei Beachtung geschenkt, riet auch Cyril Northcote Parkinson. Ich liebe diesen Namen. Sagte ich bereits. Völlig irrelevante Information, dennoch erledigt.

Hochintelligent, clever und faul

Aber selbst wenn man superschlau ist, scheitert man doch an der Umsetzung dieser klugen Ideen. Ich fragte Hochbegabte, die, als sie feststellten, einen außergewöhnlich hohen Intelligenzquotienten zu haben, auch nicht wussten, was sie Sinnvolles damit anfangen sollten. Die meisten der Hochbegabten, die ich fragte, hatten übrigens keinen inneren Kritiker. Sie hatten aber Spaß daran, kleine und größere Probleme zu lösen. Eins davon war, sich auszudenken, wie sie mit dem geringsten Aufwand den maximalen Nutzen aus ihrer Existenz ziehen könnten, wie mir mal ein Hochbegabter sagte. Viele schwärmten für das Pareto-Prinzip[23], bei dem 80 Prozent eines Ergebnisses auf 20 Prozent einer ursächlichen Leistung rückführbar ist. Wer also mehr als 20 Prozent für etwas tat, war selbst schuld. Das Prinzip gilt leider nicht für Tätigkeiten, die Vollständigkeit brauchen. Wer also ein Haus bauen will, Ingenieur oder Arzt ist, sollte es besser nicht beruflich anwenden. Ausprobieren, wäre da mein Vorschlag, wo das Pareto-Prinzip funktioniert, und sich damit viel Zeit und Stress sparen. Faul sein ist ein Zeichen hoher Intelligenz. Auf dem Sofa liegen bleiben auch. Darin bin ich besonders gut.

Lotti und Pablo

Etwa beim Golfspiel. Da konnte ich das Pareto-Prinzip versuchsweise ansetzen. Nicht die Faulheit.

»Einfach machen!«, hörte ich mich innerlich laut werden. Ich hörte es mich sogar laut sagen. Führte ich schon Selbstgespräche? Tatsächlich wurden meine Abschläge viel lockerer, wenn ich nicht auf Hundertprozentigkeit achtete. Perfektion war im Golfspiel ein wahrer Killer. Victor sagte, Golf sei, zu wissen, alles falsch zu machen, und es dennoch zu versuchen. Jeder, der Golf spielt, weiß, dass er kein Golf spielen kann, und freut sich, wenn sein Spiel mit der Zeit immer besser wird.

Narzisstische Hochbegabung

Der GAU wäre nun, auf jemanden zu treffen, der meint, hochintelligent zu sein und keinen inneren Kritiker zu haben. Solche Personen wird es nicht geben, werden Sie meinen? Dachte ich auch. Bis ich einen Fall begleiten durfte, in dem die Person ihren eigenen Narzissmus als unfaire Stigmatisierung abwehrte und sich selbst als hochbegabt deklarierte. Ich bin hochbegabt!

Logischerweise waren aus ihrer Sicht alle anderen nicht nur dümmer, sondern auch unfähig, sie zu verstehen und sich in die Realität einer hochbegabten Person zu versetzen. Sie kam damit ganz ohne inneren Kritiker aus. Im Gegenteil, ihre Kognitionen bestätigten sie darin. Denn die Hochbegabung stand ganz konkret über allem! Sie fühlte sich sogar großartig unverstanden, hochbegabt zu sein.

Was sie aus dem Begriff »Hochbegabung« und der damit im Zusammenhang stehenden Bedeutung des Begriffes zog, war lediglich das, was ihren Narzissmus unterstützte. Das Statusdenken, eben hoch im Status zu stehen, und die eigene Außergewöhnlichkeit, eben grandios durch diese Begabung zu sein. Was zur Folge hatte, dass ihre narzisstischen Ansprüche voll zur Geltung kamen.

Damit waren die drei wichtigsten Narzissmuskriterien erfüllt: Statusdenken, Grandiosität und Anspruchshaltung. Was sie aus ihrer eigenen Grandiosität heraus selbstverständlich nicht für sich akzeptierte, sondern in ein Gegenteil verkehrte, es munitionierte und in der Argumentation gegen mich nutzte.

Ihrer Meinung nach wirke ihre Hochbegabung nur narzisstisch und arrogant. Sie sei in Wirklichkeit jedoch nicht narzisstisch, sagte sie selbstkritisch. Eine erstaunliche Entdeckung! Ihre Hochbegabung könne sie weder verhindern noch mit Absicht wollen. So war sie eben! Es wirke nur im Auge des verblödeten Betrachters arrogant. Elegant entledigte sie sich ihrer Verantwortung für ein prosoziales Verhalten.

Ihr seid einfach zu blöd, mich wirklich zu verstehen!, schien sie uns zu unterbreiten. Ihr seid die wahrlich narzisstisch Arroganten, die sich nicht für mich interessieren und mich herabwürdigen!, wirkte es auf uns. Und darin zeigte sich erneut, und vor meinen Augen, wie diese Wortverdrehung und Umkehr gegen einen anderen, diese verächtliche Herabwürdigung aller anderen durch eine narzisstische Abwehr eintrat.

Natürlich aus ihrer narzisstischen Not heraus, verantwortlich gemacht zu werden für das Auseinanderfallen der Familie. Was letztlich dann exakt dazu führte.

Ich war keinen Millimeter weitergekommen, ihren pathologischen Narzissmus abzumildern, und alle Folgetermine wurden von ihr abgesagt, und ich war als Experte durchgefallen. Das war, kritisch gesehen, was man Koryphäen-Killer nennt. Ich war schön gescheitert.

Wer nicht bereit ist, sich zu öffnen und sich zu verändern, bleibt unerreichbar. Viele Therapien mit narzisstischen Menschen scheitern übrigens genau deswegen, weil die Therapeuten die frechen Tests und die Provokationen der narzisstischen

Klienten nicht bestehen, die ihnen abverlangt bzw. entgegengebracht werden. Hier wäre mal ein innerer Kritiker, ein sehr lauter, hilfreich gewesen, um den Narzissmus zu stoppen!

Ihre Argumentation funktionierte übrigens, ohne dass mir jemals ein IQ-Testergebnis vorgelegt wurde. Allein der Gedanke, hochbegabt zu sein, war die wirksame narzisstische Selbsttäuschung. Das Phänomen war nicht unbekannt und galt typischerweise für Narzissten als massive Selbsttäuschung, sich trotz normalen IQs für hochbegabt zu halten.[24]

Selbstsabotage macht offensichtlich vor niemandem halt. Es ist ein destruktives Verhalten, das dazu führt, dass man sich selbst behindert. Automatisch und unbewusst verhält man sich so geschickt, dass man präzise das eigene Wohlergehen torpediert, systematisch die eigenen Ziele verfehlt, den Erfolg rabattiert und das Kostbarste, was man hat – die eigene Gesundheit, die eigene Seele und die eines nahestehenden Menschen und damit das persönliche Glück – verletzt und banal verspielt.

Lotti und Pablo

Der größte Lügner war ich mir selbst gegenüber. Ich dachte selbstkritisch, als ich Bälle 100 und 150 Meter weit schön gerade wegballerte, ich hätte schon viel eher mit dem Golfspiel anfangen sollen. Denn es machte richtig Spaß. Die Kognition, dass Golf nichts für mich ist, war irrationaler, als damit anzufangen.

Als ich dastand, merkte ich, wie herausfordernd und spaßig es war, mit dem sehr langen, dünnen Stock, der »Big Bertha«, einen kleinen gelben Ball so geschickt zu treffen, dass er dahin flog, wo er hinsollte. Und das mit voller Wucht. Alles andere wurde in diesem Moment irrelevant.

Ich glaube (Achtung: Selbsttäuschung!), dass eine hilfreiche Selbstkritik davor schützt, abwegige Gedanken zu denken. Und einen davor schützt, Irrtümern aufzusitzen und daraus Trugschlüsse zu ziehen. Es ist diese eigene intellektuelle Faulheit, vielleicht sogar das größte Risiko der Moderne, die uns alle, individuell und kollektiv, in die Selbstsabotage stürzt, wenn wir nicht auch mal selbstkritisch über uns nachdenken. Dagegen hilft, sich mit der gegenläufigen Perspektive zu beschäftigen.

Es gibt unzählige Wege, andere manipulativ zu beeinflussen. Auch sich selbst durch einen abwesenden oder viel zu lauten inneren Kritiker. Besonders gefährdet sind jene, die absolut von einem Sachverhalt oder einer Meinung überzeugt sind.[25] Denn ihnen fehlt der Abstand zu diesen eigenen Gedanken, sie zu prüfen, zu benutzen oder, falls unwichtig und nicht dringlich, zu verwerfen. Die Bereitschaft, einen gesunden Zweifel zu benutzen und alles zu prüfen, was man an Informationen prozessiert, statt sich von eigenen Worten, Gedanken und Emotionen kidnappen zu lassen.

Nach drei Stunden Training an der Driving Range brauchte ich meine Siesta. Siesta war ein aktiver Vorgang. Manch einer nannte Siesta auch »spanisches Yoga«. Sich Pausen zu gönnen, war richtig anstrengend, auf eine ganz besondere Art und Weise.

Wir haben eine biologische Maschine hinter den Augen, die nicht nur kritisch denkt, emotional lebt, sondern sich um alles andere von uns kümmert. Die Maschine brauchte auch mal eine Pause.

Wegdämmernd kreisten in mir die Gedanken. Ich dachte über das Leben nach. Innerlich. Ich richtete meinen Blick und mein Gehör nach innen. Den suchenden Blick nach meinem inneren Kritiker. Lauschte.

»Lotti, sag, habe ich einen inneren Kritiker?«, fragte ich etwas hilflos. Ich fand ihn nicht.

»Du quatschst dauernd. Dein innerer Kritiker ist draußen! Nicht innen«, sagte Lotti. »Du musst ständig alle und alles totquatschen! Und das triggert mich total!«

Lotti war genial. Ich war es selbst. Ich hatte meine mich selbst kritisierende innere Instanz nicht von mir abgespalten, sondern war mit ihr fusioniert. Noch mehr, ich hatte sie nach außen gekehrt und kritisierte alle anderen, nur nicht mich. Sie wusste es besser! Ich konnte mich nicht kritisieren, andere schon. Wie abgefahren.

Paargeschichten

»Eine Beziehung wird von zwei Ängsten geprägt:
der Angst, es könnte Schluss sein,
und der Angst, es könnte dauern.«
Unbekannter Verfasser

Wir kennen sie alle, die Freundin, die lieber selbst Schluss macht, weil sie es nicht ertragen kann, verlassen zu werden, und sich dabei dann so ungeschickt verhält, dass sie doch als Erste verlassen wird.

Lotti und Pablo

Und dann begann ich unsere Ehe zu retten. Nach dem Putting Green, dem Übungsplatz, wo man versucht, aus der Nähe den Golfball in das Loch mit dem roten Fähnchen zu schubsen, ging es auf zum Probegolfplatz. Der Probeplatz war ein verschachteltes Spielfeld zwischen Hügeln und Wäldern mit neun Löchern für Anfänger und für die, die es etwas entspannter angehen wollten. Jetzt konnten wir herumspazieren. Was mir sehr entgegen kam, denn auf der Driving Range stand man ja nur herum. Unsere Gruppe von acht folgte Victor, der heute rot war wie eine Red Flag.

»Der hat auch rote Schuhe«, kommentierte ich zu Lotti gewandt. Sexy. Irgendwie war heute die ganze Stimmung im Flight – so nennt sich die Gruppe der Golfspielenden – sexy. Eine der Teilnehmerinnen, die mich sehr an Jenny erinnerte, trug ein halb offenes Hemd und lächelte immer, wenn es im warmen Wind flatterte. Manche Menschen, dachte ich, sehen einfach sexy aus. Die strahlen das aus. In ihrem Lachen und dieser offenen Art. Das ist schön anzusehen. Etwas kopflos dackelte ich ihr hinterher. Wo war Lotti? Ah, vorne, bei Victor. Und was war eigentlich mit Jenny? Hatte sie schon fast vergessen. Ich war froh, dass wir so entspannt mit der Gesamtsituation umgingen.

Zwei Selbstbilder

Paare triggern sich häufig narzisstisch dysfunktional gegenseitig, und es ist ziemlich schwierig, das hilfreich auseinanderzudröseln. Dabei hilft der emotionsfokussierte therapeutische Zugang, kombiniert mit der doppelten Handlungsregulation, die mir sehr ans Herz gewachsen ist.[1]

Narzisstische Menschen erreichen wir nur durch eine doppelte Strategie. Denn da sind das sichtbare, äußere, manipulative Verhalten und die äußeren Bedürfnisse einerseits und andererseits die unsichtbaren, zurückgehaltenen Bedürfnisse und die daran hängenden Gefühle, die sich nur selten zeigen, aus Scham, Angst oder, weil kaum ein Zugang dorthin besteht. Sie müssen beide bedient und das manipulative Verhalten zugleich begrenzt werden.

Narzisstische Menschen sind besonders darum bemüht, ihr äußeres Ich, das die anderen sehen und wahrnehmen, anders als ihr inneres Ich oder inneres Selbstbild, zu pflegen. Leider fällt es aufgrund dieser Aufteilung narzisstisch strukturierten Menschen eher schwer, beide Selbstbilder (innere und äußere Selbstanteile) in Kontakt zu bringen. Denn sie widersprechen sich etwas. Das äußere Selbstbild ist grandios, das innere eher verborgen und sensibel. Daher sind es eigentlich zwei Seiten einer Persönlichkeit, also zwei Ebenen einer Person. Je nachdem, ob ihr Narzissmus eher grandios, extrovertiert und laut ist oder eher introvertiert, sensibel und leise, verdeckt, bleibt die

Strategie grundsätzlich ähnlich. Denn allen Narzissten ist gemeinsam, dass sie eher auf der inneren Ebene die innere Selbstunsicherheit verwalten und nach außen die eigene Grandiosität zeigen. Narzissten sind daher immer zwei, mit ihrem inneren und äußeren Selbstbild, also muss man auch beide Selbstbildebenen mit ihren ganz spezifischen Bedürfnissen bedienen, wenn man mit ihnen zu tun hat. Als darauf trainierter Therapeut ist man darin einigermaßen sicher, der äußeren Ebene die Anerkennung zu geben und der inneren Ebene das Mitgefühl. Aber als Laie, als Partner, kann es erhebliche Probleme bereiten, wenn man der äußeren Ebene die Anerkennung verweigert und mit dem Mitgefühl für den weichen, sensibleren Kern und ebendiese innere Zerrissenheit spart.

Wer also einerseits das aufregende Leben an der Seite eines narzisstischen Menschen schätzt und gerne teilt, der bedient vermutlich bereits unbewusst oder bewusst diese beiden Seiten. Spendet Lob, Bewunderung und Mitgefühl. Wer aber einen narzisstischen Partner hat oder selbst narzisstisch ist und für diese beiden Selbstanteile kein Gespür hat, der wird wegen der manipulativen, fordernden Seite, zumindest wenn diese nicht begrenzt wird, regelhaft Schwierigkeiten bekommen.

Beziehungssabotage

Da Beziehungen zu narzisstischen Menschen intensiv, leidenschaftlich, auch eher kürzer sind, weil es früh zum Bruch kommt, liegen sie einem manchmal schwer im Magen. Das besagt das »Chocolate Cake Model«, das die Sicht der Person beschreibt, die eine Paarbeziehung zu einem Narzissten eingegangen ist, laut Narzissmusforscher W. Keith Campbell.[2] Der Kuchen ist süß, herzhaft, sättigend, schnell verschlungen, liegt schwer im Magen und macht manchmal auch dick.

Das bedeutet aber im Umkehrschluss nicht, dass man keine treue, lange und sichere Beziehung zu einer narzisstischen Person führen kann. Und jeden Tag *etwas* am Schokoladenkuchen naschen kann. Es ist ein sich hartnäckig haltendes Märchen, dass Narzissten einen immer verraten, verletzen und zerstören. Jedoch: Das Risiko für eine Affäre oder sexuelle Kontakte außerhalb der festen Beziehung ist in Beziehungen mit narzisstischen Partnern tatsächlich höher. Was an diesen seelischen Wunden besonders schmerzt, die Narzissten einem zufügen, ist die Verletzung der Würde. Als wüssten sie genau, wie sie einen treffen könnten. Jeder kann den anderen entwürdigen, aber vermutlich aufgrund der narzisstischen Empathie sitzt die Verletzung so präzise.

Kommt es zu außerehelichem Sex in monogamen Beziehungen durch die narzisstisch akzentuierte Person, so kann es besonders verletzend sein, weil dieser Akt, flankiert von narzisstischer Selbstgefälligkeit und Empathiereduktion, intensiver schmerzt.

Untreue stellt generell für viele eine massive Verletzung dar, die sich wie ein echter, körperlicher Schmerz anfühlt, da in beiden Fällen dieselbe Hirnregion für körperlichen Schmerz aktiviert wird.[3]

Emotionsfokussierung

Emotionsfokussiertes Arbeiten wirkt für Paare, das ist durch Studien gut nachgewiesen, denn es fördert gezielt die gegenseitige emotionale Empathie.[4] Sogar dann, wenn besondere Belastungen das Paar treffen, wie etwa der Vertrauensbruch durch eine Affäre.

Das emotionsfokussierte Arbeiten ermöglicht Zugang zu den wesentlichen Gefühlen und zeigt Wege auf, diese einander in einer verbindenden und einander unterstützenden Weise mitzuteilen. So wird man erfahren, dass aufseiten des Verursachers eines Seitensprungs sehr viel mehr Schuldgefühle sind als angenommen. Und wie aufseiten des Betrogenen auch Rachegefühle normal sind.

Es ist ein sehr schönes therapeutisches Arbeiten, diese Abgründe und zurückgehaltenen Affekte zu teilen. Für die Paare und Einzelpersonen ist dieses Arbeiten eine sehr bereichernde und existenzielle Erfahrung. Ich arbeite sehr gerne mit dieser Methode, denn einige Paare finden dann wirklich wieder zueinander. Nur leider: Je narzisstischer eine oder beide Personen sind, je psychopathischer, je sadistischer, je impulsiver und so weiter, desto weniger gut gelingt es. Das muss man dann emotional und kognitiv akzeptieren.

Ungute Dynamiken

Manchmal bringt eine Frau ihren Mann mit, will, dass ich ihn aufkläre über seinen Narzissmus, dann verändert er seine Einstellung und Haltung und erlangt mehr Einsicht und zeigt auch die Bereitschaft, an allem zu arbeiten, was jedoch die Partnerin missdeutet als »Hoovering« oder gespielte Taktik, und den Mann verlässt.

Natürlich kann niemand sich kurzfristig radikal verändern und von mir »repariert« werden, indem ich den Narzissmus »wegmache«. Dabei wird oft übersehen, dass Narzissmus auch positive Aspekte in die Beziehung gebracht hat. Begeisterung, Unternehmertun, positive Energien, Lust und Freude. Das soll ich auch »wegmachen«? Das ist doch, was vermisst wird, weil es weniger wurde. Daher liegt häufig in dieser Konstellation eine viel komplexere Gemengelage vor. Was alle emotional betrifft und wo alle ansetzen können. Ja, sogar müssten.

Veränderung ist ein langer Prozess. Das Temperament und den Persönlichkeitsstil einer Person wird man nicht verändern können, er ist ja vor allem genetisch festgesetzt. Erziehung durch die Eltern hat einen nur geringen Effekt. Erzieherische Maßnahmen werden also auch nicht im Erwachsenenalter greifen können. Wer als Partner nun meint, den anderen erziehen zu können, wird eher scheitern. Solche Erwartungen müssen frustriert werden.

Was man aber versuchen kann, ist, das eigene (manipulative) Verhalten in ein prosozialeres, also ein etwas besser verträgliches, auch zueinander, zu wandeln. Das ist aber nicht immer möglich. Um Verhaltensänderungen im narzisstisch akzentuierten Menschen zu erreichen, muss man richtig ringen.[5] Es wird schwieriger, wenn etwa der Mann daran gewöhnt ist, die Unwahrheit zu sagen, und sich herausstellt, dass er sein Verhalten sogar schon länger vertuscht. Manchmal kommen so Geschichten nach der Salamitaktik heraus: nur zugeben, was eh schon rausgekommen ist. Das kann dann so weit gehen, dass eine zweite Familie entdeckt wird, ein zweites Leben, neben der aktuellen Beziehung. Es gibt jede erdenkliche Form solcher Konstellationen, da bin ich selbst immer wieder überrascht.

Lotti und Pablo

Auf dem Übungsplatz war Lotti bald weit vor mir. Ihr gelangen die Zwischenschläge vom Boden gut, und nur manchmal flog der Golfball etwas zu weit neben dem Fairway ins Rough. Aber es war immer Zufall, dass Lotti ihren Ball genau am Rand des Spielfeldes fand. Ich habe ihn gefunden! Ich musste immer ewig lange suchen und gab irgendwann auf, wenn ich meinen verschossenen Ball nicht mehr wiederfand.

Wir spielten so schon gut drei Wochen und längst nicht mehr mit Victor, sondern gingen allein über den Platz. Wir hatten den Höhepunkt unserer Ferien erreicht. Ich war topfit und durchgehend gut gelaunt. Auch Lotti strahlte und war glücklich. Aber irgendwie wurde ich meinen Verdacht nicht los, dass Lotti es mit der Wahrheit im Golfspiel nicht so genau nahm. Schummelte sie? Konnte ich ihr da vertrauen?

Als Jenny plötzlich an der Rezeption des Resorts aufkreuzte. Jenny erkannte mich sofort und sie hob ihre Arme, lachte voller Freude und rannte ungestüm auf mich zu. Ihre Haare wehten, und ihre Handtasche trudelte hin und her an ihrer Seite. Ich, mit der Tüte frischer Croissants in der Hand, in Golf-Shorts und dem Golf-Cap, erstarrte. Jenny fiel mir um den Hals und begrüßte mich voller Erleichterung.

»Endlich! Endlich! Endlich habe ich Sie gefunden!« Worüber ich mich nicht wirklich freute.

Wie hatte sie mich gefunden? Da ich nie auf ihre Nachrichten reagierte, hatte sie große Sorge um mich entwickelt. Aber sie wusste ja, wo ich war. Die Fotos aus dem Golfklub. Die Selfies mit mir und Lotti. Ich hatte längst vergessen, dass sie meine Handynummer hatte. Und meinen Insta-Account kannte. Ich betrieb Digital-Detox erst nach der ersten Woche, aber vorher hatte ich wohl schon meinen Standort irgendwie preisgegeben.

Jennys dreißig WhatsApp-Nachrichten kannte ich nicht. Mein Handy lag irgendwo entladen herum. Als ich es jetzt wieder in die Hand nahm und auflud, explodierte meine Income-Box. Ich überflog die vielen Kurznachrichten und las sie rückwärts.

Ich bin da. Ich freu mich so!!!! – Ich komme jetzt zu Ihnen. – Ich brauche Sie nun. Mir geht es sehr schlecht. Ich würde Sie gerne sehen. Sprechen. Bitte!!!!! – Ich bin sehr verzweifelt. Ich fühle mich schuldig. Entschuldigen Sie meinen Ausbruch. Wo sind Sie??? – Ich bin voll wütend auf Sie!!! Warum melden Sie sich nicht??? – Jetzt!!! Brauche Ihre Hilfe!! Furchtbar. Er muss sofort tot gewesen sein. Ein Unfall mit seinem Auto. Er muss viel zu schnell gewesen sein. Wolkenbruch mit Hagel. Ein gefährliches Extremwetterereignis. Aquaplaning mit seinem Porsche. Es ist Schreckliches passiert!!!! – Er will zu mir kommen. Ich will aber die Trennung. Es ist die Hölle los. Es ist was Furchtbares passiert. – Sie und Ihr Schweigen machen mich total sauer! Ich bin langsam verärgert. Über Sie!!! – Ich brauche dringend Ihren Rat. Ich schreibe Ihnen mal, auch wenn Sie es nicht sofort lesen. – Hallo, hier ist Jennifer Miles. Ignorieren Sie mich? – Darf ich Sie mal was fragen? Hier ist Jennifer Miles. Ihre Patientin. – Ich probiere es mal hierüber. Wo sind Sie denn? Haben Sie einen guten Urlaub?

Ich musste mich erst mal wieder sammeln. So konnte ich mich nicht weiter aufs Golfspielen konzentrieren.

Fortsetzung: Ungute Dynamiken

Mein Versuch scheiterte, die Frau aus dem vorherigen Fall wieder hinein in die Behandlung zu bekommen. Da ich drei ganz gute Termine mit dem Mann im Einzelgespräch hatte, wir an seiner Selbstwahrnehmung und Selbstakzeptanz gearbeitet hatten und daran, noch mehr prosoziales Verhalten zu zeigen, zeigte die Frau sich wütend und enttäuscht, weil ich mich mit ihrem Mann solidarisiert hätte. Dabei versuchte ich ihr aufzuzeigen, wie das Arbeitsbündnis zwischen mir und ihrem Mann positive und optimistische, freundliche Züge hatte. Das war keine Parteilichkeit.

Hintenrum prahlte der Mann dann wohl ein wenig zu stark vor ihr, nun mein Patient zu sein. Was wenig hilfreich war, und dafür hätte man ihn in seine Verantwortung ziehen können. Denn damit zerstörte er tatsächlich die laufende Paartherapie und erneut das Vertrauen der Ehefrau. Auch ihr Vertrauen in mich, weil die Ehefrau nun stark verunsichert war, ob ich sie fallen gelassen hatte. Dieser Schaden war kaum zu reparieren und hatte erneut getriggert und alle in ihre Stressreaktion gebracht: Flucht und Abbruch durch Rückzug.

Im Bewusstsein zu haben, dass Jenny nun hier war, hier im Resort, ließ mich zwischen diesen ganzen Stressreaktionen hin und her flippen. Was mache ich nur mit Jenny?, fieberte ich kopflos.

Typische Stressreaktionen – die fünf »F«
Die fünf Reaktionen auf Stress umfassen: Erstarren und Dissoziation (Freeze), Unruhe und Angriffsbereitschaft (Fight), Flucht und Rückzug (Flight), Anpassung und Unterwerfung (Fawn) sowie Ohnmacht und Akzeptanz (Flop).
Die Reaktionen treten in unterschiedlicher Stärke und Gewichtung auf, können sich unterschiedlich schnell abwechseln, können impulsiv oder spontan auftreten oder langfristig anhalten.

Ziele einer Paartherapie

Das Ziel einer Paartherapie kann nur sein, Stressreaktionen zu reduzieren und ganz normal jeden in seine eigene Verantwortung zu bringen. Ohne ständig rote Flaggen zu verteilen und dann eben genau deswegen, weil man überall den verteufelten Narzissmus hochspritzen sieht, Fehlentscheidungen zu treffen.

Ich versuche, dem eher unterlegenen, schwachen Partner aufzuzeigen, die 3G-Regel[6] anzuwenden (Genuss, Gerechtigkeit, Grenzen) und zur 5G-Regel zu erweitern mit viel Geduld und Gelassenheit.

Ich sage, ich stünde immer auf beiden Seiten. Solange kein extrem verletzendes, entwürdigendes oder traumatisierendes, gewalttätiges Verhalten auftritt, wenn es eindeutig nur einer

Person zuschreibbar ist. Empathie ja, aber keine Sympathie für stark die Grenzen des anderen, auch die Würde, verletzendes und selbstverständlich nicht für verbrecherisches Verhalten.

Impulsivität und narzisstische Wutstürme sind keine Seltenheit in einer Beziehung mit narzisstischen Personen. Aber es liegt auch am nicht narzisstischen Partner, ob man so eine Art der Liebe für sich will und ob sie womöglich eigene Bedürfnisse erfüllt und wie gut man sich darin abgrenzen kann, wenn es einem zu viel wird.

Die Idee einer Paartherapie ist, mit dieser spezifisch für jedes Paar typischen Dynamik flexibel und beständig mitzugehen und, falls es zu Unterbrechungen in der Therapie kommt, bereit zur Wiederaufnahme und zum Wiedereinstieg zu sein.

Wird jemand beispielsweise zu drängend, zu fordernd, zu manipulativ, zu impulsiv im Verlangen, wieder zusammenzuziehen oder mehr Klarheit zu wollen, verschreckt das oft die andere Seite.

Manchmal, bekam ich den Eindruck, war es egal, was der Mann tat, es wirkte immer unangemessen und blöd auf die Frau. Sich nicht zu melden, wurde dann als »Silent Treatment« oder als »Ghosting« interpretiert. Sich zu melden war hingegen »Hoovering« und »Lovebombing« und ebenso manipulativ. Das ist eine echte Nebenwirkung bei Anwendung von Etiketten. Sie bleiben kleben. Lassen sich schwer lösen. Auch wenn ich beide dazu ermunterte, wieder in eine normale Kommunikation zu kommen, war das Vertrauen auf einer Seite aufgebraucht oder sogar durch irrationale Annahmen und roten Flaggen durchsetzt, war da kein Durchkommen mehr.

Ich will mich hier nicht zum Steigbügel jener manipulativen, psychopathisch-narzisstischen Personen machen, die es gibt, aber: Probieren Sie immer wieder, wenn es Anzeichen dafür gibt, dass der narzisstische Partner eine tiefgreifende, existenzielle Veränderung durchlebt und etwas grundsätzlich verstanden hat über sich selbst.

Lotti und Pablo

Ich hätte es als furchtbar empfunden, wenn mich Lotti als Narzisst gelabelt und mich dann nur noch durch diese Brille gesehen und beurteilt hätte. Das hätte mich als Mensch zutiefst entwürdigt. Deswegen hätte ich weniger Lust und Freude empfunden und weniger Bereitschaft gezeigt, mich verständlich zu machen, wäre alles, was ich bin, sofort ins Narzisstische verzerrt worden. Das hätte uns alle Chancen zu einer normalen Kommunikation genommen.

Lotti war nicht eifersüchtig, als ich versuchte mit Jenny klarzukommen. Lotti ging dafür allein auf den Golfplatz und übte Abschläge. Jenny band mich ein. Sie brauchte mich. Ich nicht, aber ich konnte mich nicht ihrer Not entziehen.

Wie werde ich sie wieder los? Wollte sie in der Schlucht landen, neben den vielen anderen Golfbällen? War das hier ein Traum oder Realität?

Wir setzten uns in das leere Restaurant des Resorts. Ich musste zunächst das hinderliche Personal davon überzeugen, einen ruhigen, beschützten Ort zu benötigen. Wir würden nichts essen. Nichts trinken. Nur sitzen. Im abgedunkelten Restaurant erzählte sie mir alles. Wie sie sich von ihrem Partner trennen wollte. Wie sie erkannt hatte, was sie alles sabotierte. Wie missbräuchlich und arrogant ihre Beziehung war. Ohne Tiefe. Nur Schein. Wie absurd und inkompatibel ihre Idee war, als Paar zu funktionieren, da sie kaum Gemeinsamkeiten hatten. Kaum Kontakt miteinander hatten, auf einer tieferen Ebene. Sagte Jenny und sah mich bei diesen Worten innig an.

Über seinen Tod konnte Jenny nicht sprechen. Daran zu denken, erstickte ihr die Sprache. Jenny weinte. Aber sie war stabil. Dann lachte sie ihre Trauer weg und strahlte. Ich sagte ihr, dass sie natürlich hier nicht bleiben könne. Ich machte Urlaub hier. Mit der Familie. Jenny weinte und nickte. Ich sagte ihr, wie leid es mir täte und wie furchtbar tragisch der Unfall sei.

Jenny war so erleichtert. Sie war froh, mich zu sehen. Das war ihr so wichtig gewesen. Sie werde keine Umstände mehr machen. Sie wohne im Golfklub, da sei noch etwas frei gewesen. Wir können nun gemeinsam Golf spielen!, freute sich Jenny. Jennys Augen sprühten vor Lust. Sie wollte mich in ihren Besitz nehmen. Das spürte ich. Aber ich hatte Angst vor einer Inbesitznahme durch Jenny. Ich war niemandes Besitz.

Ich spürte meine innere Anspannung nach oben schnellen und meinen inneren Kritiker laut werden. Das kann ich nicht!, schwitzte ich. Ihr Handicap war 32. Normal für Anfänger war 52. Ich hatte 52. Ich war schlechter. Um mich zu stabilisieren, verabschiedete ich mich schnell von Jenny und flüchtete auf den Golfplatz.

Als ich so hinter Lotti über das Fairway ging und mein Blick auf ihrer Golftasche ruhte, sah ich aus der Seitentasche langsam ein Buch herausrutschen und auf den Boden fallen. Es war »Der Mann, der nicht verlieren kann« von Rick Reilly. Die deutsche Ausgabe über Trumps Betrügereien beim Golfspiel! Sie hatte sich das Buch heimlich besorgt und studiert! Um mich und all die anderen auszutricksen?

Ohne Lotti über ihren Verlust zu informieren, ließ ich das Buch in meiner Golftasche verschwinden. Ich war zu neugierig, was für perfide Tricks darin standen.

Narzisstische zweite Chancen

Manchmal, ja, ist es möglich und auch sehr wahrscheinlich, dass eine Beziehung nur eine narzisstische Farce ist. Nur, beide spielen dabei mehr oder weniger mit, und ja, auch hier gibt es Fälle, wo tatsächlich einer der beiden extrem darunter leidet.

Alle Spielweisen sind in der Liebe möglich, die normalen und die abnormalen.[7] Aber manchmal ist ebenso möglich und wahrscheinlich, dass sich eine Person wirklich durch Einsicht ändert. Gebt dieser Person eine weitere Chance. Aber delegiert dabei nicht die ganze Verantwortung auf diese Person. Dabei auch bedenken, dass man nur sich selbst ändern kann und dies ebenso tun sollte.

Und wenn all diese Versuche und Wege nicht helfen, prosozial, freundlich, respektvoll und leidenschaftlich miteinander umzugehen, gern auch mit einer dazu passenden und gesunden Portion an Narzissmus und Alltagssadismus, dem Salz in der Suppe, mit Humor und dem nötigen Ernst, dann, erst dann …

… mit dem Golfspielen anfangen.

Tipps für den Erfolg – auch in Beziehungen

Keine Klagen mehr. Fokussiere dich auf Lösungen, mach die Dinge besser. Vermeide das Schuldspiel, übernimm Verantwortung, wachse. Bewahre Ruhe, vermeide Streit. Finde Gemeinsamkeiten, sei bescheiden, verzichte auf Prahlerei. Führe ruhige Gespräche, kein Geschrei. Lerne zuzuhören, versteh, bevor du dich mitteilst. Sei freundlich, urteile nicht, versetze dich in die Lage anderer. Halte an Wahrheiten fest, verzichte auf Lügen. Vollende, was du begonnen hast. Löse Konflikte und vermeide sie durch gute Kommunikation.

Lotti und Pablo

Am Abschlag für Loch 7 erinnerte ich mich, dass es effektive Maßnahmen gab, Konflikte zu vermeiden. Eine Maßnahme besteht zum Beispiel darin, das vorhandene Wissen vor einer Aktivität umfassend zu teilen. Dies fördert das Verständnis für unterschiedliche Perspektiven und minimiert Fehler aufgrund von unausgesprochenen Missverständnissen.

Ich erinnerte mich auch an den Psychologen Douglas Abbott, der aufzeigte, dass es mindestens drei wirklich wichtige Prinzipien in einer romantischen Beziehung gibt, die uns zu Größerem führen: das eigene Verhalten ändern, die eigene Einstellung ändern und unser eigenes Herz verändern.[8] Ich wollte auch mehr an der Herzensbildung tun gegen diese Selbstsabotage.

Phasen meiner Ehe nach Douglas Abbott
Phase 1: »Leidenschaftliche Liebe«
Phase 2: »Enttäuschungen und Zerstreuungen«
Phase 3: »Anpassung durch Resignation und drohende Auflösung«

Ich war in der Phase 3 meiner Ehe und neben der Möglichkeit der Trennung, gab es ja durchaus die Möglichkeit der Anpassung an eine neue Realität, und ich, na ja, wir arbeiteten hart an einer neuen Variante unserer Liebe, um eine noch größere Liebe zueinander zu finden, in der Hoffnung, auch ein wenig die anfängliche, romantische Liebe neu zu entdecken. Das war fraglos eine narzisstische irrationale Kognition. Ein süßer Urlaubstraum. Aber diese Irrationalität tat niemanden weh, und es fühlte sich nicht wie ein Fehler an. Alles wird gut. Wir lebten in einer Welt, in der es vielen Menschen noch nie so gut und zugleich sehr, sehr schlecht ging. Das war die Realität. Aber vielen half die irrationale Kognition, dass alles irgendwann gut wird. Ich hoffte gemeinsam mit Lotti, dass alles irgendwie gut würde. Und das hielt uns auch zusammen. Da waren wieder die Hoffnung und ihre süßklebenden Eigenschaften.

Aber dann trafen Lotti und ich ungewollt auf Jenny im Klubhaus. Sie strahlte wie eine amerikanische Countrysängerin, ja, wie Shania Twain. Voller Selbstbewusstsein steuerte sie auf uns zu. ›*I'm gonna getcha! I'm gonna getcha!*‹, hörte ich Shania singen. Wir setzten uns freundlich gesinnt und die Fassade wahrend an einen wackligen Bistrotisch und bestellten stilles Wasser. Oberflächlich näherten sich Lotti und Shania, äh, Jenny, einander an. Ich spürte Jennys aufspritzende Rivalität im Blitzen ihrer Augen. Lotti spielte das elegant herunter. Aber sie lachte zwischendurch ihre Anspannung weg.

Plötzlich fragte Jenny, ob Lotti aus Hamburg sei. Ob sie da auf das Gymnasium in Blankenese gegangen sei. Ob sie nicht damals ein Motorrad gefahren hätte. Ob sie nicht damals so wunderschön gewesen sei. Lotti hörte zunächst vorsichtig skeptisch zu. Dann nur noch Ja, ja, ja. Und ob, fragte Jenny, sie Abiturjahrgang 86 sei. 1986. Ja! Nein!! Ja? Lotti!?, fragte Jenny und fuhr begeistert fort: Du bist die freche und stille Lotti aus Blankenese mit dem Motorrad!!! Lotti stammelte, dass das doch nicht sein könne. Das glaube ich nicht! Ich, sagte Jenny, bin die wilde Jenny aus Amerika! Ich war nur zwei Jahre da, zehnte und elfte, dann sind wir wieder nach Alaska, erklärte sich Jenny. Lotti lachte überrascht. Versuchte sich zu erinnern.

Ich war ziemlich perplex. Lotti und Jenny kannten sich. Was für ein Schock.

In einer Studie mit über 100 glücklichen Paaren, die ihre emotionalen Verletzungen erfolgreich überwunden hatten, zeigte sich, dass es hilfreich ist, wenn beide Partner aktiv an der Lösung des Problems arbeiten.[9] Dies beinhaltet positive und konstruktive Gespräche, die umfassende Erörterung von Gefühlen und Standpunkten sowie konkrete Handlungen des Verursachers, die echtes Bedauern und den Wunsch nach Fortsetzung der Beziehung zeigen. Wenn der verletzende Partner bereit ist zuzuhören, den verursachten Schaden anzuerkennen und sich zu entschuldigen, fördert dies die Heilung. Ebenso unterstützend ist es, wenn der verletzte Partner ruhig seine Empfindungen kommunizieren kann und bereit ist, die Perspektive des Verursachers anzuhören. Und wenn möglich, zu vergeben.

Jennys Gegenwart verwirrte mich. Ich konnte jetzt nicht konstruktiv über die Situation nachdenken. Konstruktiv sein war etwas, das ich in diesem Augenblick nicht im Ansatz konnte. Ich war völlig verwirrt, was hier los war. Jenny und Lotti, alte Schulkameradinnen, die alles teilten?

Aber Lotti sagte mir am nächsten Tag, als wir wieder mit Victor den Kurs hatten, dass sie sich kaum an Jenny erinnern könne. Klar, lange her, sagte ich. Lotti grübelte darüber nach. Nein, sagte sie, eine Jenny käme ihr nicht in den Sinn. Möglich, in einer anderen Stufe. Aber sie kannte dich perfekt, sagte ich wie zum Beweis des Gegenteils. Ich hoffte, dass sich Lotti besser erinnern würde. Aber sie tat es nicht. Schweigsam nachdenklich trotteten Lotti und ich zum Übungsplatz.

Hoffnung ist ein übler Klebstoff. Man hofft und hofft, und dann fliegt der Ball doch ins Rough, in die Rabatten. Extrem herausfordernd war es an Loch 2, der Abschlag hin zum Fairway ging über eine kleine Schlucht.

»Aber das hier ist doch der Anfängerplatz?«, stöhnte ich und erkannte Jenny, wie sie an Loch 1 hinter uns wartete, dass wir endlich abschlugen. Sie winkte uns zu.

»Ja«, sagte Victor und lächelte sadistisch: »Eben!«

Plötzlich wurde ich unwirklich nervös. Fuck, Fuck, Fuck, Fuck, Fuck …, dachte ich. Das waren meine 5 F der Angst. Sprach da mein innerer Kritiker? Ich war irgendwie kopflos. Jenny sah zu. Sie sah, wie schlecht ich war. In mir hörte ich plötzlich einen irritierenden Gedanken laut werden, auf den ein zweiter und ein dritter folgte. Einer schlimmer als der andere: Das schaffst du nie! Schau dich nur an. Möchtegerngolfspieler. Was tust du hier? Rosa Shorts, grünes Shirt, gelbes Golfcap. Wie sehen Loser aus? Genauso wie DU! Mir wurde leicht übel. Ich bewegte mich unruhig auf und ab. Erinnerte mich … an den Sportunterricht. Als ich als Letzter aufgerufen wurde. Wir brauchen noch einen fürs Tor. Da, da ist noch einer übrig! DU! Der ich kopflos reagierte und irgendwie aus mir draußen war. Ich fühlte mich unruhig und taub an, als ich Eisen 7 nahm. Nein! Nicht das! Nimm Eisen 5! Ich war leicht dissoziiert. Impulsiv. Hektisch. Kopflos. Freeze, Flight, Freeze … Pablo, konzentrier dich! Wie du wieder aussiehst! Plötzlich schämte ich mich. Ich wollte hier nicht scheitern. Nervös lächelte ich Lotti an. Die ihren Schlag mit einem Jauchzen schon souverän über die Schlucht absolviert hatte.

Angst

Die Angst, eine uralte Begleiterin der Menschheit, pulsiert mit beispiellosem Aktivierungspotenzial durch unsere Adern. Evolutionär konditioniert, springen wir in Angst- und Stressmomenten wie von selbst in Aktion, um uns vor drohendem Unheil oder dem finalen Schnitter zu schützen. Eine sinnvolle Automatik. Blitzartig schärft die Angst unsere Sinne, um die reale Gefahr zu erkennen, nur, um sich zu entspannen, wenn die akute Bedrohung weicht und wir das Ausmaß der Gefahr realistisch ermessen können. In solchen Momenten beruhigt sich unser Körper von selbst.

Aber nicht so schnell bei mir. Ich atmete tief ein und fokussierte mich auf meine Stellung. Sah ganz weit weg eine kleine rote Flagge am Green im Wind flattern. Und musste dennoch ständig an Jenny denken, die hinter uns wartete.

Doch bei übersteigerter und anhaltender Angst persistieren Unruhe und das Verlangen nach Sicherheit, Rettung und Halt durch Umstände oder Personen, die uns vermeintlichen Schutz bieten sollen. Chronische Angst weckt riesige Rettungserwartungen und beschwört noch größere Untergangsfantasien herauf. Anstatt die übertriebene und daher krankhafte Angstaktivität aktiv aufzulösen oder geduldig auf eine spontane Symptomreduktion zu warten, suchen Menschen mit Angst mehr und mehr nach Beweisen, die ihre individuelle Angstnotwendigkeit bestätigen. So verfestigen sich die vermeintliche Gefährlichkeit, Bedrohung und auch irrationale Elemente des Angsterlebens.

Statt sich dem beruhigenden Gegenpol zuzuwenden, wächst die Erregung. Diese permanenten »Aktivierungszustände«, erkennbar als anhaltende Nervosität, Anspannung oder kreisende Sorgen, versuchen Betroffene durch verschiedene Sicherheitsrituale, wie Kontrollbemühungen, zu neutralisieren. Doch dieses Ringen hält sie dauerhaft beschäftigt und verhindert jede mögliche Entspannung. Angstgefühle, körperliche Missempfindungen und Katastrophendenken baut sich wie eine Mauer vor einem auf. Zimmert einen ein. Kommt immer näher und schnürt einem die Kehle zu. Ich wusste, die wohltuende Ruhe liegt jenseits dieser »Angstmauer«, doch es fehlt vielen Betroffenen der Mut, diese unsichtbare Barriere der Angst zu überwinden. Man muss durch die Angst »hindurchgehen«, um sie zu überwinden. Sie also spüren und die Erfahrung machen, dass die beängstigende Situation weitaus weniger gefährlich als angenommen ist. Aber diese Empfehlung wird kaum befolgt, denn die Vorstellung, durch die Angst zu gehen, ist so furchtbar, dass sie unterbleibt. Obwohl es der einzige Weg ist, der aus der Angst herausführt.

Angst-Menschen meiden die Schwelle der Angst und richten ihre Aufmerksamkeit auf begleitende Unsicherheiten, etwa die Sorge, sich im sozialen Kontext falsch zu benehmen. So verstärken sie ihre allgemeine Anspannung und Angst in einer Spirale, suchen mehr Gründe für die Angst als dagegen und landen im Teufelskreis der Angst.

Dauerhaft erwarten ängstliche Menschen, dass ihre persönlichen Katastrophen eintreten, und zwar immer so nah und direkt, als wären sie gerade nebenan zum Tee. Oder würden mit einem gemeinsam Golf spielen. Oder ungeduldig hinter einem warten, dass man schlecht spielt und den Ball in die Schlucht schießt. Alle, Lotti, Victor, alle Mitspieler, auch Jenny, über einen lachen und man am liebsten vor Scham in die Schlucht, dem eigenen Ball hinterherspringen würde. Alle würden mich auslachen! Das war *mein* Angst-Dämon!

Diese Erwartungsangst speist sich aus eigenen Annahmen, hat einen starken persönlichen Bezug und individuellen Ursprung. Ja, das traf genau auf mich zu. Auch ich war als Kind oft ausgelacht worden! Jetzt wurde es mir bewusst!

Auch wenn das befürchtete Ereignis selten oder nie eintrifft, meldet sich diese Erwartungsangst zuverlässig zu Wort und macht sich quälend bemerkbar. Sie ist zudem viel größer als die reale Angst, die auftreten würde, wenn das ängstlich Erwartete tatsächlich geschähe. Fachleute nennen das »Wahrnehmungsverzerrungen«, also eine Art von persönlichem »Angst-Kreativ-Klub«[10]. Menschen mit Angst entwickeln sehr viel Fantasie, um die Angst zu verstärken, aber kaum, um sie zu bewältigen.

Um Angst auszulösen, arbeiten zwei wichtige Komponenten Hand in Hand: gedankliche Überzeugungen und emotionale Betroffenheit. Dabei ist unsere eigene Bewertung entscheidend dafür, ob wir Gefahren verzerren, beschwichtigen und unter einem positiven Vorzeichen einordnen oder nicht. Paradoxerweise ruft der globale Klimawandel kaum ein ernst zu nehmendes ängstliches Aktivierungspotenzial hervor, da diese Bedrohung (noch) wenig greifbar, fern und mit unklaren Konsequenzen für das eigene Leben verbunden ist. Wann, wie und in welchem Ausmaß uns diese Bedrohung ereilen wird, scheint im Nebel der allgemeinen Unsicherheiten des Lebens zu verschwinden.

Durch die Verzerrung der Wahrnehmung verkennen wir reale Gefahren und fürchten uns oft vor dem Irrationalen, um die Ordnung in unserer subjektiven Welt zu bewahren. Aber wir können uns die Ordnung in unserer subjektiven Welt nicht bewahren, indem wir uns vor dem Irrationalen fürchten. Das Irrationale ist untrennbarer Bestandteil menschlichen Denkens.

Denn unsere ganze Existenz ist zwar möglich, aber ziemlich unwahrscheinlich und scheint damit ziemlich irrational. Wir sind die Bewohner eines Planeten und vermutlich allein im Universum.[11] Wir sind Zufall. Wir sind ein Wunder. Wir sind irrational. Das ist unsere Natur. Rational zu sein, scheint mir eher die Ausnahme. Die meisten Ängste sind irrational. Weil wir es auch sind. Wir beängstigen uns, seitdem wir existieren, mit den Bildern, die wir selbst malen, und diese kommen uns dadurch so nah vor. Unser Körper signalisiert Unsicherheit und Gefahr, ist dabei sehr überzeugend durch die unkontrollierbaren Missempfindungen. Diese körperlichen Empfindungen verstärken unsere Einschätzung, dass die Angst, die wir wahrnehmen, eine ernste Reaktion auf reale und »greifbare« Gefahren ist. Doch diese körperlichen Reaktionen sind eine hochgradig subjektive Beschlagnahmung, aus der sich Menschen mit einer Angststörung kaum befreien können und nicht einmal daran denken, sich von ihr zu distanzieren. In einem realen Bedrohungsszenario wären diese Aktivierungen hilfreich, stimulierend und lebensrettend, aber in einer pathologischen Angstreaktion blockieren sie. Und wir entwickeln positive, irrationale Kognitionen, um uns vor Negativinformationen zu schützen und uns selbst zu retten!

Übung: Der richtige Weg ist immer der schwierigere

Stellt euch vor, ihr seid auf dem Golfplatz. Eure Entscheidung im Umgang mit der übertriebenen Angst ist wie ein Spielzug. Entweder spielt ihr direkt in die Angst hinein – konfrontiert euch mit ihr und haltet sie aus, bis die Angst nachlässt. Oder ihr spielt an der Angst außerhalb des Fairways vorbei – ignoriert sie und drängt nicht in die Erregung durch Konfrontation. Haltet dabei euer Ziel fest im Blick; den kleinen Ball in das kleine Loch unter der kleinen roten Flagge zu bringen, ist das Ziel!

Übt das regelmäßig. Entweder rein in die Angst mit intensiver körperlicher Erfahrung oder vorbei am Spielfeld der Angst, mit Fokus auf ein Umdenken und Rauskommen aus dem Furchtnetzwerk. Beides ist kein Vermeidungsverhalten. Vermeidung wäre es, gar nicht erst loszuspielen – das ist nicht euer Ziel.

Lotti und Pablo

»Das ist ziemlich nah an Strelecky«, kommentierte Lotti meine Golf-Metapher, als sie sie später im Buch las. Leg den Ball dorthin, wo du ihn haben willst. Nur du entscheidest. Ha! Meine Metapher war zwei unter Par (Par ist die vom Platz angegebene Anzahl an Schlägen pro Loch bis zum Einlochen, z.B. 4 und wer drunter bleibt, also nur 3 Schläge braucht, der ist sehr, sehr gut und wer mit nur 2 auskommt, ist genial) und damit punktemäßig viel besser als John Streleckys Golf-Metapher.

Ich wollte auch eine Golf-Metapher auf den Sinn des Lebens. Da war sie nun.

Bindungsangst und Alleinsein

Bindungsangst ist eine irrationale Angst des Menschen, die verhindert, emotional nahe Beziehungen einzugehen. Aus Sorge vor Ablehnung, Zurückweisung und dem Verlassenwerden entwickeln Menschen Schwierigkeiten, sich zu öffnen und Nähe zuzulassen. Diese Angst kann durch eigene negative Vorerfahrungen oder durch ein ängstliches Temperament geprägt sein. Dabei ist Bindung, wusste früh der Kinderpsychiater John Bowlby, die beste Überlebensstrategie des Menschen.[12] Gemeinsam schafft man es eher durch dick und dünn, belastende

Situationen zu meistern, sich eigenen Ängsten zu stellen und durchzuhalten. Gemeinsam macht es viel mehr Spaß. Die psychologische Forschung ist sich einig: Es macht den Menschen aus, ein natürliches Bedürfnis nach anderen Menschen zu haben. Angst und Stress nehmen normalerweise ab, wenn wir menschliche Bindungen leben.

Wird diese Bindung unsicher, steigen Angst- und Stresserleben. Überzeugungen und Erwartungen können enttäuscht oder erfüllt werden, sie können angemessen oder übertrieben sein. Sie können auch irrational (z. B. religiöse Überzeugungen, Glaube, Esoterik, Aberglaube, Ideale) und gesund (nicht schädigend, kein Leid bei einem selbst oder anderen erzeugend) zugleich sein, solange hieraus keine Risiken oder Gefahren für die Beziehung erwachsen und diese prosozial sind. Sind die Erwartungen irrational-schädigend, steigt ebenfalls der Stresslevel.

Perfektionismus ist hier eher schädigend, leider sind narzisstische Menschen typischerweise eher an Idealen orientiert, es muss also perfekt sein. Wenn diese Ideale nicht von beiden geteilt werden, wird es zu einer emotionalen Schieflage, zu Stress und Angst kommen.

Komponenten einer Beziehung[13]
Sicherheit und Überlebens-Sicherheit
Ansprechbarkeit und Reaktionsfähigkeit
Emotionales Engagement und emotionale Erreichbarkeit
Überzeugungen und Erwartungen

Jede Angst und Stresserfahrung löst typischerweise die bereits vorgestellten 5 F aus. Übertragen auf eine Paarsituation, in der die Komponenten Sicherheit, Ansprechbarkeit und genügend emotionales Engagement nicht mehr angeboten werden, wird das eine Wechselseitigkeit auslösen. Diese wird sich wie ein Teufelskreis drehen. Man wird vor Schreck oder Fassungslosigkeit erstarren, dann auf der Flucht sein, sich zurückziehen, dann zum Angriff übergehen, sich behaupten und aggressiv zeigen, dann die Anpassung suchen, sich wieder annähern, vermitteln, die Waffen ruhen lassen und vielleicht auch irgendwann aufgeben.

Diese typischen Reaktionsweisen wechseln sich sehr schnell ab, eskalieren in gegenseitigen Angriffen, im Rückzugsverhalten, im Suchen des Täters und im Suchen des Opfers, im Suchen von Gründen und Vorhaltungen, bis es sich nur noch hin und her abwechselt. Bis man nicht mehr weiß, wer eigentlich angefangen hat mit dem ganz normalen Wahnsinn einer Beziehung.

Ein Lösungsweg ist, zunächst die Störfaktoren zu inventarisieren: Was ist das Nervige, Trennende und Untragbare der gemeinsamen Beziehung? Was ist das, was mich am Partner triggert? Dabei ist in der Formulierung bewusst die Ich-Perspektive einzuhalten. Was tue ich, das dich triggert?

Wichtig ist, auf die Wechselseitigkeit der Trigger zu achten, denn was mich von dir triggert, führt möglicherweise und sehr wahrscheinlich dazu, dass ich mit meiner Reaktion darauf dich triggere.

Jeder notiert auf einem Papierbogen für sich, was man selbst für ein Verhalten zeigt, was man dabei über sich und den anderen denkt, wie man emotional hierauf reagiert, was man selbst tut und wie das den anderen triggert, was man daraufhin innerlich fühlt und was man nun vom anderen wirklich brauchen könnte. Etwa Ruhe, Halt, Zuversicht und Sicherheit. Das Aufgeschriebene kann anhand der Tabelle nach Scott R. Woolley (siehe Abbildung 2) durchgearbeitet werden und gemeinsam über Gefühle gesprochen werden. Auch über die Gefühle des anderen, der diese möglicherweise zum ersten Mal äußert!

Person A		Person B
	Was ich für ein Verhalten zeige	
	Was ich über mich und über dich denke (Gedanken, Kognition)	
	Wie ich emotional reagiere (Affekte)	
	Wenn ich das tue, triggert es bei dir (Trigger)	
	Was ich innerlich fühle (Emotionen)	
	Was ich von dir und für mich brauche (Bindungsbedürfnisse, innere und äußere)	

Abbildung 2: Wie wir uns selbst verhalten, was wir fühlen, wie wir uns gegenseitig triggern (auslösen) und was wir brauchen; Tabelle angepasst nach Scott R. Woolley[14]

Herzensbildung gegen Selbstsabotage

In der Therapie, bei den schlimmsten dysfunktionalen Abenteuern, die ich auf meiner Couch erlebe, wenn die Affekte hochstehen und Paare sehr emotional aufeinander einwirken, sich streiten oder ätzend ausschweigen, hilft auch gute Herzensbildung. Empathie und Mitgefühl, Mut, Ehrlichkeit, Interesse am anderen sind die Wege aus der dysfunktionalsten Selbstsabotage.

Empathie, ich wiederhole mich gern, ist meiner Einschätzung nach die Währung der Zukunft. Auch wenn man Empathie ebenso missbrauchen kann – sie hilfreich einzusetzen, setzt voraus, dass man sie erst mal hat, und wenn nicht, sie ausbilden muss. Man darf Empathie auch nicht allein sehen, sondern sollte sie einbinden. In Ästhetik etwa, dem Gefallen und dem Interesse an Schönheit, ja, dem Interesse an Formschönheit als Sinnbild und Lebenskunst, um ein guter und ein feiner Mensch zu werden. Denn wenn etwas schön ist, dann ist es nicht nur oberflächlich. Es ist doch auch schön, Menschen zu haben, die einem nahe sind. Dann ist die Schönheit in die Empathie eingebettet, dann ist das die gute Energie, die man ausstrahlt. Dann ist darin auch eine Kraft, die das Kostbare beschützen will und wertschätzt. Schönheit ist dann einfach nur die Nähe des anderen, in der man sich selbst beruhigt und zur Ruhe kommt. Das ist schön. Das hat Schönheit. Als gäbe es keine Gedanken, die einen antreiben, etwas zu tun oder zu vermeiden. Als gäbe es keinen inneren Kritiker, der einem alles madig macht, auch das Schöne. Als wäre es so, dass man sich in sich gut fühlt. Ohne Bedingungen. Als wären alle Bedürfnisse erfüllt und eine Ordnung erreicht, die immer gut ist. Das wäre für mich die Ästhetik, eine erreichte Vollkommenheit des Menschlichen. Die sich als Schönheit zeigt. Jeder Mensch kann für sich schön sein. Auch wenn ein Mensch nicht so gut aussieht oder anders benachteiligt ist. Jeder Mensch braucht doch zumindest auch Schönheit im Leben. Und wie schnell kann man aus unbewusstem Neid, aus Habgier, aus Stolz jemandem diese Schönheit kaputt machen. Ja, wie schnell kann man sich selbst durch einen lauten inneren Kritiker das Schöne am Leben zerstören. Es sind vermutlich viele unabhängige Zutaten, die einen in die Lage bringen, sich selbst zu sabotieren. Wie viele Verwechslungen einen sabotieren! Man verwechselt Liebe mit Anerkennung. Man verwechselt das eigene Leben mit einem fremden Leben. Man verwechselt sich selbst mit jemandem, den es nicht gibt, der aber unbedingt existieren soll, weil andere das wollen.

Ästhetik als Rettung aus der Selbstsabotage

Man läuft vermutlich eher Gefahr, sich selbst zu sabotieren, wenn man einen inneren Kritiker und wenn man dazu spezifische Gedanken hat, die einen von innen heraus in emotionale Engpässe treiben. Solche inneren zerstörerischen oder antreibenden Gedanken, es besser machen zu müssen, zwingen einen, sich indirekt und ständig mit Idealvorstellungen herumzuschlagen. Das Ideale. Das Schöne. Das Beste. Auch hierin spiegelt sich der Narzissmus. Das narzisstische Anspruchsdenken spiegelt sich im Bemühen, das Ideal erreichen zu wollen und ebenso von anderen zu fordern. Viele narzisstische Konflikte entstehen, weil die Idealvorstellung nicht erreicht wird. Das Bedürfnis narzisstischer Erwartungen wird von den anderen nicht erfüllt. Dabei könnte man es sich selbst auch schön genug machen. Aber diese Verantwortung an eigener Ästhetik wird häufig narzisstisch an andere ausgelagert.

Die Anstrengungen, ein ästhetisches Ideal zu erreichen, sind unfassbar groß. Wer hierzu keinen Zugang hat, wer sich nicht erfreuen kann an einer Ästhetik des Lebens, wird vermutlich nicht verstehen können, warum es so viele Menschen gibt, die sich am Schönen und Idealen erfreuen.

Das Schöne entsteht aus einer Haltung. Der Anspruch an eine Ästhetik ist durchgehend und unumstößlich. Ästhetik zeigt sich in der Beschäftigung mit dem Schönen, der Anmut, der Harmonie, der Finesse, wie Dinge ausgeführt oder gelebt werden. Sie kann von innen heraus entstehen oder man kann sich die Ästhetik von außen heraus aneignen. Das Ideale kann man leben, indem man sich viel mit dem Schönen und dem Eleganten befasst. Die Ästhetik kann überall im Leben ihren Raum bekommen. Über eine Gestaltung des Raumes. In einer raffinierten Art und Weise, ein Gespräch zu führen. Sie kann Ausdruck der Liebe für das Leben sein, der Hinwendung zum Leben, indem darin die Harmonie und die Poesie gesehen wird. Wer sich selbst hübsch macht, gepflegt und attraktiv ist, gestaltet durchaus auch eine Beziehung zu sich selbst und zu seiner eigenen Sinnlichkeit. Wer die Ästhetik in der Gestaltung zu den Mitmenschen pflegt, tritt warmherzig, offen, freundlich, wenig hochnäsig, wenig ängstlich, höflich, anständig, nicht zu nah, die Rechte des anderen respektierend, natürlich und gelassen in den Kontakt mit anderen. Wer die Ästhetik des Lebens im Zusammenspiel größerer Systeme sucht, wird sich mit Kunst, mit Architektur oder dem öffentlichen Raum und den darin sich bewegenden Gesellschaftsstrukturen beschäftigen. Der wird sich dafür interessieren, wie gut oder wie schön diese Menschen miteinander umgehen. Den wird die Ästhetik der Natur und die Ästhetik des Universums ebenso faszinieren wie eine Nacht unter dem freien Sternenhimmel in Anbetracht der Milchstraße. Wird über sich selbst, die eigene Unwichtigkeit und das Wunder des Lebens reflektieren und sich diesen Grenzen der eigenen Existenz nähern. Ästhetik tröstet, erfreut, regt an und kann für viele, auch für narzisstisch orientierte Menschen, ein wichtiges Maß ihres hohen Anspruchsdenkens sein.

Aber auch hier lauert die Selbsttäuschung und mit ihr die

Selbstsabotage. Denn nicht alles, was schön ist, ist auch wahrlich schön. Das Schöne herbeizureden, ist eine typisch narzisstische Eigenschaft. Es ist Teil der kreativen Schaffenskraft, die viel Gutes bewirken kann. Die aber auch dazu neigt, sich ständig schönzureden, was nicht schön ist. Menschen mit einer Neigung, alles immer schönzureden, um eigene Schuldgefühle oder die eigene Unzulänglichkeit auszubügeln, sind nicht hilfreich bei der Einkreisung der Wahrheit. Sie nutzen die Schönheit, um über das selbst verursachte Desaster hinwegzutäuschen. Wer sich etwas schönredet, täuscht darüber hinweg, dass es in Wahrheit furchtbar hässlich ist. Dieses »Es« kann ein Familienleben sein. Dieses »Es« kann eine Beziehung sein. Dieses »Es« kann die Verabredung sein, füreinander da zu sein und sich im selben Atemzug aus dem Staub zu machen, weil man etwas Besseres zu tun hat.

Lotti und Pablo

Voller Eleganz schlug ich den Ball über die Schlucht und teilte damit meinen Angst-Dämon in zwei. Einfach machen, sagte ich mir und zog meinen schönsten Schwung durch. Pock!, war der klare Klang, als das Eisen den Golfball traf und ihn in einem schönen, hohen Bogen über die Schlucht fliegen ließ. Ich drehte mich aus dem Schwung weiter über meine Mitte, ließ die Hüfte vor, hob den Fuß bis auf die Spitze, legte den Schläger über meine linke Schulter und sah gerade ausgerichtet hinter dem immer kleiner werdenden Ball her, wie er die Schlucht meisterte und direkt auf dem Green landete. Was für ein Schlag! Ich grüßte freundlich in die Runde, während die anderen höflich »Wow!« sagten, drehte mich zu Jenny um und winkte.

Entscheiden, statt auf die Emotion zu warten
Warten Sie nicht auf die passende Emotion, um eine Aufgabe anzugehen. Das führt nur in die Prokrastination (Aufschieberitis). Arbeit ist zu tun, und dabei spielt die Selbsterkenntnis eine entscheidende Rolle, dass man die anstehenden Aufgaben in kleinen Schritten angeht, unabhängig von der aktuellen Gefühlslage.
Die besten Entscheidungen jedoch trifft man, wenn man Bauchgefühl (emotionale Exekutivfunktion, präfrontaler Kortex, medial) und Vernunft (rationale Exekutivfunktion, präfrontaler Kortex, lateral) miteinander clever kombiniert. Einfach machen!

Lotti und ich versuchten erneut auf dem Probegolfplatz unter Par aufs Green zu kommen. Was uns nicht mehr gelang. Ich verschoss wieder regelmäßig die langen Bälle. Suchte sie, fand sie nicht, nahm ganz offiziell einen neuen Ball und sammelte Strafpunkte. Lotti fand ihren verschossenen Ball wieder knapp am Fairway. Sie blieb mit diesem einen Ball, ein *Titleist 3* mit dem Logo des Golfklubs, immer im Spiel. Was mir völlig unmöglich vorkam, es grenzte an Zauberei. Wir waren bereits in der vierten Ferienwoche, und ich war wieder schlechter geworden.

Jenny sah ich das letzte Mal, als sie uns aus ihrem Apartmentfenster im Klubhaus zuwinkte. In der letzten Woche war Jenny dann nicht mehr da. Ich traf sie nicht mehr unerwartet im Supermarkt des Resorts oder wie zufällig beim Bälle holen im Golfklub. Irrationale Kognitionen kamen mir unkontrolliert in den Sinn, als ich ein paar Abschläge übte.

War Jenny abgereist? War sie frustriert, dass wir nie mit ihr gespielt hatten? Frustriert, dass ich nie mit ihr spielte? Höchstwahrscheinlich hatte sie etwas Besseres zum Spielen gefunden. War sie mit Victor durchgebrannt? Victor war nämlich auch nicht mehr da. Unser Platzreifekurs plätscherte kopflos so dahin. Die beiden würden gut zusammenpassen, dachte ich weiter. Ich stellte mir vor, wie Jenny und Victor in seinem grünen Porsche davonrasten. Jenny. Die völlig beziehungsunfähig war, aber dennoch von der irrationalen, optimistischen Idee geleitet wurde, mit einem Mann ein Paar zu bilden. Obwohl sie nicht wirklich gut zueinander passten. Es musste aber dennoch sein! Jenny brauchte einen Mann! Es war der menschliche Instinkt, dem wir seit Millionen Jahren blind folgten, uns zu verpaaren, um als Individuum und als Gesellschaft zu überleben.[15] Und Jenny konnte ihr Leben nur im Doppelpack schaffen. Wenn nicht mit dem Therapeuten, dann zumindest mit dem Golflehrer.

In dem Augenblick dachte ich auch darüber nach, ob die Story, die sie mir erzählt hatte, von ihrem Partner, der so tragisch auf der Autobahn nach Garmisch-Partenkirchen in ein Unwetter geraten und tödlich verunglückt war, wirklich stimmte. Oder ob es eben nur eine gute Geschichte war, um mich oder wen auch immer für den egoistischen Zweck der Paarbildung manipulativ einzufangen. Und vielleicht war die Story, dass sie Lotti kannte, ebenso erfunden. Heute konnte man sich doch spielerisch Informationen über Personen aus dem Internet ziehen und sich an Fremde anwanzen, um sie auszuhorchen.[16] Sollte Jenny etwa von *Eisen 7* erschlagen tief unten in der Schlucht des Anfängerplatzes liegen? Hatte Victor sie erschlagen, als sie loslegte, ihn zu manipulieren und auszunehmen? War Jenny eine Betrügerin? Hatte sie sich nur jemanden gesucht? Was stimmte nicht an Jenny? Alles? War sie so extrem beziehungsunfähig, dass sie dafür lügen und betrügen musste?! Ich war es nicht! Das wusste ich. Aber woher wusste ich, dass es *Eisen 7* war?

Jedenfalls war ich froh, dass Jenny nicht mehr da war. So konnte ich mich ganz der Rettung meiner Ehe widmen. Und nach den Sommerferien, falls Jenny noch lebte, könnte ich mit ihr ja weiter Therapie machen. Es war Jennys Entscheidung und ganz allein ihre Verantwortung, dass sie weg war. Und damit fühlte ich mich jetzt am besten. Lotti und ich würden es uns nun ganz schön machen, und das war das Wichtigste.

Es sich richtig schön machen

Das Bedürfnis, es sich wirklich schön zu machen, über ein Interesse am anderen zu interagieren, eine Gemütlichkeit herzustellen, eine Wohligkeit, in der sich der andere behutsam einfinden kann. Dem anderen ein liebevoller Gastgeber sein, ohne den Sinn für eine perfekte Form ad absurdum zu führen und anderen den Zwang einer Ästhetik aufzudrängen. Ich lernte von einem Freund, dass es das Schönste für ihn ist, wenn er es hinbekommt, dass sich der andere in der eigenen Gegenwart angekommen und richtig wohlfühlt. Diese Ästhetik des Miteinanders kann die schönste Form gelebten und gesunden, ja, sogar miteinander geteilten Narzissmus sein. Es sich selbst und dem anderen so richtig schön zu machen. Ohne Reue. Ohne Schuldgefühle. Ohne Hintergedanken. In aller Ehrlichkeit.

Der ästhetischste Leitsatz, der die Basis jeder menschlichen Ethik ist, ist die Goldene Regel: Ich behandele andere Menschen so, wie ich selbst behandelt werden möchte. Dieser Satz ist die Basis und trägt die Würde jeder menschlichen Gemeinschaft.

Wunderbar und schön, wer für sich selbst gut sorgen kann. Wunderbar und schön, wer für den anderen gut Sorge trägt. Aber desaströs, wer es für sich nicht kann und damit dem anderen in der Begegnung kaum eine Freude ist.

Das Schöne formt also nicht nur die Hülle, sondern es hat zumindest das Potenzial, nach innen den Geist und die Gemeinschaft zu formen. Denn eine aus sich selbst antreibende Kraft wie der gesunde Narzissmus kann, wenn er nicht missbräuchlich und nicht zerstörerisch ist, so viel mehr als sich selbst im Blick haben. Dann wächst das Ich über sich hinaus und kann durchaus Großartiges erschaffen.

Genau gegen diese Ästhetik des Menschlichen richtet sich der egoistische, narzisstische Antrieb, sich großartiger, wichtiger, selbstgefälliger und ansprüchlicher zu stellen. Darin liegt die Gefahr des antisozialen, zerstörerischen Narzissmus. Er bricht mit der Ästhetik des Schönen am Menschen. Darin kann man ihn wohlmöglich auch erkennen. Wenn sich diese Form des Narzissmus verächtlich gegenüber anderen zeigt, dann wird es hässlich. Dann wird das wahre, ehrliche Interesse am anderen zurückgenommen. Dann dienen die Empathie und das Interesse am anderen nur dazu, den Fehler und die Schwäche des anderen zu nutzen und den anderen für eigene Zwecke zu missbrauchen.

So kann vielleicht das Ausmaß des Schönen auch ein persönlicher Gradmesser sein, ob die Dinge zwischen den Menschen gut laufen, oder nicht. Wenn es schön ist, dann ist es auch gut.

Ich achte sehr auf diese Ästhetik im Miteinander. Es hat mir sehr oft geholfen. Ich bin dann nicht immer nur auf der Suche des Schönen, nur versuche ich das Schöne im Menschen zu erkennen. Wenn es in einer Beziehung, in einer Freundschaft, im Gemeinsamen schön läuft, dann kann das ein wertvoller Hinweis darauf sein, dass es hier auch wirklich gut läuft.

Lotti und Pablo

Lotti und ich hörten mal auf einer Party, dass wir uns glücklich schätzen könnten. Weil wir so ein schönes Paar abgäben. Das war vor über zwanzig Jahren. Und ja, wir konnten uns glücklich schätzen. Lange hatten wir über diesen Zuruf ironisch gelacht. Wie konnte man nur an uns erkennen, dass wir uns glücklich schätzen könnten? Wie konnte jemand das erkennen? Vielleicht an der Schönheit, die wir ausstrahlten. Oder wir waren die perfekte Projektionsfläche für die Annahmen der anderen. Damals spielten wir noch kein Golf. Damals waren wir noch in der Phase 1 unserer Liebe. Damals waren wir überflutet von optimistischen, irrationalen Kognitionen, und die machten uns richtig immun gegen die Widrigkeiten. Es schien uns und es war wirklich alles in Ordnung. Wie Plato sagte, ist Schönheit nicht nur die äußere Erscheinung von Dingen, sondern eine göttliche Form, die über die sinnliche Wahrnehmung hinausgeht. Schönheit hat damit etwas Heiliges und etwas Durchscheinendes. Es ist transzendent und durchdringt die äußeren Grenzen des Bildes. Hinter dem Bild liegt die eigentliche Vollkommenheit und damit wird klar, dass das Bild nur das Abbild einer idealen, einer höheren Realität ist, die über die materielle Welt hinaus geht. Dieses Abbild über die Tiefe dieser höheren Realität ist mit moralischer Vollkommenheit und Wahrheit verbunden. Diese Verbundenheit ist, wenn sie wahrhaftig ist, robust und nicht relativierbar.

So, würde ich vielleicht auch meinen, fühlten wir uns damals als Paar, Lotti und ich. Wir ließen das so stehen und kümmerten uns nicht weiter darum, noch schöner, noch ästhetischer und noch optimierter zu werden. Diesem Streben nach **Selbstoptimierung,** das sich gerade heute zu einem ganzen Wirtschaftszweig und Lifestyle entwickelt, sind wir nicht anheimgefallen.[17]

Diese Optimierung des Selbst kann leider eine narzisstische Täuschung sein, wenn man sich darin verliert. Wenn sich nur eine narzisstisch-oberflächliche und vordergründige, im Kern aber leere Schönheit durch Optimierung über alles legt, was in sich hohl und grausam menschenleer ist.

Heute, zwanzig Jahre später, könnten Lotti und ich darüber philosophieren, ob es anständig ist, das Schöne über das Grausame zu legen. Ob wir uns weiter optimieren wollen. Ich glaube, dass wir uns darum gekümmert haben, so gut wie möglich ein Leben zu leben, so viel wie nötig Oberfläche zuzulassen und auch noch ab und zu dahinter zu blicken und zu hinterfragen. Sonst wäre es zu heuchlerisch.

Wenn wir über die Oberfläche an etwas Tieferes anknüpfen, dann verbinden wir uns auch mit uns selbst und unserer eigenen Menschlichkeit. Dann ist es nicht geheuchelt. Und dann kann man auch ab und zu mal Yoga machen oder etwas Vegetarisches essen, kein Auto mehr benutzen, an seiner mentalen Einstellung arbeiten und Dankbarkeit zeigen, um sich und die Welt ein wenig besser zu machen und sich selbst ein wenig mehr vor dem gnadenlosen Verfall in die eigene Verrottung retten.

Das Leben ist schön!

Ich erinnerte mich plötzlich an »Das Leben ist schön«, ein italienischer Film mit dem Originaltitel »La vita è bella« aus dem Jahr 1997, inszeniert und geschrieben vom Schauspieler Roberto Benigni. Die Handlung des Films zeigt einen Vater, der mit seinem Sohn in einem Konzentrationslager interniert ist. Um den Sohn vor den Grauen des Vernichtungslagers zu beschützen, inszeniert der Vater ihren Aufenthalt als ein Spiel. Ein Wettbewerb, in dem der Hauptpreis der Gewinn eines Panzers ist. So verbirgt der Vater vor dem Sohn die traumatisierenden Gräueltaten und lässt ihn glauben, dass man Punkte sammelt, wenn man sich versteckt und damit die Regeln des Spiels befolgt.

In diesem Spiel wird die innere Schönheit eines liebenden Vaters für seinen Sohn erzählt. Der sich unfassbar darin anstrengt, trotz der furchtbaren Situation dem Sohn eine positive und optimistische Sicht auf die lebensbedrohliche Situation zu vermitteln. Dieser Vater überschüttet mit seiner Hoffnung, dass das Leben schön ist, seinen Sohn, um ihn zu retten. Das Einzige, was dem Vater in dieser Situation bleibt, ist, aus sich selbst heraus das Leben zu verschönern.

Dabei gelang dem Film ein humorvoller und liebevoller, ungewöhnlicher Zugang zu dem schwierigen Thema des Holocaust, ohne die Ernsthaftigkeit daran zu verlieren.

Wenn die Schönheit nicht von innen kommt, dann ist sie unecht, dann ist sie geheuchelt. Und eine weitere Falle, eine weitere Fassade, in die wir, um die Hoffnung betrogen, greifen und hineinfallen. Achte darauf, was du für Informationen, Bilder und Meinungen konsumierst! Sie beschädigen womöglich das Kostbarste in deinem Besitz. Deine Seele.

Schönheit kann uns aber auch vor dieser Selbsttäuschung bewahren, wenn sie echt ist, von innen kommt und fähig ist, unsere Seele, das Kostbarste in unserem Besitz, zu beschützen.

Lotti und Pablo

Ich stand an Loch 18. Sah weit über das Rough hinaus. Die Landschaft lag ruhig vor mir. Das rote Fähnchen flatterte ganz weit hinten neben dem Bunker. Ich blickte zurück auf die Zeit in Spanien. Den Platzreifekurs mussten wir in Deutschland noch mal machen, weil er nicht dem DGV-Standard entsprach und daher ungültig war. Victor hatte uns den Schein an einem verregneten Nachmittag unter dem Dach der Driving Range ausgehändigt und uns herzlich gratuliert. Die Prüfung war »anders« abgenommen worden, ohne Victor. Der sein Outfit geschont hatte. Lotti und ich waren einmal quer über den Golfplatz gegangen und hatten die Platzreife. Das war ja einfach, sagte ich und spürte den Golfer-Instinkt in mir aufbranden.

Zurück in Deutschland, meldeten wir uns bei einem erschwinglichen Golfklub an, machten einen zweiten Kurs, eine passende Prüfung und hatten sogar schon damit geliebäugelt, an einem Klub-Turnier teilzunehmen, um unser Handicap zu verbessern. Ich setzte an, hob den Schläger und zog mit einem lockeren Schwung durch. Ein Traum von einem Abschlag!, hörte ich hinter mir jemanden sagen. Aber hinter mir stand niemand. Wer hatte das zu mir gesagt? Mein innerer Kritiker nicht. Der schwieg wieder. Ich griff tief in meine imaginierte Keksdose und belohnte mich selbst. Ich hatte mich mit diesem Schlag wieder ein klein wenig verbessert. Das war ein gutes Gefühl. Es fühlte sich richtig und gut an. Und Lotti stand im Bunker. Ich hörte ein Stöhnen, Sand spritzte hoch, ein Ball flog. Genau aufs Green. Bravo! Lotti war weit vor mir, kam immer näher auf mich zu und lachte mich an. Und ich wusste, dass sie wieder geschummelt hatte.

Prokrastination

Prokrastination ist eine richtig gemeine Selbstsabotage. Die habe ich mir bis zuletzt aufgespart und nicht fertig bekommen.

ENDE

Dank

Mein erster und wichtigster Dank geht an die forschenden Psychologen, Psychiater und Philosophen, kurzum, an all die Wissenschaftler, die sich damit befassen, die Wahrheit einer komplexen Realität des Menschen zu beschreiben, wie es Narzissmus und narzisstische Phänomene sind. Mein Dank geht an die Menschen, die ihr Wissen demokratisch und transparent mit den wissbegierigen Menschen teilen. Mein tiefer Dank geht an meine Agentin Lianne Kolf. Mein liebster Dank geht an meine Frau Carlota und an meine ganze liebe Familie, mit der ich so sein kann, wie ich will und bin. Danken möchte ich auch meinen Freunden und Weggefährten Filipp, Hans, Edgar, Rainer, Benedikt und Georg. Ohne sie wäre ich weniger ich. Mein Dank geht besonders auch an meine Klienten und Patienten. Die Erkenntnisse aus gemeinsamer Arbeit spiegeln sich in diesem Buch. Mein Dank gilt auch den lieben und klugen Menschen, die ich intensiver kennenlernen durfte und deren Gedanken und Haltungen ich schätze und bewundere. Demütig und freudig danke ich meinen Leserinnen und Lesern, die sich mit mir auf Entdeckungsreise begeben, sich selbst und ihre Lieblingsnarzisstin oder Lieblingsnarzissten besser zu verstehen.

Weiterführende Literatur

ADLER, Alfred. Der Sinn des Lebens. Prag: e-artnow, 2017.

BARGH, John. Vor dem Denken: Wie das Unbewusste uns steuert. München: Droemer, 2018.

BENAGUID, Ghita, SCHRAMM, Stefanie. Hypnotherapie. Paderborn: Junfermann, 2016.

BREITHAUPT, Fritz. Die dunklen Seiten der Empathie. Berlin: Suhrkamp Verlag, 2017.

BUCHER, Anton A. Psychologie des Glücks: mit E-Book inside. Weinheim: Beltz, 2018.

CERUTTI, Franca. Psychologie to go! Wie verrückt sind wir eigentlich?: Ehrliches und Überraschendes über unsere Psyche| Von der Macherin des erfolgreichen Psychologie-Podcasts. München: Knaur Balance eBook, 2023.

CHALMERS, David J. The conscious mind: In search of a fundamental theory. London: Oxford Paperbacks, 1997.

FRIDH, Magnus. Stille finden in einer hektischen Welt: ein Wegweiser zu Gelassenheit und innerer Ruhe. Hamburg: Rowohlt Taschenbuch Verlag, 2021.

GLASSMEYER, Anke. Selbstfürsorge – dein Anker in turbulenten Zeiten: wie du dich selbst nicht vergisst und deine Herausforderungen besser meisterst – der Ratgeber für gesunden Egoismus, Hannover: Humboldt, 2023.

GRUNBERGER, Béla; CANZLER, Peter. Vom Narzißmus zum Objekt. Berlin: Suhrkamp, 1982.

HAGEMEYER, Pablo. »Gestatten, ich bin ein Arschloch.«: Ein netter Narzisst und Psychiater erklärt, wie Sie Narzissten entlarven und ihnen Paroli bieten. Hamburg: Eden Books, 2023.

HAGEMEYER, Pablo. Verachtung: Der nette Narzissmus-Doc erklärt, wie bösartiger Narzissmus entsteht und wir dagegen vorgehen können. Hamburg: Eden Books, 2020.

HAGEMEYER, Pablo. Die perfiden Spiele der Narzissten: Der nette Narzissmus-Doc klärt auf. Hamburg: Eden Books, 2021.

HERMAN, Judith. Die Narben der Gewalt: traumatische Erfahrungen verstehen und überwinden. Paderborn: Junfermann Verlag GmbH, 2018.

JAEGGI, Eva; RIEGELS, Volker. Techniken und Theorie der tiefenpsychologisch fundierten Psychotherapie. Stuttgart: Klett-Cotta, 2008.

JOSEPH, Avy. Cognitive behavioural therapy: Your route out of perfectionism, self-sabotage and other everyday habits. New York: John Wiley & Sons, 2010.

KALLOS-LILLY, Veronica; FITZGERALD, Jennifer. Wir beide: Das Arbeitsbuch zur Emotionsfokussierten Paartherapie. 2. aktual. Ausgabe. Paderborn: Junfermann Verlag GmbH, 2023.

PINQUART, Martin; TEUBERT, Daniela. Relationship Self-Sabotage. Marriage and Divorce in America: Issues, Trends, and Controversies, 2023, 61. Jg., Nr. 5.

ROSNER, Stanley; HERMES, Patricia. The self-sabotage cycle: Why we repeat behaviors that create hardships and ruin relationships. New York: Bloomsbury Publishing USA, 2006.

ROTH, Gerhard; STRÜBER, Nicole. Wie das Gehirn die Seele macht. Stuttgart: Klett-Cotta, 2014.

SACHSE, Rainer. Persönlichkeitsstörungen verstehen: zum Umgang mit schwierigen Klienten. Bonn: Psychiatrie Verlag, Imprint BALANCE buch+ medien verlag, 2020.

SANDBERG, Sheryl. Lean in: Frauen und der Wille zum Erfolg. Berlin: Ullstein eBooks, 2013.

SAPOLSKY, Robert M. Gewalt und Mitgefühl: die Biologie des menschlichen Verhaltens. München: Piper, 2021.

SCHLEU, Andrea; TSCHAN, Werner. Umgang mit Grenzverletzungen: Professionelle Standards und ethische Fragen in der Psychotherapie. Berlin, Heidelberg: Springer, 2021.

SHETTY, Jay. Think Like a Monk: Train Your Mind for Peace and Purpose Every Day. New York: Simon and Schuster, 2020.

STEPHENSON, Sean. Get Off Your »but«: How to End Self-sabotage and Stand Up for Yourself. New York: John Wiley & Sons, 2009.

WOITITZ, Janet G. Self-sabotage syndrome: Adult children in the workplace. Health Communications, Inc., 1989.

ZAMPELLI, Sheri. From Sabotage to Success: How to Overcome Self-Defeating Behavior and Reach Your True Potential. Antwerpen: iUniverse, 2002.

Rechtehinweis

Wir haben uns bemüht, alle Rechteinhaber zu ermitteln. Rechteinhaber, die wir nicht ausfindig machen konnten, bitten wir, sich an den Verlag zu wenden.

Anmerkungen

Vorwort

1 Das Vorwort dieses Buches wurde in Zusammenarbeit mit einem künstlichen Intelligenz-Schreibassistenten erstellt. Dieser Assistent, bekannt als GPT (Generative Pre-training Transformer, Version 4.0 09/2023), ist ein Computerprogramm, das Text generiert, basierend auf den eingegebenen Informationen und Anweisungen. Wir bitten die Leser, dies beim Lesen des Vorworts zu berücksichtigen.

Einleitende Gedanken – Das Unbewusste in der Selbstsabotage

1 Vgl. EILERT, Dirk. Mimikresonanz: Gefühle sehen. Menschen verstehen. Paderborn: Junfermann Verlag GmbH, 2013.

2 Vgl. SCHLEU, Andrea. Sexuelle Übergriffe in der Psychotherapie, in: *PiD-Psychotherapie im Dialog*, 2014, 15. Jg., Nr. 01, S. 54–57.

3 Vgl. HELMERS, Eckard; MARX, Patrick. Electric cars: technical characteristics and environmental impacts, in: *Environmental Sciences Europe*, 2012, 24. Jg., Nr. 1, S. 1–15.

4 Vgl. MILEV, George; HASTINGS, Astley; AL-HABAIBEH, Amin. The environmental and financial implications of expanding the use of electric cars. A Case study of Scotland, in: *Energy and Built Environment*, 2021, 2. Jg., Nr. 2, S. 204–213.

5 Vgl. JONES, Edward E.; BERGLAS, Steven. Control of attributions about the self through self-handicapping strategies: The appeal of alcohol and the role of underachievement, in: *Personality and social psychology bulletin*, 1978, 4. Jg., Nr. 2, S. 200–206.
SNYDER, C. R.; SMITH, Timothy W. Symptoms as self-handicapping strategies: The virtues of old wine in a new bottle, in: *Integrations of clinical and social psychology*, Oxford University Press, 1982, 104. Jg., S. 104–127.
ARKIN, Robert M.; OLESON, Kathryn C. Self-handicapping, in: DARLEY, J. M.; COOPER, J. (Hrsg.). *Attribution and social interaction: The legacy of Edward E. Jones.* American Psychological Association, 1998, S. 313–371. Online unter: https://doi.org/10.1037/10286-006. Abgerufen am 10.01.2024.

6 Vgl. EIDENSCHINK, Klaus. Es gibt keine Narzissten! Nur Menschen in narzisstischen Nöten: Eine Handreichung für alle und jede(n). Heidelberg: Carl-Auer Verlag GmbH, 2023.

7 Vgl. KOLUMBUS, Christoph, GEWECKE, Frauke: Bordbuch. Berlin: Insel Verlag, 2005; vgl. VENZKE, Andreas. Christoph Kolumbus. Reinbek bei Hamburg: Rowohlt Verlag GmbH, 2019.

8 Vgl. BROWN, David P.; SAPPINGTON, David E. M. On the profitability of self-sabotage, in: *Canadian Journal of Economics/Revue canadienne d'économique*, 2021, 54. Jg., Nr. 1, S. 68–91.

9 Vgl. YUEN, Lenora M.; DEPPER, Devora S. Fear of failure in women, in: COLE, Ellen; ROTHBLUM, Esther D.: *Treating Women's Fear of Failure*. New York: Routledge, 2014. S. 21–39.

10 Vgl. LANGNER, Daina; HAIN, Sina. Psychoanalyse griffbereit. Stuttgart: Klett-Cotta, 2022.

11 Vgl. SACHSE, Rainer. Psychologie der Selbsttäuschung. Berlin, Heidelberg, New York: Springer, 2020, S. 35–45.

Narzisstische Selbstsabotage

1 KIERKEGAARD, Søren. »Journale und Aufzeichnungen (Journals and Papers)«, Band IV, A 164, in: DEUSER; Hermann, GRAGE, Joachim; KLEINERT, Markus. *Band 4 Journale* NB · NB*2* · NB*3* · NB*4* · NB*5*. Berlin, Boston: De Gruyter, 2013.

2 Vgl. CSAJBÓK, Zsófia; WHITE, Kaitlyn P.; JONASON, Peter K. Six »red flags« in relationships: From being dangerous to gross and being apathetic to unmotivated, in: *Personality and Individual Differences*, 2023, 204. Jg., 112048.

3 Vgl. ARON, Arthur; FISHER, Helen; MASHEK, Debra J.; STRON, Greg; LI, Haifang; BROWN, Lucy L. Reward, motivation, and emotion systems associated with early-stage intense romantic love. J Neurophysiol. 2005, 94 (1), S. 327–337, online unter: https://journals.physiology.org/doi/epdf/10.1152/jn.00838.2004. Abgerufen am 10.01.2024.

4 Vgl. OLIVIER, Charlotte-Anaïs, et al. Primate social organization evolved from a flexible pair-living ancestor, in: *bioRxiv*, 2022, online unter: https://doi.org/10.1101/2022.08.29.505776. Abgerufen am 10.01.2024.

5 Vgl. MARAZZITI, Donatella, et al. A relationship between oxytocin and anxiety of romantic attachment, in: *Clinical Practice and Epidemiology in Mental Health*, 2006, 2. Jg., Nr. 1, S. 1–6.

6 Vgl. ABBOTT, Douglas A. Change yourself and change your marriage, in: *Marriage and Families*, 2003, 10. Jg., Nr. 1, S. 2.

7 Vgl. PAULHUS, Delroy L.; WILLIAMS, Kevin M. The dark triad of personality: Narcissism, Machiavellianism, and Psychopathy, in: *Journal of research in personality*, 2002, 36. Jg., Nr. 6, S. 556–563.

8 Vgl. HOLTZMAN, Nicholas S.; STRUBE, Michael J. Narcissism and attractiveness, in: *Journal of Research in Personality*, 2010, 44. Jg., Nr. 1, S. 133–136.

9 Vgl. ABBOTT, D. A. Change yourself and change your marriage, in: *Marriage and Families*, Vol. 10, Artikel 2, 2003, S. 2–8. Online unter: https://scholarsarchive.byu.edu/marriageandfamilies/vol10/iss1/2/. Abgerufen am 10.01.2024.

10 Vgl. WATSON, Richard. Cogito, ergo sum: The life of René Descartes. David R. Godine Publisher, 2007.

11 Vgl. HASSELHORN, Marcus; LABUHN, Andju S. Metakognition und selbstreguliertes Lernen, in: *Handbuch der pädagogischen Psychologie*, 2008, 10. Jg., S. 28–37.

12 Vgl. HAYES, Steven C.; PIERSON, Heather. Acceptance and commitment therapy, in: *Encyclopedia of cognitive behavior therapy*, 2005, S. 1–4.

13 Vgl. Dentith, M. R.X. Debunking conspiracy theories. Synthese 198 (10), S. 9897–9911, 2020. Online unter: https://philarchive.org/rec/DENDCT-2. Abgerufen am 10.01.2024.

14 WATZLAWICK, Paul. Die Lösung ist immer der beste Fehler: Typische Probleme der Kommunikation im Alltag. Heidelberg: Carl-Auer Verlag GmbH, 2021.

Humor und Narzissmus

1 Frisch, Max. »Tagebuch 1966-1971«, 15. Auflage. Berlin: Suhrkamp Verlag, 2021.

2 Vgl. MCGETTIGAN, Carolyn, et al. Individual differences in laughter perception reveal roles for mentalizing and sensorimotor systems in the evaluation of emotional authenticity, in: *Cerebral cortex*, 2015, 25. Jg., Nr. 1, S. 246–257.

3 Vgl. WILD, Barbara, et al. Humor and smiling: cortical regions selective for cognitive, affective, and volitional components, in: *Neurology*, 2006, 66. Jg., Nr. 6, S. 887–893.

4 Vgl. KAHNEMANN, Daniel. Schnelles Denken, langsames Denken. München: Siedler Verlag, 2012.

5 Vgl. SACHSE, Rainer; SACHSE, Meike; FASBENDER, Jana. Klärungsorientierte Psychotherapie der narzisstischen Persönlichkeitsstörung. Göttingen: Hogrefe Verlag GmbH & Company KG, 2011.

6 Vgl. MILLER, Joshua D., et al. Narcissism today: What we know and what we need to learn, in: *Current Directions in Psychological Science*, 2021, 30. Jg., Nr. 6, S. 519–525.

7 Vgl. SEVECKE, Kathrin; LEHMKUHL, Gerd; KRISCHER, Maya K. Aufmerksamkeitsdefizit-/Hyperaktivitätsstörung und Persönlichkeitsstörungen bei klinisch behandelten und bei inhaftierten Jugendlichen, in: Praxis für Kinderpsychologie und Kinderpsychiatrie 57 (8-9), 2008, S. 641–661.

8 Vgl. ŞAR, Vedat; TÜRK-KURTÇA, Tuğba. The vicious cycle of traumatic narcissism and dissociative depression among young adults: A trans-diagnostic approach, in: *Journal of Trauma & Dissociation*, 2021, 22. Jg., Nr. 5, S. 502–521.

9 Vgl. SLEEP, Chelsea E., et al. Uncovering the structure of antagonism, in: *Personality Disorders: Theory, Research, and Treatment*, 2021, 12. Jg., Nr. 4, S. 300.

10 Vgl. ZAJENKOWSKI, Marcin, et al. Narcissus locked in the past: Vulnerable narcissism and the negative views of the past, in: *Journal of Research in Personality*, 2021, 93. Jg., S. 104–123.

11 Vgl. MAAZ, Hans-Joachim. Das falsche Leben: Ursachen und Folgen unserer normopathischen Gesellschaft. München: C.H.Beck, 2017.

12 Vgl. CAMPBELL, W. Keith; CRIST, Carolyn. The New Science of Narcissism: Understanding one of the Greatest Psychological Challenges of our time, and what you can do about it. Sounds True Inc., 2020.

13 Vgl. TORRES-MARÍN, Jorge; NAVARRO-CARRILLO Ginés; CARRETERO-DIAS, Hugo. Differentiating the traits of the Dark Tetrad in their linkages with humor styles, dispositions toward ridicule and laughter, and comic styles, in: *Personality and Individual Differences*, Band 185, 2022.

14 Vgl. HÖFNER, E. Noni; CORDES, Charlotte. Einführung in den Provokativen Ansatz, Heidelberg: Carl-Auer Verlag, 2023.

15 Vgl. SACHSE, Rainer. Die Psychologie der Selbsttäuschung: Belastungen und Ressourcen einer verkannten Kompetenz. Berlin, Heidelberg, New York: Springer, 2020, S. 77.

16 Vgl. PETER, J. Paul. Construct validity: A review of basic issues and marketing practices, in: *Journal of marketing research*, 1981, 18. Jg., Nr. 2, S. 133–145.

17 Vgl. HIMME, Alexander. Gütekriterien der Messung: Reliabilität, in: *Methodik der empirischen Forschung*, Berlin, Heidelberg, New York: Springer Verlag, 2013, S. 485.

18 Vgl. SCHIPKOWSKI, Katharina; SCHWARZ, Susanne: Antisemitismus in der Klimabewegung. Fridays im Kreuzfeuer. taz online. 30.10.2023. Online unter: https://taz.de/Antisemitismus-in-der-Klimabewegung/!5966754/. Abgerufen am 10.01.2024.

19 DIMAGGIO, Giancarlo. Treatment principles for pathological narcissism and narcissistic personality disorder. Journal of Psychotherapy Integration, 2022, 32. Jg., Nr. 4, S. 408.

Empathie und Narzissmus

1 SCHOPENHAUER, Arthur: Parerga und Paralipomena: kleine philosophische Schriften. A. W. Hahn, 1862.

2 Vgl. SACHSE, Rainer. Psychologie der Selbsttäuschung. 2020, S. 9.

3 Vgl. DI GIACOMO, Ester, et al. The dark side of empathy in narcissistic personality disorder, in: *Frontiers in Psychiatry*, 2023, 14. Jg.

4 Vgl. BREITHAUPT, Fritz. The dark sides of empathy. New York: Cornell University Press, 2019.

5 Vgl. SCHMIDT, Johannes B. Der Körper kennt den Weg: Trauma-Heilung und persönliche Transformation. München: Kösel, 2009.

6 Vgl. MUKERJI, Nikil. Das neunte Gebot: Schauen Sie mit beiden Augen hin (wenn Sie müssen), in: *Die 10 Gebote des gesunden Menschenverstands*, Berlin, Heidelberg, New York: Springer 2017, S. 195–261.

7 Vgl. WATZLAWICK, Paul; WEAKLAND, John H.; FISCH, Richard. Lösungen: Zur Theorie und Praxis menschlichen Wandels. Bern: Hogrefe AG, 2019, S. 178.

8 Vgl. EIDENSCHINK, Klaus. Die Kunst des Konflikts. Konflikte schüren und beruhigen lernen, Heidelberg: Carl-Auer Verlag, 2023.

9 Vgl. ADOLFSSON, Jan. Watchful waiting and active surveillance: the current position, in: BJU *international*, 2008, 102. Jg., Nr. 1, S. 10–14.

10 Vgl. TAYLOR, Shelley E.; BROWN, Jonathon D. Illusion and well-being: A social psychological perspective on mental health, in: *Psychological bulletin*, 1988, 103. Jg., Nr. 2, S. 193.

11 Vgl. RINCÓN URIBE, Fabio Alexis; NEIRA ESPEJO, Cristian Ariel; PEDROSO, Janari da Silva. The role of optimism in adolescent mental health: A systematic review, in: *Journal of Happiness Studies*, 2022, 23. Jg., Nr. 2, S. 815–845.

12 Vgl. CONVERSANO, Ciro, et al. Optimism and its impact on mental and physical well-being, in: *Clinical practice and epidemiology in mental health:* CP & EMH, 2010, 6. Jg., S. 25.

13 Vgl. BAUMEISTER, Roy F.; VOHS, Kathleen D. Willpower, choice, and self-control, in: *Time and Decision: Economic and Psychological Perspectives on Intertemporal Choice*. 2003. S. 201–216.

14 Vgl. LOVALLO, Dan; KAHNEMAN, Daniel. Delusions of success, in: *Harvard business review*, 2003, 81. Jg., Nr. 7, S. 56–63.

15 Vgl. RAES, Filip; WILLIAMS, J. Mark G. The relationship between mindfulness and uncontrollability of ruminative thinking, in: *Mindfulness*, 2010, 1. Jg., S. 199–203.

Grandiosität als Selbstsabotage

1 DENK, D.; MAIER, A. Fresse halten und ackern! Küchenpsychologie mit Sternekoch Tim Raue, 27.08.2010, in: *taz – die tageszeitung.* Online unter: https://taz.de/Kuechenpsychologie-mit-Sternekoch-Tim-Raue/!5136637. Abgerufen am 08.01.2024.

2 Vgl. GALLEGOS, Alicia. Flashy, Blingy Doc Sabotages His Own Malpractice Trial in Rural Farm Town, in: *Medscape Medical News, Business of Medicine*, 09.09.2022. Online unter https://www.medscape.com/viewarticle/980484?form=fpf. Abgerufen am 08.01.2024.

3 DENK, D.; MAIER, A. Fresse halten und ackern! Küchenpsychologie mit Sternekoch Tim Raue, 27.08.2010, in: *taz – die tageszeitung.* Online unter: https://taz.de/Kuechenpsychologie-mit-Sternekoch-Tim-Raue/!5136637/. Abgerufen am 08.01.2024.

4 Vgl. ALICKE, Mark D.; SEDIKIDES, Constantine. Self-enhancement and self-protection: What they are and what they do, in: *European review of social psychology*, 2009, 20. Jg., Nr. 1, S. 1–48.

5 Vgl. BACK, Mitja. Ich! Die Kraft des Narzissmus, München: Kösel, 2023.

6 Vgl. YOUNG, Jeffrey E.; KLOSKO, Janet S.; WEISHAAR, Marjorie E. Schema therapy, in: *New York: Guilford*, 2003, 254. Jg., S. 653–658.

7 MÜLLER-JUNG, Joachim. Sie könnten, aber sie wollen nicht! Der ja, aber-Klimagipfel, in: FAZ – *Frankfurter Allgemeine Zeitung*, 03.12.23. Online unter: https://www.faz.net/aktuell/feuilleton/debatten/klimagipfel-in-dubai-gruene-kundschafter-im-schlaraffenland-des-oels-19357389.html. Abgerufen am 09.01.2024.

8 Vgl. KARPMAN, Stephen. Fairy tales and script drama analysis, in: *Transactional analysis bulletin*, 1968, 7. Jg., Nr. 26, S. 39–43.

9 Vgl. KRISHNAMURTI, Jiddu. Choiceless Awareness: A Selection of Passaegs from the teachings of J Krishnamurti. Krishnamurti Foundation America, 2012.

10 SCHÜLTKEN, Lydia, et al. workhacks: Sechs Angriffe auf eingefahrene Arbeitsabläufe. Planegg, München: Haufe-Lexware, 2017. Online unter: https://4innovative-engineers.com/de/c/literatur-fachbuecher/1982176/workhacks-sechs-angriffe-auf-eingefahrene-arbeitsablaufe Abgerufen am 23.01.2024.

11 Vgl. WEIBLER, Jürgen; KUHN, Thomas. Führungsethik in Organisationen. Stuttgart: Kohlhammer, 2012.

Trivialisierung

1 SCHOPENHAUER, Arthur. »Die Welt als Wille und Vorstellung«, Band I, Kapitel 1. Stuttgart: Reclam, 1859.

2 Vgl. STRELECKY, John. Das Café am Rande der Welt: eine Erzählung über den Sinn des Lebens, Stuttgart: dtv, 35. Auflage, 2017, S. 107.

3 Vgl. SACHSE, Rainer. Psychologie der Selbsttäuschung. Berlin, Heidelberg, New York: Springer, 2020.

4 Vgl. MÜCKE, Klaus. Probleme sind Lösungen: Systemische Beratung und Psychotherapie – ein pragmatischer Ansatz. Potsdam: Ökosysteme-Verlag, 2001.

5 Vgl. MAYER, Gerhard. Astrologie und Wissenschaft – ein prekäres Verhältnis, in: *Zeitschrift für Anomalistik*, Band 20, 2020, 20. Jg., S. 86–117.

6 Vgl. ADLER, Alfred. Individual psychology, in: *An Introduction to Theories of Personality.* Psychology Press, 2014. S. 83–105.

7 Vgl. WATZLAWICK, Paul. Man kann nicht nicht kommunizieren: Das Lesebuch. Bern: Hogrefe AG, 2015.

8 Vgl. ROTH, Gerhard. Persönlichkeit, Entscheidung und Verhalten: Warum es so schwierig ist, sich und andere zu ändern. Stuttgart: Klett-Cotta, 2007.

9 Vgl. VON HIRSCHHAUSEN, Eckart. Wunder wirken Wunder: Wie Medizin und Magie uns heilen. Reinbek bei Hamburg: Rowohlt Verlag GmbH, 2016, Vorwort.

10 Vgl. MAYER, Gerhard. Astrologie und Wissenschaft – ein prekäres Verhältnis, in: *Zeitschrift für Anomalistik,* Band 20, 2020, 20. Jg., S. 86–117.

11 STRELECKY, John. Das Café am Rande der Welt: eine Erzählung über den Sinn des Lebens, Stuttgart: dtv, 35. Auflage, S. 107f., 2017.

12 Vgl. Offizielle Golfregeln. Deutscher Golf Verband e. V. (DGV) Stand: 10.01.2024. Online unter: https://www.golf.de/regeln.html. Abgerufen am 15.01.2024.

13 FISCHER, Leo. Der Kaffee am Arsch der Welt: Eine Erzählung über den Unsinn pseudophilosophischer Weisheiten, München: Riva, 2019, Vorwort.

14 »Guns«, Neo answers decisively, »lots of guns«, zitiert aus: FRENTZ, Thomas; HOCKER RUSHING, Janice. Mother isn't quite herself today: myth and spectacle in The Matrix, in: *Critical Studies in Media Communication*, 2002, 19. Jg., Nr. 1, S. 64–86.

15 Vgl. CAMPBELL, Joseph. The hero's journey: Joseph Campbell on his life and work. Novato: New World Library, 2003.

16 Vgl. LAIBSON, David. Golden eggs and hyperbolic discounting, in: *The Quarterly Journal of Economics*, 1997, 112. Jg., Nr. 2, S. 443–478.

17 Vgl. VON AHN, Luis. Games with a purpose, in: *Computer*, 2006, 39. Jg., Nr. 6, S. 92–94.

18 Vgl. PESSIGLIONE, Mathias, et al. Dopamine-dependent prediction errors underpin reward-seeking behaviour in humans, in: *Nature*, 2006, 442. Jg., Nr. 7106, S. 1042–1045.

19 Vgl. CAMPBELL, Joseph. The hero's journey: Joseph Campbell on his life and work. Novato: New World Library, 2003

20 Vgl. LOPEZ-NIEVES, Ivana; JAKOBSCHE, Charles E. Biomolecular effects of dance and dance/movement therapy: A review, in: *American Journal of Dance Therapy*, 2022, 44. Jg., Nr. 2, S. 241–263.

21 HOFELICH, Markus. Interview mit Stefanie Stahl: »Jeder ist beziehungsfähig – der goldene Weg zwischen Freiheit und Nähe«. Sinn des Lebens 24. 05.12.2018. Online unter. https://www.sinndeslebens24.de/interview-mit-stefanie-stahl-jeder-ist-beziehungsfaehig-der-goldene-weg-zwischen-freiheit-und-naehe. Abgerufen am 11.01.2024.

22 Vgl. HELLINGER, Bert. Ordnungen der Liebe: Ein Kurs-Buch. Heidelberg: Carl-Auer Verlag, 1995.

23 Vgl. GYIMESI, Júlia. Family Constellation Therapy in the Context of Esotericism, in: *Perspectives on Psychological Science*, 2023, 18. Jg., Nr. 4, S. 749–761; BUCHHOLZ, Martin. Da sitzt das kalte Herz (21.08.2003), in: *DIE ZEIT*, Dossier Familie 35/2003; vgl. BAURIEDL, Hea. Macht und Ohnmacht. Bert Hellingers Vorstellungen über die Psychodynamik in Familien, in: *Colin Goldner (Hg.), Der Wille zum Schicksal. Die Heilslehre des Bert Hellinger.* Ueberreuter Verlag, 2003. S.39–52; vgl. WEBER, Klaus. Faschisierung, in: HAUG, Wolfgang F. (Hg.). *Historisch-Kritisches Wörterbuch des Marxismus,* Bd.4. Hamburg/Berlin: Argument, 1999. S.142–146.

24 Vgl. MESTEL, Robert. Psychosomatik im Wandel, Geschichte der Psychosomatischen Klinik Bad Grönenbach. VAMED Rehaklinik Bad Grönenbach, Überlassung seines Vortrages, 20.12.2023.

25 Vgl. TALARCZYK, Małgorzata. Family Constellation Method of Bert Hellinger in the context of the Code of Ethics for Psychotherapists, in: *Archives of Psychiatry & Psychotherapy*, 2011, 13. Jg., Nr. 3.

26 Vgl. PERLS, Fritz; HEFFERLINE, Ralph; GOODMAN, Paul. Gestalt therapy. New York, 1951, 64. Jg., Nr. 7, S. 19–313.

27 Vgl. NEUMANN, Karin. Familienbrett, in: *Systemische Interventionen in der Familientherapie*. 2015, S. 35–41.

28 Vgl. JOHNSON, Sue. Bindungstheorie in der Praxis: Emotionsfokussierte Therapie mit Einzelnen, Paaren und Familien. Paderborn: Junfermann Verlag GmbH, 2020.

29 Vgl. GENDLIN, Eugene T. Focusing, in: *Psychotherapy: Theory, Research & Practice*, 1969, 6. Jg., Nr. 1, S. 4.

30 Vgl. ERICKSON, Milton H.; ROSSI, Ernest L. *Experiencing hypnosis*, New York: Irvington, 1981, 1979. Jg.

31 Vgl. HANSEN, Ernil. Hypnose und Medizin., in: *Hypnose in Psychotherapie, Psychosomatik und Medizin: Manual für die Praxis*. Berlin, Heidelberg: Springer, 2023, S. 547–468.

32 Vgl. FREI, Heiner. Die Polaritätsanalyse in der Homöopathie. Narayana-Verlag, 2016; vgl. ERNST, Edzard; ERNST, Edzard. Die Homöopathie als Kritik an der Schulmedizin. *Homöopathie-die Fakten [unverdünnt]*. Berlin, Heidelberg: Springer, 2018, S. 77–84.

33 Vgl. ECKART, Wolfgang U. Illustrierte Geschichte der Medizin: Von der französischen Revolution bis zur Gegenwart. Berlin, Heidelberg, New York: Springer, 2011, S. 211–240.

34 Vgl. KÖRNER, Daniel. Die Wunderheiler der Weimarer Republik: Protagonisten, Heilmethoden und Stellung innerhalb des Gesundheitsbetriebs. Berlin, Heidelberg: Springer, 2016.

35 WIESER, Martin. »Deutsche Seelenheilkunde« und die Erfindung des »behandelnden Psychologen, in: *Psychologische Rundschau*, 2021.

36 Vgl. BUSS, David M., et al. Tactics of manipulation, in: *Journal of personality and social psychology*, 1987, 52. Jg., Nr. 6, S. 1219; vgl. HUSSAIN, Muhammad Nihal, et al. Analyzing disinformation and crowd manipulation tactics on YouTube, in: *2018* IEEE/ACM *International Conference on Advances in Social Networks Analysis and Mining* (ASONAM*)*. IEEE, 2018, S. 1092–1095.

37 SACHSE, Rainer. Persönlichkeitsstörungen. Praxisbuch: Moderne Psychotherapie: Der Guide bei komplexen Störungsbildern, 2016, Springer, S. 107–122.

38 Vgl. APOSTOLOU, Menelaos. Do as we wish: Parental tactics of mate choice manipulation, in *Evolutionary Psychology*, 2013, 11. Jg., Nr. 4.

39 Vgl. CYRULNIK, Boris. Die Kraft, die im Unglück liegt: Von unserer Fähigkeit, am Leid zu wachsen. Frankfurt am Main: Goldmann, 2001; vgl. CYRULNIK, Boris. Rette dich, das Leben ruft! Berlin: Ullstein, 2013.

40 Vgl. Muggles' Guide to Harry Potter/Magic/Riddikulus. Wikibooks. Stand: 08.05.2023. Online unter: https://en.wikibooks.org/w/index.php?title=Muggles%27_Guide_to_Harry_Potter/Magic/Riddikulus&oldid=4287664. Abgerufen am 09.01.2024.

41 Vgl. NÖRTEMANN, Matthias. Stationäre Hypnotherapie in Psychiatrie und Psychosomatik,

in: *Hypnose in Psychotherapie, Psychosomatik und Medizin: Manual für die Praxis.* Berlin, Heidelberg: Springer, 2023, S. 781–791.

42 Vgl. LAMPRECHT, Katharina, et al. Wie der Tiger lieben lernte: 120 Geschichten zum Umgang mit psychischem Trauma. München, Basel: Ernst Reinhardt Verlag, 2021.

43 Vgl. MARWICK, Alice E.; PARTIN, William Clyde. Constructing alternative facts: Populist expertise and the QAnon conspiracy, in: *New Media & Society*, 2022.

44 Vgl. VYKOPAL, Ivan, et al. Disinformation Capabilities of Large Language Models. *arXiv preprint arXiv:2311.08838*, 2023.

45 LEBER, Sebastian. Die gefährlichen Lügen des QAnon, Ein Verschwörungsglaube geht um die Welt, 06.09.2020, in: Der Tagesspiegel Online unter: https://www.tagesspiegel.de/themen/reportage/die-gefaehrlichen-luegen-des-qanon-ein-verschwoerungsglaube-geht-um-die-welt/26160230.html. Abgerufen am 29.01.2021.

46 Vgl. ebd.

47 Vgl. BEUTH, Patrick. Der gefährlichste Kult unserer Zeit: QAnon und seine deutschen Anhänger. 18.09.2020, in: *Der Spiegel*, 39/2020, http://bit.ly/48Pd1n4. Abgerufen am 10.01.2024.

48 Vgl. BEDÜRFTIG, David. QAnons apokalyptische Abrechnung verpufft. ntv Nachrichtenfernsehen. 21.01.2021. Online unter: https://www.n-tv.de/politik/QAnons-apokalyptische-Abrechnung-verpufft-article22308038.html. Abgerufen am 05. 01.2024.

49 Vgl. DORIS, Simon: Trump will autokratisch regieren. Deutschlandfunk, 13.12.2023. Online unter: https://www.deutschlandfunk.de/nur-loyalitaet-zaehlt-die-plaene-fuer-trump-dlf-6ff264c8-100.html. Abgerufen am 13.12.2023.

50 Vgl. Faktencheck über QAnon: Die gefährlichste Verschwörung der Welt? ZDF. 11.12.2023. Online unter: https://www.zdf.de/nachrichten-sendungen/heute-sendungen/videos/qanon-verschwoerung-faktencheck-video-100.html. Abgerufen 13.12.2023.

51 Vgl. STURM, Tristan, et al. Interventions in critical health geopolitics: Borders, rights, and conspiracies in the COVID-19 pandemic, in: *Political Geography*, 2021, 91. Jg., S. 102–445.

52 Vgl. STURM, Tristan; ALBRECHT, Tom. Constituent Covid-19 apocalypses: contagious conspiracism, 5G, and viral vaccinations, in: *Anthropology & Medicine*, 28:1, 122–139.

53 Vgl. KOHEN, Ari; STEINACHER, Gerald J. (Hg.). Antisemitism on the Rise: The 1930 s and Today. Lincoln: University of Nebraska Press, 2021.

54 Vgl. SCHMALZ, Sarah. Satanic Panic: Der Teufel im Therapiezimmer, in: *Die Wochenzeitung*, Nr. 8, 14. 2022. Online unter: https://www.woz.ch: https://is.gd/bsBiMv. Abgerufen am 18.07.2023; vgl. LEXPERIENCE AG. Untersuchungsbericht in Sachen Clienia Littenheid AG. Zürich, 27.10. 2022. Online unter: https://www.tg.ch/public/upload/assets/137238/Untersuchungsbericht.pdf?fp=1. Abgerufen am 05.11.2023; vgl. NIEHAUS, Susanna; KRAUSE, Andreas. For they know (not) what they do: German studies on mind control, targeted personality splitting and induced amnesias. A reply to the critique by Schröder et al., in: *Monatsschrift für Kriminologie und Strafrechtsreform*, 2023, 106. Jg., Nr. 4, S. 324–329.

55 Vgl. LUBA, Arkadiusz. Die fürchterlichen Folgen der Ritualmordlegende. *Deutschlandfunk Kultur*. 06.07.2018. Online unter: https://www.deutschlandfunkkultur.de/antisemitische-fake-news-die-fuerchterlichen-folgen-der-100.html. Abgerufen am 03.11.23., vgl. FAVRE, Aude; LOUVET, Sylvain. Citizen Facts (5/5) in: *arte tv*. 2021. Online unter: https://www.arte.tv/de/videos/110189-005-A/citizen-facts-5-5/. Abgerufen am 03.11. 23.

56 Vgl. STEIN, Timo. Zwischen Antisemitismus und Israelkritik: Antizionismus in der deutschen Linken. Wiesbaden: VS Verlag für Sozialwissenschaften, 2011.

Innere Kritiker und Narzissmus

1 Vgl. NOORDENBOS, Greta; ALIAKBARI, Navid; CAMPBELL, Rachel. The relationship among critical inner voices, low self-esteem, and self-criticism in eating disorders, in: *Eating disorders*, 2014, 22. Jg., Nr. 4, S. 337–351.

2 Vgl. ROMAIOLI, Diego, et al. Hearing voices as a form of inner dialogue. Using the dialogical self to turn a critical voice into an ally, in: *Counselling Psychology Quarterly*, 2023, 36. Jg., Nr. 3, S. 367–394.

3 Vgl. FIRESTONE, Robert W.; FIRESTONE, Lisa; CATLETT, Joyce. Conquer your critical inner voice: A revolutionary program to counter negative thoughts and live free from imagined limitations. New Harbinger Publications, 2002.

4 Vgl. DUFNER, Michael, et al. Positive intelligence illusions: On the relation between intellectual self enhancement and psychological adjustment, in: *Journal of Personality*, 2012, 80. Jg., Nr. 3, S. 537–572; vgl. GABRIEL, Marsha T.; CRITELLI, Joseph W.; EE, Jullana S. Narcissistic illusions in self evaluations of intelligence and attractiveness, in: *Journal of personality*, 1994, 62. Jg., Nr. 1, S. 143–155.

5 Vgl. STIEGLITZ, Rolf-Dieter, et al. (Hg.). Praxisbuch AMDP: Psychopathologische Befunderhebung – Grundlagen und Anwendungsbeispiele. Hogrefe Verlag GmbH & Company KG, 2022.

6 Vgl. BUCK-ZERCHIN, Dorothea. Auf der Spur des Morgensterns: Psychose als Selbstfindung. Mit einem Anhang »Wie es weiterging«, erzählt von Dorothea Sophie Buck. Neum: Paranus-Verlag, 2012.

7 Vgl. CORSTENS, Dirk; LONGDEN, Eleanor; MAY, Rufus. Talking with voices: exploring what is expressed by the voices people hear, in: *Psychosis*, 2012, 4. Jg., Nr. 2, S. 95–104.

8 Vgl. CLIMIE, Emma A.; ROSTAD, Kristin. Test review: Wechsler adult intelligence scale. *Journal of Psychoeducational Assessment*, *29*(6), 2011, 581–586.

9 Vgl. ROBINS, Clive J.; SCHMIDT III, Henry; LINEHAN, Marsha M. Dialectical Behavior Therapy: Synthesizing Radical Acceptance with Skillful Mean, in: HAYES, S. C., FOLLETTE, V. M. & LINEHAN, M. M. (Hrsg.) Mindfulness and acceptance: Expanding the cognitive-behavioral tradition. The Guilford Press, 2004, S. 30–44.

10 Vgl. PETER, Laurence J. P., & HULL, R.: The Peter Principle: Why Things Always Go Wrong. Kalifornien: William Morrow & Co, 2014.

11 Vgl. PARKINSON, C. N. Parkinson's Law. London: Murray, 1957. Online unter: http://www.unilanguage.ru/_ld/0/80_read_book.pdf. Abgerufen am 08.01.2024

12 Vgl. PARKINSON, C. N. Parkinson's Law, in: *The Economist*, 19.11.1955. Online unter: https://doc.cat-v.org/economics/parkinsons-law/. Abgerufen am 08.01.2024.

13 »It is a commonplace observation that work expands so as to fill the time available for its completion.« [Engl. Originalzitat], in: PARKINSON, C. N. Parkinson's law, 1957.

14 »The time spent on any item of the agenda will be in inverse proportion to the sum involved.« [Engl. Originalzitat], in: PARKINSON, C. N. Parkinson's Law, 1957.

15 »Put the phones away!« [Engl. Originalzitat], aus: WALTERS, Anne S. Solution to social media overuse? Put the phones away!, in: *The Brown University Child and Adolescent Behavior Letter*, 2017, 33. Jg., Nr. 12.

16 »Expenditures rise to meet income.« [Engl. Originalzitat], in: PARKINSON, C. N. Parkinson's Law. 1957.

17 Vgl. REIFF, J. S.; HERSHFIELD, H. E. & QUOIDBACH, J.. Identity over time: Perceived similarity between selves predicts well-being 10 years later, in: *Social Psychological and Personality Science*, 2020, 11. Jg., Nr. 2, S. 160–167.

18 Vgl. JOSÉ, M. Salutogenese und Resilienz. Positive Psychologie und Achtsamkeit im Schulalltag: Förderung der Empathie. Berlin, Heidelberg, New York: Springer, 2016, S. 65–70.

19 »Delay is the deadliest form of denial.« Seite »Parkinsonsche Gesetze«., [Engl. Originalzitat], in: PARKINSON, C. N. Parkinson's Law. 1957.

20 Vgl. MÜLLER, Julian; LORENZ, Ansgar. Niklas Luhmann. Paderborn: Verlag Wilhelm Fink, 2017.

21 Vgl. GLASER, Christian. Risiko im Management: 100 Fehler, Irrtümer, Verzerrungen und wie man sie vermeidet. Berlin, Heidelberg, New York: Springer, 2019.

22 Vgl. BRATTERUD, Hannah, et al. The sung diagram: revitalizing the Eisenhower matrix, in: PIETARINEN, Ahti-Veikko et. al. (Hrsg.) *Diagrammatic Representation and Inference: 11th International Conference, Diagrams 2020, Tallinn, Estonia, August 24–28, 2020, Proceedings 11*. Singapore: Springer Nature, 2020. S. 498–502.

23 Vgl. MONGIN, Philippe. Spurious unanimity and the Pareto principle, in: *Economics & Philosophy*, 2016, 32. Jg., Nr. 3, S. 511–532.

24 Vgl. SACHSE, Rainer. Psychologie der Selbsttäuschung. 2020, S. 72.

25 Vgl. SCHLÖSSER, Thomas, et al. How unaware are the unskilled? Empirical tests of the »signal extraction« counterexplanation for the Dunning-Kruger effect in self-evaluation of performance, in: *Journal of Economic Psychology*, 2013, 39. Jg., S. 85–100.

Paargeschichten

1 Vgl. SACHSE, Rainer. Persönlichkeitsstörungen, in: SCHNELL, Thomas. (Hrsg.) Praxisbuch: Moderne Psychotherapie: Der Guide bei komplexen Störungsbildern. Berlin, Heidelberg, New York: Springer, 2016, S. 107–122.

2 Vgl. BRUNELL, Amy B.; CAMPBELL, W. Keith. Narcissism and romantic relationships: Understanding the paradox, in: *The handbook of narcissism and narcissistic personality disorder: Theoretical approaches, empirical findings, and treatments*, 2011, S. 344–350.

3 Vgl. EISENBERGER, Naomi I.; LIEBERMAN, Matthew D.; WILLIAMS, Kipling D. Does rejection hurt? An fMRI study of social exclusion, in: *Science*, 2003, 302. Jg., Nr. 5643, S. 290–292.

4 Vgl. KALLOS-LILLY, Veronica; FITZGERALD, Jennifer. Wir beide: Das Arbeitsbuch zur Emotionsfokussierten Paartherapie. Paderborn: Junfermann Verlag GmbH, 2. aktual. Auflage, 2023; vgl. AUSZRA, Lars; HERRMANN, Imke; GREENBERG, Leslie S. Emotionsfokussierte Therapie: Ein Praxismanual. Göttingen: Hogrefe Verlag, 2016.

5 Vgl. KLEIN, Jan P.; SCHAICH, Anja; FURUKAWA, Toshi A. How should narcissism be treated best?, in: *The Lancet Psychiatry*, 2023, 10. Jg., Nr. 12, S. 914–916.

6 Angepasst, vgl. BACK, Mitja. Wie kann eine Beziehung mit einem Narzissten funktionieren? Ein Experte spricht Klartext! [Interview] Prosieben. 19.12.2023. Online unter: https://www.prosieben.de/serien/taff/news/wie-kann-eine-beziehung-mit-einem-narzissten-funktionieren-ein-experte-spricht-klartext-322439. Abgerufen am 16.01.2024.

7 Vgl. DITTMANN, Anne. solo, selbst & ständig: Was Alleinerziehende wirklich brauchen – Ein Wut-und Mutmachbuch. München: Kösel, 2023; vgl. HAGEMEYER, Pablo. Die perfiden Spiele der Narzissten: Der nette Narzissmus-Doc klärt auf. Hamburg: Eden Books, 2021.

8 Vgl. ABBOTT, Douglas A. Change yourself and change your marriage, in: *Marriage and Families*, 2003, 10. Jg., Nr. 1, S. 2–8.

9 Vgl. FEENEY, Judith A. Hurt feelings in couple relationships: Exploring the role of attachment and perceptions of personal injury, in: *Personal relationships*, 2005, 12. Jg., Nr. 2, S. 253–271.

10 Vgl. REMMERSWAAL, Danielle, et al. Cognitive bias in action: Evidence for a reciprocal relation between confirmation bias and fear in children, in: *Journal of Behavior Therapy and Experimental Psychiatry*, 2014, 45. Jg., Nr. 1, S. 26–32.

11 Vgl. SMITH, Howard A. Alone in the Universe: Despite the growing catalog of extrasolar planets, data so far do not alter estimates that we are effectively on our own, in: *American Scientist*, 2011, 99. Jg., Nr. 4, S. 320–327.

12 Vgl. BOWLBY, John. The bowlby-ainsworth attachment theory. *Behavioral and Brain Sciences*, 1979, 2. Jg., Nr. 4, S. 637–638.

13 Angepasst, vgl. KALLOS-LILLY, Veronica; FITZGERALD, Jennifer. Wir beide: Das Arbeitsbuch zur Emotionsfokussierten Paartherapie. 2023.

14 Angepasst, vgl. ebd.

15 Vgl. OLIVIER, Charlotte-Anaïs, et al. Primate social organization evolved from a flexible pair-living ancestor, in: *bioRxiv*, 2022.

16 Vgl. KRAWETZ, Neal. Anti-honeypot technology, in: IEEE *Security & Privacy*, 2004, 2. Jg., Nr. 1, S. 76–79.

17 Vgl. COZZA, Michela; ELLISON, Kirsten L.; KATZ, Stephen. Hacking age, in: *Sociology Compass*, 2022, 16. Jg., Nr. 10.